KB060605

돌봄의 시간들

사건, 제도,
관계, 세대, 젠더,
가치, 지역, 가정, 생태

돌봄의 시간들

돌봄에 관한 9가지 정동적 시선

생태적지혜연구소협동조합 기획
권범철 김미정 신승철 이무열 이준용 전형민 조기현 조명아 지음

모시는사람들

돌봄의 시간들
- 자기돌봄에서 생명돌봄까지

　돌봄의 시대다. 어느 날 눈떠 보니, 우리는 그동안 다양한 돌봄을 주고받으며 살고 있었다. 돌봄이 필요한 처지든 돌봄을 담당하는 경우든, 오늘의 우리 모두는 돌봄 문제에 직면해 있다. 하다못해, 누구나 자기돌봄을 필요로 하는 시대다. 최근 돌봄은 탈성장 전환사회의 마중물로 간주되거나, 거대한 기후위기에 대한 적응과 대응의 방법이거나, 정동을 순환시켜 공동체를 지속가능하게 만드는 활동으로도 간주된다.

　이렇듯 우리 삶의 한가운데에는 다층적이면서도 필수불가결한 요소로서 돌봄이 순환하고 있다. 양적으로나 질적으로 충분한 혜택을 누리는 돌봄 부자도 있고, 돌봄의 소외에 직면한 돌봄 약자나 시민도 있다. 그런가 하면 독박 돌봄으로 말미암아 번아웃되어 허우적대는 사람도 있다. 이런 다양성이 보여주듯이, 보편적으로 인간은 태어나서 죽을 때까지 돌봄에 연루되지 않을 수 없다. 인간의 생애주기에 따라 절대돌봄(유년기) - 자기돌봄(청년기) - 서로돌봄(커플기) - 배치돌봄(장년기) - 절대돌봄(노년기)으로 흐르는 돌봄의 이야기 구조는 우리 삶의 또 다른 궤적을 그려낸다.

그러나 돌봄 이야기는 너무도 인간 존재에 밀착해 있기에 오히려 소홀히 취급되기 쉽다. 시간적으로나 공간적으로는 종착점이 보이기는커녕 원점 회귀적이어서 아무것도 한 게 없는 것만 같고, 시각적으로는 비가시적이기 때문에 돌봄을 수행하는 사람은 투명인간으로 간주되기 일쑤이다. 이처럼 굴절되고 왜곡된 인식의 지평에 놓여 있다 하더라도 돌봄의 역할과 비중이 줄어드는 것은 아니다. 오히려 전통 사회에서 대가족이나 마을 공동체에 분산되었던 돌봄노동이 현대의 핵가족 내지 1인 가구 중심 사회, 게다가 고령화가 급속도로 진행되는 사회구조 속에서 첨예한 어젠다로 등장하고 있다. 각각의 2~3인 단위의 돌봄 모듈을 형성하고 이것이 벌집구조 유형의 연합과 연결 접속을 거쳐 커뮤니티 돌봄으로 향하게 되는 경로를 생각해 보면, 아이, 동물, 노인, 장애인, 소수자 들의 자존감을 떠받치고 존재를 지속가능하게 하는 돌봄의 사회화가 숨어 있다.

한편, 돌봄은 사회역학적인 변화를 일으키는 각각의 사건에 대해 사회화학적인 협동과 연대를 통해서 기민하게 대응하기도 한다. 그렇기 때문에 인류 문명의 지속가능성과 대안사회의 구성적인 실천이 바로 돌봄이라는 것에 반론의 여지는 없다. 2020년부터 3년 동안 코로나19 팬데믹이 전 세계를 덮쳤고, 전염병에 의한 위기는 '물리적 거리두기'를 통해서 사회역학적인 변화를 만들었는데, 마치 사회화학적인 방법론의 일종인 양 '사회적 거리두기'라고 불리기도 했다. 특히 코로나19로 인한 돌봄의 수요는 폭발적으로 증대하였지만, 공급망 면에서 그것을 수행할 만한 돌봄 수행자의 부족과 공백은 거대한 블랙홀과도 같았다. 최근 들어서는 기후위기에 대한 생태돌봄이나 돌봄의 위기에 대한 돌봄의 돌봄 담론까지 나오게 된다.

팬데믹 시대에 돌봄모듈에서의 강렬한 상호작용(Feedback)이 돌봄의 사회적인 흐름(Flux)을 보완할 수 있다는 점이 급부상되었다. 코로나19 이전까지 돌봄은 사랑노동으로서 무제한, 무상으로 공급되거나 동일시·상호의존의 형태에 의존하며, 연대노동으로서 자신과 거리가 먼 곳의 존재에 대해 환대하고 환영하는 형태를 띠었다. 그러나 포스트코로나 시대에 돌봄은 우애노동으로서 향토성과 토착성, 뿌리내림의 장소성을 넘어선 시민성과 사회성으로 이르는 돌봄의 관계망 형태로 급격히 전환하였다. 어려운 시절을 견디게 하는 것은 친구와 이웃, 가족들과의 거리조절을 통한, 가깝지도 않은 그렇다고 너무 멀지도 않은 돌봄의 사회화의 필요성을 의미하는 것이었고, 이는 현재의 문명과 체제가 돌봄의 시장화와 화폐화를 통해서만 돌봄의 사회화를 대체하려고 하는 얄팍하고 착시효과를 일으키는 방식에 전면적으로 저항하는 것이기도 했다.

이 책은 벌집 유형, 모자이크 유형, 스펙트럼 유형이라는 삼차원 구조를 넘어선 동적 편성 배치에 따라, 개인의 돌봄이 지속가능하게 되는 원천으로서의 활력과 생명에너지로서의 정동(affect)의 흐름, 상호작용, 관계망 등의 새로운 삼차원 구도를 통해서 돌봄의 작동 방식을 그려낸다. 돌봄과 정동의 콜라보레이션(collaboration, 협업)이다.

돌봄을 정동의 관점에서 조명하며 공동 작업을 추구하는 것은 무슨 의미가 있는가. '돌봄의 시대'에 돌봄은 사회 일각에서, 특정한 상황에 놓인 사람에 국한된 일이 아니다. 누구나 돌보거나 돌봄 받는 처지에 놓여 있는 일상적이며 보편적인 흐름이 되었다. 더 이상 시혜적이거나 예외적인 행위가 아니게 된 것이다. 이때 정동(affect)이라는 활력과 생명력의 입장에서 돌봄은 받기만 하거나 주기만 하는 것이 아니라, 받기-주기가 모두 강렬한 상호작용 속에 있게 된다. 돌봄의 생명력이 살아나는 것이다.

정동으로서의 돌봄을 발견하고 발휘하고 발전함으로써 우리는 돌봄을 받는 상황에서도 돌봄의 대상으로만 방치되지 않고 다시 타자를 사랑하고 돌보는 주체자로서, 타자와 연대할 수 있다. 돌봄에 종사하는 상황에서도 독박 돌봄에 갇히지 않고 사랑하고 돌보고 연대할 수 있다. 모두가 연쇄적인 돌봄의 관계망 속에 존재할 때 돌봄 관계를 일방향적인 관계로 규정하지 않게 된다. 이렇게 함으로써 돌봄의 정의와 평등, 돌봄의 지속 가능성, 돌봄의 돌봄까지를 내다볼 수 있게 되는 것이다.

『돌봄의 시간들 - 돌봄에 관한 9가지 정동적 시선』의 저자들은 사실은 일면식도 없이 만나서 금방 친해져서 조언하기도 하고, 활력 있게 대화하기도 하고, 함께 웃고 기뻐하면서 정동의 생명력으로 판짜기를 했다. 이를 통해 돌봄을 둘러싼 사회구조, 연령, 젠더, 노동, 가족, 공동체, 지역 같은 다양한 스펙트럼에서 하나씩 색깔로 아로새겨지는 사건들을 포착하여 결국 9개의 키워드를 통해서 '돌봄의 미학화와 사회화의 원천인 정동'을 논의하였다. 돌봄에 연관된 키워드는 다양하지만, 기득권이 없기 때문에 포기자로 살 수밖에 없음에도 자기돌봄을 수행하는 청년을 필두로, "효자가 아니라, 시민이다"라고 주장하는 영 케어러 청년, 젠더 불평등의 상황에 도전하는 여성, 이제 막 생성된 교차성 돌봄의 주체성이 될 새로운 세대의 남성들, 벌집 유형의 돌봄의 조직화 양식을 통해 커뮤니티 돌봄으로 다중스케일 분석에 나선 연구자들로 이루어졌는데, 서로가 이질적이면서도 낯설었지만 그로 말미암아 빈틈이나 사이가 생겨 아이디어나 상상력의 창발, 도전적인 사고실험이 가능해졌다.

'가정, 생태, 젠더, 제도, 지역, 관계, 가치, 세대, 사건' 등의 키워드는 분별과 식별을 위한 것이 아니었고, 이 개념들이 비스듬히 기대어 사람 인(人) 자처럼 상호연결된 돌봄의 관계망을 지도처럼 그려내고자 하는 것이다. 또한 기존의 연결 관계를 방치하면서도 불특정한 사람들의 호응과 호기심이 인력(引力)이 되어 자신에게 다가올 것이라는 원자화된 개인들의 디바이스를 이용한 네트워크를 벗어나고자 했다. 그렇게 함으로써 관계의 여러 의미, 모델, 가치 등을 횡단하면서 공동체 회복탄력성의 에너지원으로서의 돌봄을 수행하는 사회혁신가적인 마인드로의 이행을 위해 서로돌봄의 판을 구성했다. 이 또한 대부분 활력과 생명 에너지로서의 정동이 일으키는, 희로애락(喜怒哀樂)이 응집된 사건으로서의 돌봄의 현장 이야기들과 기록들을 공생공락(共生共樂)으로 이행시키기 위한 사회혁신가적인 마인드의 산물이었다.

특히 저자들은 돌봄이라는 사건과 마주친 다양한 주체들의 정동 '하기'와 정동 '되기'의 과정을 기록하고 연구하고 분석하였다. 절대돌봄이 필요한 유년기·노년기의 돌봄에서부터 자기돌봄으로서의 청년기, 서로돌봄으로서의 커플 시기, 배치돌봄으로서의 중장년기까지를 포괄한다는 점에서 폭넓지만, 동시에 돌봄의 풍부한 이야기 구조를 생활 속에서 재발견하기 때문에, 돌봄의 비중과 의미는 크고도 깊다. 결국 『돌봄의 시간들 - 돌봄에 관한 9가지 정동적 시선』에서는 다양한 관점으로, 우리의 신체에 아로새겨지며 시간을 따라 흐르는 돌봄의 기억, 사건, 행위 등을 기록으로 담아내고자 했다. 특히 이 사회의 청년들의 눈에 비친 돌봄의 이야기를 재발명하고 재발견하였다.

이 책의 저자들은 모두 생태적지혜연구소협동조합의 조합원 활동가이며 연구자다. 생태적지혜연구소는 탈성장이라는 슬로건을 활동과 연구의 가장 굵은 뿌리-줄기로 삼고 있다. 탈성장은 GDP(국내총생산) 규모의 감소나 부족, 결핍, 의기소침을 유발하는 수축경제를 의미하는 양적인 역성장이 아니어야 한다. 오히려 탈성장은 행복에 이르는 길, 평등과 정의에 이르는 길이다. 그러나 그것이 어떻게 대안사회를 만들 것인가는 여전히 상상력을 발휘해야 하는 영역으로 남아 있다. 여기서 돌봄의 화폐화와 커먼즈경제라는, GDP로 산출되지 않는 두 가지 축의 대안운동들이 수축 부분을 보완하고, 주춧돌로서 자리매김할 때 탈성장은 더욱 만발한 꽃이 되어 세상을 감쌀 것이다. 우리는 기후정의 실현을 위한 생태경제, 주류경제학의 생태주의 수용, 탈성장 전환사회의 이행기의 전략, 대안사회의 이야기 구조 등에 주목하는 연구소이다. 특히 생태적지혜연구소는 일관되게 활력과 생명력으로서의 정동(affect)의 흐름, 상호작용, 순환, 배치 등이 돌봄을 통해 미학화된다는 점에 주목한다. 또 돌봄 속에서 정동하기/정동되기는 수동과 능동이 아니라, 정동이라는 활력과 상호작용하면서 정동적 평등으로 향하는 과정이라는 점에 주목한다. 그 과정에 대한 모색과 탐색의 결과 중 하나가 이 책이다.

『돌봄의 시간들 - 돌봄에 관한 9가지 정동적 시선』은 총 3부로 구성된다. 1부는 '사건, 제도, 관계에서의 돌봄'이다. 1장은 사건으로서의 돌봄으로 '나'와 '나' 사이에 일어나는 자기돌봄을 살펴보았다. 신자유주의 사회에서 청년들이 자기돌봄을 어떻게 인식하고 수행하는지, 인터뷰를 통해 분석한다. 2장은 제도로서의 돌봄으로 한국사회의 제도가 돌봄을 어떻게 규정하고 제한을 두는지 살펴보았다. 이 장에서는 새로운 돌봄 유형으로서 '노동'을 제시하며, 한국사회에서 이 새로운 유형의 돌봄이 제도적으로 실현 가능할지 문제를 제기한다. 3장은 관계로서의 돌봄으로 개인이 다양한 관계 내에서 주고받는 돌봄을 살펴보았다. 크고 작은 관계의 단위를 '돌봄모듈'이라 칭하며, '나'와 타자, 혈연과 비혈연, 공간과 시간의 여러 스펙트럼 속에서 돌봄을 어떻게 구성하는지 설명한다.

2부는 '세대, 젠더, 가치에서의 돌봄'이다. 1장은 세대로서의 돌봄으로 최근 자주 언급되는 영 케어러에 대해 논의한다. 고령화와 저출생, 비혼과 만혼의 통계, 그리고 영 케어러의 인터뷰 결과를 제시하며 양적 자료와 질적 자료를 통해 한국사회의 돌봄 문제를 짚어본다. 2장은 젠더로서의 돌봄으로 돌봄의 젠더 불평등뿐만 아니라 교차성의 관점에서 젠더, 연령, 혼인 여부, 계층 등 확장된 돌봄자 스펙트럼을 소개한다. 3장은 가치로서의 돌봄으로 사회구조의 기반에 있는 자본주의 시스템에 갇혀 있는 돌봄의 불평등, 부정의(不正義)의 문제점을 적시하고 시사점을 제시한다.

3부는 '지역과 가정, 커먼즈에서의 돌봄'이다. 1장은 지역과 돌봄으로 말 그대로 인간에게 필수불가결한 돌봄이 지역에서 돌봄 공동체로서 재구성되어야 한다고 주장한다. 공동의 장소감(Sense of Place)과 장소애(Topophilia)를 통한 지역에서의 돌봄은 오늘날 더욱 절실한 것으로, 새로운 모델의 필요성을 저자는 강조한다. 2장 공유지(Commons)와 돌봄에서는 생태 위기를 시작으로 오늘날 한국사회에 '우리'라는 존재 문제를 어떻게 만들어야 하고, 이를 저지하는 게 무엇이 있을지 고민한다. 3장은 가정과 돌봄으로 필자가 영 케어러로서 20대부터 30대인 현재까지 아버지 돌봄을 수행해 온 경험을 자전적이고 회고적으로 풀어낸다. 가정 내에서 수행했던 돌봄이 필자의 일과 삶에 어디에 관계되고 관여하는지 객관화하면서 돌봄과 노동의 관계를 성찰적으로 분석하였다.

이러한 구조 속에서 현재 우리 사회의 다양한 돌봄 유형이 제시된다. 유년기에서부터 노년기까지의 시간의 지평선 위에 그려지는 자기돌봄에서 타자돌봄까지, 절대돌봄에서 서로돌봄을 거쳐 다시 절대돌봄까지, 더 나아가 배치돌봄으로 향하는 가족이나 동반가족 등의 공동체에서의 돌봄을 그려냈다. 또 여기에 머물지 않고 공유지에서의 자연돌봄-생태돌봄-생명돌봄까지, 돌봄노동의 무급-유급, 공식-비공식, 국가-사회-가정의 층위들을 살핀다. 또한 돌봄의 헤게모니를 넘어서 시민들이 만들어 가는 돌봄의 평등과 정의 공정 등에 대해서도 언급하였다. 이들은 모두 내적인 벌집유형의 연결 구조를 이룬다.

차례만 본다면 각 장이 키워드에 따라 제각각 다른 이야기를 하거나 서로 모순되거나 갈등(葛藤)이 발생하겠다고 짐작할 수도 있다. 그러나 저자들은 이분법을 통해서 뾰족한 논리를 만들어낼 것이라는 근대적인 지식인 유형 혹은 주인공 유형이나 정리발언자 유형이 아니라, 이미지와 비전을 조각조각 연결하는 모자이크를 그리는 사람이나, 작은 조직들이 더 강하게 인력을 작동시키는 벌집구조 유형의 모임을 만드는 사람, 또는 하나로 규정되고 정의될 수 없는 스펙트럼의 다채로운 혼재 면을 만드는 사람들이다. 그래서 각 장의 내용은 개별화되어 텅 빈 독백이나 찢어지는 고함이나 절규와 아우성이 아니라, 사회역학 속에 감추어진 정동으로 융합하고 승화시키는 사회화학적인 방법론에 따름으로써 상호 연관되고 연결되며 연동되는 결과에 도달했다. 여덟 명의 저자가 돌봄이라는 거대한 문제설정으로서의 키워드 하나만으로 각기 다른 영역에서 사적인 경험과 공적인 경험을 넘나들며 돌봄에 대한 기억, 사건, 행위 등을 기록했음에도 이 모든 저자들은 서로 다극적이고 다중심적이고 다성화음적으로 연결되어 있다.

돌봄의 전혀 다른 영역을 횡단하면서 개개인의 돌봄과 정동의 미학화와 사회화의 경로를 따라가며 읽기를 독자에게 바라며, 돌봄력의 원천인 활력 정동이 안내하는 돌봄의 넓고 깊은 여정에 여러분을 초대한다.

2023년 7월
생태적지혜연구소협동조합에서
필자 대표 조명아

* 생태적지혜연구소협동조합(ecosophialab.com)

돌봄의 시간들

2부 | 세대, 젠더, 가치에서의 돌봄

정동적 평등을 위한 노력은 도처에서 이루어져야 하는

돌봄모듈의 실천이라고 할 수 있다.

여기서 우리가 다시 생각해야 할 사항은

① 돌봄의 가치저평가의 이유는 비가시성, 원점회귀성, 성과 없음 때문이다.

② 돌봄노동의 거리조절은 시민성과 사회성의 기초이다.

③ 자기돌봄은 자기와 자기 자신과의 관계의 미학화로부터 시작한다.

④ 서로돌봄은 거리조절의 관계를 통해서 미학화된다.

⑤ 배치돌봄은 배치의 재배치의 미학을 통해서 구성된다.

⑥ 정동은 활력과 생명력으로서 돌봄을 미학화한다는 점 등이다.

이러한 정동적 평등에 대한 다양한 테제들은 사실상

돌봄모듈의 다양한 특이성들을 생각하고 적용하는 것이라고 할 수 있다.

우리는 기후위기 시대와 생명위기 시대에 돌봄모듈이라는,

정동이 상호작용하고 강렬하게 순환하는 팀 조직을 통해서

어려운 난관을 헤쳐나갈 것이라는 작은 단서와 희망을 갖고 있다.

그 단서 위에 다양한 덧칠이 필요한 상황이며,

우리는 그것을 구성적으로 실천해 가야 한다.

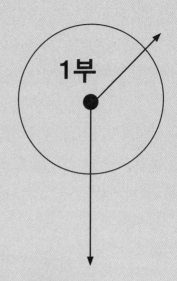

1부

사건, 제도, 관계에서의 돌봄

사건으로서의 돌봄

—포기의 가치를 계산하기*

이준용

* 이 글은 2022년 한국문화인류학회 봄 학술대회에서의 발표문을 토대로 쓴 글이다.

포기의 스펙트럼과 돌봄의 스케일

이 시대의 청년을 한마디로 정의하면 'N포세대'다. N포세대란 연애·결혼·출산·직업 경력 등을 넘어 생명까지 N가지를 포기한 세대라는 비관적이고 자조적인 표현이다. 오늘날 대한민국의 경쟁 과열 상황은 무려 8할의 구직자 청년에게 포기를 강요했고,* 경제적 가치 아래 기존 도덕적 가치 전반을 다시 계산하지 않을 수 없게 내몰았다. 그런 사회적 고통에도 적응해 버린 것인지 N포는 유행이 지난 대수롭지 않은 말이 되어 버렸지만, 그만큼 우리가 포기를 하나의 대처 전략으로 활용했던 이유와 양상을 더 명료하게 분석하고 '포기자'로서의 정체성을 재확립할 수 있는 시점이 되었다고 볼 수 있다.

---

* 구인구직 매칭플랫폼 《사람인 취업뉴스》, 2018.12.27., "'N포' 세대 취업 위해 포기한 것 1위는?", https://www.saramin.co.kr/zf_user/help/live/view?idx=95483&listType=news

관련된 주요 선행연구로, 김지애(2017)는 포기에 관한 기존 논의가 원인 분석에만 한정되고 있음을 지적하면서, 사회적 통계기법을 통해 포기의 유형과 유형을 구분하는 구체적 요인을 밝혀냄으로써 포기 이면의 내용을 제공했다.[*] 포기의 정동은 이제 신자유주의적 경쟁 구조를 가진 국가에게 공통적으로 확인되고 있는 것으로 보이는데, 먼저 노리토시(2016)는 일본의 사회구조적 절망 속에서도 대안적 행복을 발견하는 '사토리 세대[**]'를 조명한 바 있다. 피터슨(2021)은 정신적 탈진의 감각을 의미하는 '번아웃'(burnout)이 미국의 밀레니얼 세대가 공통적으로 겪고 있는 현상이며, 개개인의 도덕적 문제가 아닌 사회구조적 문제라고 재정의했다. 그 외에 중국에서도 무의미한 경쟁에 갇힌 경험인 '퇴화'(involution)와 노력을 환멸하고 비웃는 파업의 태도인 '탕

---

[*] 김지애(2017)의 통계 분석에 따르면 포기의 유형은 아무것도 포기하지 않는 소유층·불확신불안형·현실주의형·자포자기형·유예형 포기까지 다섯 가지이며, 기존 사회경제적 요소보다는 포기자의 주관적 계층의식·사회 이동성 인식·실현 가능성 판단·꿈 등이 더 중요한 것으로 나타났다.

[**] '사토리 세대(さとり世代)'란 득도한 것처럼 욕망을 억제하며 살아가는 일본의 젊은 세대를 지칭하는 단어다. 피터슨은 오늘날 일본의 현실은 사회가 번아웃을 무시하고 부추기고 요구하고 어떤 식으로든 기준을 만들 때 사회가 스스로 타협하게 된다는 명백한 신호라고 분석했으며, 그 속의 개인은 무너지기 직전에 이렇게 살 필요가 없고 이제 쉬어야하며 존재만으로도 가치가 있음을 알 수 있게 된 것이라고 설명했다(피터슨 2021: 379-84). 노리토시는 절망의 나라에서도 행복한 젊은이가 일본에 존재하는 이유는 자신을 사회적 관계 내의 '피해자'로 볼 줄 알기 때문이고, 한국에 비하면 일본은 유토피아였다며 절망적인 한국의 상황을 걱정했다(노리토시 2014: 13-4).

평주의' 등이 중요하게 논의되면서, 사회가 규정한 정상적인 삶과 노동을 거부하고 포기한 세대에 대해 범세계적으로 관심이 커지고 있다.

그러한 재조명의 경향에 의지하면서, 이 글은 포기자 세 사람을 심층적으로 인터뷰하고 포기의 스펙트럼 상에서 비교 분석함으로써 또 다른 의미를 도출해 보고자 했다. 연구자는 오늘날 청년들의 포기는 무기력한 회피가 아니라 자발적으로 선택한 최적의 전략일 수 있고, 포기하지 않는 것과 비교할 때 오히려 윤리적이거나 생태적일 수도 있으며, 나아가 종교적 포기(내려놓음, 비움)와도 본질적으로 다르지 않기 때문에 신성하거나 숭고한 의미까지도 내포할 수 있다고 주장한다. 포기와 돌봄에 대한 도덕적 편견을 내려놓고 볼 수 있다면, 포기라는 사회적 사건의 함의를 계산할 수 있을 것이라 기대하면서 본 연구를 수행했다.

세 사람 각각의 위치는 각자가 선택한 돌봄의 스케일을 근거로 구분될 수 있었다. 돌봄 대상을 어디까지 포기하는지에 따라 출산을 통한 자녀돌봄으로부터 연애 및 결혼을 통한 연인돌봄·자기계발 및 경력 증대를 통한 자기돌봄에 이르기까지 돌봄의 스케일은 줄어들었지만, 가장 축소된 자기돌봄부터 가장 크게 확장된 생태돌봄까지 단지 스케일 크기의 차이일 뿐 특정 규모가 도덕적으로 옳거나 그르다고 판단될 수는 없었다. 또한, 어떤 스케일을 선택하든, 포기는 필연적으로 발생하고 있었다.

생존주의적 포기자 A

A는 20대 후반의 남성으로 연인돌봄을 포기한 포기자이다. 그의 표현에 의하면 "속물적이지만 이 사회가 만든, 사회 그 자체인" 연인의 결혼관과 경제적 요구 조건에 크게 부딪혀 연애와 결혼을 포기하게 되었다고 했다. 그런데 A는 행복하면서도 고되었던 연인돌봄의 시간을 포기하자 비로소 자기계발의 시간이 확보되었다면서, 양가적 감정으로 다음과 같이 말했다.

요즘은 사실상 수도사처럼 살고 있어요. 회사에서 열심히 일하고, 퇴근하고서 규칙적으로 운동하고, 커리어 관련 인터넷 강의 듣고…. 이런 루틴이 가능해진 이유는 여자친구와 헤어졌기 때문이에요. 가끔 찾아오는 고독과 적막을 제외하면, 나 자신에게 집중하는 성장의 행복감을 처음 느끼고 있어요.

한국사회에서 자기계발하는 주체란 '개인화' 문제를 인지하고 이에 능동적으로 대처하는 개인이다(고은강, 2011: 102). 개인화 (Individualisierung)는 전통적 도덕률을 떠나 개인의 결정을 중시하게 된 경향인데,(벡, 벡-게른샤임, 1999: 28) 신자유주의적 구조 변동과 함께 발생했다고 알려져 있다. 오늘날의 위험(risk)은 책임 공유의 명목 아래 점차 사회로부터 개인에게로 이동되었는데, 개인과 가정이 책임져야 할 위험의 몫은 이미 한계를 넘어섰고 (피터슨, 2021: 51-2), 그렇게 착취되는 개인은 자신에게 주어진 지위 불안을 처리할 사회적 역할을 스스로 마련하기 위해 분투했지만, 심신의 번아웃과 포기만이 남게 되었다. 외견상으로는 기존 전쟁 및 산업화 세대의 처지와 크게 다르지 않아 보이기 때문에, 해당 세대로부터 객관적 리스크가 증대했다기보다는 그것에 대한 감수성이 예민해진 것 아니냐며 청년 무책임론이 준엄하게 제기되곤 했다. 하지만 A는 자신의 포기에 나름의 가족사적 경험과 합리적 근거가 있다고 매섭게 항변했다.

과거 세대도 포기는 똑같이 했어요. 자신의 꿈과 목표를 가족들을 위해서 포기했던 거죠. 하지만 그 선택이 칭찬받을 만한 포기인 것은 절대 아니었어요. 항상 응어리가 남아 있었고, 결국엔 더 많은 고통만 낳았으니까요.

A의 아버지는 경제적 지원이 맏아들에게만 불평등하게 집중되는 가정에서 태어났고, 자의 반 타의 반으로 공고 진학 및 전

기기사의 삶을 선택했다. 그는 운 좋게 대기업에 취직할 수 있었지만, 그 대신 공부의 꿈을 포기했기 때문에, 취기가 오를 때면 격한 후회와 보상심리를 드러내곤 했다. 이후 A의 아버지는 조카를 부정 입사시키려던 과정에서 명예퇴직을 당하게 되었는데, 이때 친족을 위한 도덕과 처자식을 위한 도덕은 전면 충돌했고, A를 포함한 자녀는 부모의 별거로 인해 집과 가족의 안정감을 잃고 전전하며 극심한 고통을 겪게 되었다. "그런 고통을 함께 공유하고 살아남은 동지"인 A의 누나는 현재 결혼했지만 똑같은 고통을 겪게 하고 싶지 않다는 이유로 출산을 거부하고 있다고 한다. 이들은 최근 친밀성의 영역이 합리적으로 관리되어야 하는 리스크로 전환되면서 결혼과 출산이 삶의 필수적 과정에서 선택 대상으로 전환되는 양상이 강화되었다는 김홍중(2016: 268)의 분석을 예증해준다.

A는 아버지가 "자녀와 사회의 시선을 신경 쓰느라 이혼을 용감하게 선택하지 못했으며, 자녀의 진짜 속내를 이해하려고 하지도 않았던 비겁하고 이기적인 속물"이라고 비판했다. '속물'(snob)이란 인정투쟁을 왜곡된 방식으로 이해 및 실천하는 존재이고, 타인 지향적인 삶의 구조에 종속된 도덕의 노예이며, 도덕적이지만 비윤리적인 존재의 전형이다(김홍중, 2009: 59-103). 공동체 도덕과 개인화 문제의 과도기적 충돌은 A를 비롯한 청년 세

대에게 막대한 고통을 안겨주었다. 그러한 고통이 정치적·경제적·제도적 권력의 복잡한 영향에 의해 발생된 경우에는 오히려 고통의 실질적인 내용과 성격에 대해서 제대로 보지 못하게 할 위험이 있다(이현정, 2016: 78-9). 이현정은 오늘날 고통이 지나치게 '평평해지는' 경향이 있는데, 고통은 애초에 수량화나 정량화될 수 없고 무엇보다 의무화될 수 없다고 강조했으며, 고통의 사건적 맥락을 파악해야 한다고 조언했다.* 사건적 맥락의 변화에 대해 A는 게임에 비유하면서 다음과 같이 설명했다.

> 이제 게임의 장르 자체가 바뀐 것 같아요. 과거에는 룰만 잘 따르면 정당한 보상이 있었죠. 사회적 약속이 지켜졌었고, 노동의 대가로 집과 안정적 직장을 얻을 수 있었어요. 하지만 기성세대가 특권을 다 누리고 나서, 세계적 판도가 바뀌었어요. 지금은 '배틀그라운드' 같이 알아서 '파밍'을 해야 하는 상황이에요.** 운 나쁘면 무기 자체가 없는 곳에 떨어질 수도 있는 것이

---

* 2022년 5월 25일 〈윤리의 인류학〉 강의 노트 중에서.
** '배틀그라운드'는 플레이어끼리 배틀로얄 형태로 싸우는 게임이다. 기본적으로 플레이어는 무기 없이 맨몸으로 시작하게 되고, 착륙하면 주변을 뒤져서 아이템을 얻어야 하며, 교전하여 최후의 1인이나 팀이 되면 승리한다. '파밍'(farming)이란 게임에서 아이템을 줍거나 돈을 모으는 행위를 가리키며, 그 과정에서 마치 농사를 짓듯 허리를 굽힌다는 점에서 쓰이게 된 게임 용어이다.

젊은 흙수저들의 상황이라고요. 지들이 좋은 거 다 빨아먹고 이제 각자도생하라고 하는 세상에서, 플레이어들의 '메타'*도 바뀌는 게 당연하죠.

A에게 인생은 그야말로 '생존 게임'이며, 삶은 창조도 약동도 힘에의 의지도 아닌 살아남는 것이다(김홍중, 2020: 26). 오늘날 '인적 자본'으로 환원되는 주체는 신자유주의적 통치를 내면화하여 스스로를 관리 및 통제해야 하는 새로운 경제적 주체이다. 극단화된 생명정치의 방식과 교류하는 신자유주의적 통치는 자기통치 기술에 적응하는 자만을 시장의 경쟁 체제 안에서 살아가게 하고, 이에 적응하지 못하는 자는 그 밖으로 버려 죽게 하는 전략을 취한다(강진웅, 2014: 410). 이러한 사회적 맥락 안에서 A의 생존주의적이고 계산적인 태도는 충분히 적응적이고 합리적인 선택일 수 있다. 물론 A의 주관적 손익계산은 그저 상징적인 행위에 불과할 수도 있다. 객관적 가치보다 세상에 대한 우리의 주관적 느낌을 더 중시하는 차원에서 계산이란 '계산하는

---

* 메타(META)란 Most Effective Tactic Available의 두문자어로서 '현 시점 가장 효과적인 전략'이라는 뜻의 게임 용어다. 게이머들 사이에서 유행하는 플레이 방식의 현 패러다임을 지칭할 때 쓰는 용어지만, A는 자신의 삶을 게임에 은유했기 때문에 자신의 계산과 생존 전략을 지칭하면서 사용했다.

것이 좋다'는 계산되지 않은 감정을 표출하는 행위일 수 있다(콜
린스, 2014: 41). 다만 그렇게 기존 도덕적 가치와 돌봄 대상을 상
징적으로나마 계산하고 기회비용으로서 '포기해 두는' 것만으로
도, A는 일종의 진통 효과와 안정감을 확보할 수 있었던 것으로
보인다.

규약 지향의 도덕을 떠나 철저히 자기배려의 윤리로 나아가
고자 하는 A의 선택은 푸코의 작업과도 유사한 방향성을 가진
다.* 나르시시즘적 윤리라는 비난과 달리, 자기배려는 자신과
타자로 하여금 올바른 위치를 찾게끔 조정적·구성적 거리를 형
성하고, 타자를 '다른 방식으로' 배려함으로써 오히려 사회적 관
계를 강화할 수도 있다(조성은, Gros, 2011: 168-9). 또한 자기돌봄은
A의 부친이 보여줬던 보상심리와 속물적인 선택을 억제하기도
할 것이다. 그리고 A에게는 가족·전 연인·경쟁 사회에 대한 깊
은 분노와 절망의 정동조차도 자기 수양의 원동력으로 기능하
고 있었는데, 그와 같은 청년 세대의 분노는 설령 비도덕적으로

---

* 김주환(2019)에 따르면 푸코는 윤리와 도덕을 다음과 같이 구분한다. 푸코에게 윤리란
  개인들이 스스로의 선택을 통해 자신들에게 부과하는 자율적 규칙들을 의미하는 반면,
  도덕은 각 개인들의 주체적 선택과는 무관하게 사회적으로 만들어져 사회가 개인들에게
  부과하는 촘촘한 율법적 법규들(codes)로서 자기포기의 기술이자 개인들을 정상화하는
  의례적 메커니즘으로 파악된다(김주환 2019: 125-6 재인용).

보일지라도 나름의 윤리적 기능을 할 수도 있다.* 나아가 남녀
상호 간에 횡행하는 혐오조차도 어쩌면 이 고통스러운 사회 맥
락에서만큼은 적응적인 욕망 억제제로 기능하고 있는 것일지도
모른듯.

A의 포기는 '유예적 포기'이며, 그것은 궁극적 포기가 아니라
현실적·합리적 판단에 따른 임시적 포기이다(김지애, 2017: 36). A
의 자기 수양은 그럴싸한 목표 의식이나 의지의 발현이라기보
다 사회구조적 한계 내에서 할 수 있는 불가피한 선택이며, 당
사자 A에게 있어서 특별히 희망적이지도 비관적이지도 않은 것
이다. 훗날 거창한 계층 상승의 꿈을 이루기 위한 것이라기보다
는, 자기계발의 "노오력"이라도 하지 않으면 사회적 지위가 지

---

* 김분선(2019)은 분노를 부정적 감정 및 제거해야 할 문제로만 치부하는 누스바움
의 해석을 반박하고서, 푸코의 자기배려 도식에 근거해 지배력과 저항력을 키우
는 훈련의 긍정적 소재로서 분노를 재발견했다. 김내훈(2022)은 청년의 급진적 혐오
와 분노가 부모보다 가난할 최초의 세대로서 기성세대의 위선과 불공정에 대해 분
출하듯 개선을 요구하는 방식이라고 재정의했다. 선불교의 간화선 수행에서는 '분
심'(憤心)이 깨달음에 도달하게 만드는 중요한 수단으로 정의된다(수불, 2022: 103).
혐오의 경우에도 성급하게 해결 대상으로만 취급되곤 하지만, 아메리(2022)는 그 대립쌍
인 에로스만이 삶과 종족 보존의 논리와 맞아떨어지기 때문에 사회로부터 인정받는 것
일 뿐 '구토'도 에로스와 마찬가지로 인간이 가진 본성임을 지적했다(아메리, 2022: 99).
더 나아가 붓다는 '역겨움'(厭惡, nibbida)을 인식 대상의 '정해진 본성 없이·무상하여·
고통스러운 성질'을 있는 그대로 통찰했을 때 나타나는 현상이자, 대상에 대한 욕망을 자
연스럽게 벗어나 '완전한 자유'(nibbāna, 涅槃)에 도달하도록 이끄는 필수적 조건이라고
정의하기도 했다(각묵, 2009: 175).

금보다 더 하락할지 모른다는 두려움을 체화하고 있을 뿐인 것이다(정정훈, 2016: 153). 오늘날의 생명정치는 정신의 최적화로 대체되고 심리정치의 권력 기술은 자유와 자기착취를 교묘하게 결합시키기 때문에, 자기 수양적 주체는 여전히 시스템 안에 갇혀 있다(한병철, 2015: 40-45).

달관한 포기자 B

B는 30대 후반의 남성으로 자기돌봄까지도 포기한 포기자이다. B는 현재 파킨슨 질환으로 인해 거동하지 못하게 된 어머니를 돌보는 '영 케어러'이다. 코로나19 상황 이전에는 몇 차례 사업을 하기도 했지만, B는 이제 유동적인 노동 시간 속에서 생활비 조달이 가능한 플랫폼 배달업을 선택했다. 부모돌봄의 마음가짐을 묻자, B는 사회적으로 인정받을 수 있는 '효심'을 가장하려 하지 않고 건조하면서도 솔직한 답변을 해주었다.

감정은 본래 오르락내리락하는 거니까, 솔직히 귀찮아서 방임할 때도 있어. 엄마의 부재가 줄 (미래의) 고통이 솔직히 이유는 모르겠지만 이미 느껴지고 있어서. 그 고통을 회피하려고, 나 자신을 위해서 다시 또 열심히 하고. 예전에는 엄마한테 이래

라저래라 했지만, 이제 링링이(고양이)한테 하듯이 아무것도 요
구하지 않고 돌보려 해."

B는 어머니를 돌보기 위해 오랫동안 사귀어 온 연인과의 결혼
마저 포기했지만, 구태여 자기 자신의 고통을 회피하기 위한 선
택이라고 공리주의적 영역으로 논의를 이동시켰다. 그렇게 B가
애써 거부하는 '효'는 옛 유교 국가 시절부터 다분히 정치적인 개
념이었다. 한국사회에서 '입신양명'(立身揚名)은 언제나 효자의
본분이었고, 개인은 '자신과 가족을 위한 도덕' 아래 지위 경쟁으
로 내몰려왔다.* 하지만 사회적 지위는 본질적으로 상대적인 개
념이기에 경쟁 참여자 모두에게 계속해서 더 큰 리스크와 불안
을 감수하게 만들 수 있다. 그리고 사회적 지위를 보장하는 지위
재(status good)의 추구 과정은, 예를 들어 교육 수준이 높은 지역

---

* 김은희(2022)의 분석에 따르면, 천명을 받들어 도덕사회를 만드는 것을 통치의 목표로 삼
은 유교적 국가에서 군자로서 나라에 충성하는 것은 효를 통해 가족에 충성하는 것과 배
치되지 않았고, 오히려 국가에 공헌하여 역사에 이름을 남기는 입신양명이 부모에 대한
가장 큰 효도였다(김은희, 2022: 146). 유교에서 효자는 도덕사회를 이끌고 갈 수 있는 '의
로운' 자였다. 자기 수양을 하고 효를 실천하여 집안을 평안케 하는 사람이 나라를 잘 다
스릴 수 있다는 '수신제가치국평천하'의 논리는 조선 후기 양반사회를 움직인 사회구성의
원리였다(Ibid.: 163). 또한, 성리학에는 장애에 대한 차별적 시각이 존재했다고 한다. 성리
학은 도덕적 자질이 몸으로 나타난다고 여겼는데, 장애인을 온전하고 도덕적인 어른으로
서의 성인(成人)과 대조되는 '불완전한 인간'(不成人)으로 규정하고 몸의 차이를 위계화했
다(김은정, 2022: 56).

에 사람들이 몰릴 때 집값이 오르고 기회비용은 커지지만 경쟁자에 대한 상대적 우위는 계속 사라지게 되는 것처럼, 결국 애초의 목표를 달성하는 사람이 없게 되는 낭비적 군비경쟁을 야기할 수 있다(프랭크, 2012: 8, 34). 그리고 제도적 차원의 중재가 없는 한, 도덕의 이름으로 무장한 사회적 선택 압력은 사회 전체가 크게 손해 보는 순간까지 이 부조리한 경쟁을 지속시킬 수 있다.

친구가 결혼한다는 걸 들었을 때 괜히 불안해졌었어. 그 시간대에 하지 않으면 불안해지는 것들이 있는 것 같아. 솔직히 그 친구가 나보다 뛰어난 게 없다고 느꼈었는데, 그런 애가 나보다 먼저 사회적 통념에 맞는 삶을 가진다 하니까, 어 나도 그래야 할 것 같은데 라는 조바심이 났었어. 더 잘 생각해보면 단지 그런 애가 나를 말할 때 훈수 둘 만한 거리가 생겼다는 게 싫을 뿐이었던 것 같아.

결혼이나 출산과 같은 성인기 지표는 효의 덕목이자 동시에 '정상화'(normalization)하는 사회적 통치의 수단이다. 이런 점을 의식하고 있는 B에게 성인기 지표는 비현실적인 기준이고 지나치게 많은 고통과 리스크를 감수하게 하는 선택지였다. 따라서 B는 "만약 내가 스스로 불안해하지 않을 수만 있다면, 사실 살아가는 데에 큰 문제는 없을 것 같다"며 그 기준에 맞추는 것을 포기했다. 비정규직 생계 유지자 '프리터'(freeter)가 직면한 가장 큰 문제는 경제적 어려움이 아니라 오명과 비난에 뒤따르는 사회적 불안이다. 이에 대해 프라이스는 생산성 극대화 사회에서 자기 착취를 유도하기 위해 구성된 거짓된 신념 체계인 '게으름'은 삶이 특정 방식으로 보여야 한다는 불필요한 스트레스를 주고 있으며(프라이스, 2022: 40, 308), 사회가 요구하는 수준보다 덜 생산적인 상태를 두려움 없이 편하게 받아들일 수 있어야 한다고 주장했다(*Ibid.*: 338).

포기에 대한 입장을 묻자, B는 "포기라는 단어에는 이미 부정적 판단이 들어가 있지 않냐"라고 반문했다. 포기를 긍정하는 논리적 근거는 디오게네스로부터 발견될 수 있다. 디오게네스가 주창한 견유학파는 인간이 혼에 내재한 맹목적 욕구와 문명이 부과하는 각종 의무의 사슬에 얽매여 있다고 진단하고, 그런 노예 상태로부터의 해방을 위해 문명화된 삶의 위선에 맞서고 '개와 같은(견유)' 삶을 살아갈 것을 선택했다(김유석, 2021: 232-5). 견유적 수련의 본질은 삶에 필요한 최소한의 소박한 것으로 자제하고 만족하는 자족과 외적 고통 및 제약으로부터 흔들리지 않는 상태를 달성하는 것인데(*Ibid.*: 242), 그러한 자족은 모든 것을 잃고 더는 잃을 게 없는 삶이 향유하는 자유를 뜻한다(임성철, 2019: 76). 그 상태에서는 사회적 시선에 의한 수치심, 사회적 지위에 대한 허영심, 진정성에 대한 영웅적 열정, 그리고 생존주의적 의지마저 부재하고, 단지 무관심과 평정심의 정동만이 남게 된다. 물론 가속화만이 신자유주의 문제의 본질은 아니므로 단순히 느리게 살기에서 해결책을 찾을 수는 없겠지만(한병철, 2014: 70-1) 효율성과 생산성만을 요구하는 사회의 불안한 속도에 무관심한 채 자신만의 속도와 리듬을 최적화하며 살아가는 삶의 방식은 최소한 디오게네스적 안심(安心)을 얻게 하며, 이는 일본 사토리 세대에게서 발견되는 '기묘한 안정감'(노리토시, 2014: 35)의 본질이기도 할 것이다.

디오게네스적 삶에 대한 비판적 입장은 스스로를 돌보지 않는 '자기방임'을 청결하지 못한 환경을 만들고 스스로의 안전과 생명을 위협하는 것이라며 '디오게네스 신드롬'(diogenes syndrome)*이라는 용어 아래 병리화했다. 실제로 B와 B의 모친 그리고 B의 고양이가 살아가는 집은 배설물로 인해 청결하지

---

* 디오게네스 신드롬은 외모와 생활환경에 대한 환자들의 무관심한 태도가 철학자 디오게네스를 떠올리게 한다고 하여 1975년 Clark 등에 의해 최초로 사용된 용어이다. 철학자 디오게네스는 자기충족, 사회적 규범으로부터의 자유, 개인적 편안한 삶의 거부 등을 주장했지만, 자기충족과는 거리가 먼 노인들이나 그들 환경에서 행복해하지 않는 사람들에게도 이 용어가 적절한지는 여전히 논란거리이다(우국희, 2013: 182).

않았다. 하지만 오늘날 청결과 위생에 대한 공적 관심은 개인의 사생활에 대한 사회적 개입을 정당화하는 방향으로 오작동하고 있으며, 개인의 선호나 가치를 존중하지 않고 삶의 양식을 획일적으로 바꾸는 생명정치적 권력의 개입 지점이 되었다(우국희, 2013: 189, 191). 그러한 생명정치적 권력은 문제를 해결하기보다 단지 조절하는 수준으로만 작동하며, 결과적으로 사회 구성원을 '살게 만들고 죽게 내버려둔다'(푸코, 2015: 295-6). 사회가 정한 경계선을 넘어선 존재는 '살 가치가 없는 생명'이 되어 정치적 의미를 잃어버린다(아감벤, 2008: 268-9). 사회가 외면하는 사이 벼랑 끝에 내몰린 간병 가족 수는 빠르게 늘었고 약 20가구 중 1가구가 아픈 가족을 위해 매일 중노동에 가까운 돌봄을 하고 있지만, 가족에게 떠맡겨진 이 끝모를 간병 전쟁은 결국 2006년 이후에만 백여 건 이상 간병살인의 비극을 초래했다(유영규 외, 2019: 6-7). 그렇게 생명권력은 전체 인구의 생명 현상을 효과적으로 관리하기 위해서 이 인구의 건강성을 해칠 수 있다고 판단되는 열등한 부분을 제거함으로써 사회를 보호한다(정정훈, 2013: 25-6). 그것은 직접적 살해만이 아니라 간접적 살해일 수도 있는 모든 것, 어떤 사람들에게 죽음의 리스크를 증대시키는 것, 혹은 아주 단순하게 정치적인 죽음, 추방, 배척 등일 수 있다(푸코,

생명정치 권력의 이중성에 대해, 한병철은 고통을 직면하고 감수할 용기가 없기 때문에 체제의 기능장애나 불화를 그저 은폐할 뿐인 단기적 진통 조치라고 비판했고(한병철, 2021: 10), 우국희는 스스로 선택한 삶의 방식을 존중받을 가치가 있는 개인으로 바라보는 인권적 접근을 강조했다(우국희, 2013: 193, 205). 그런데 고통의 직면과 권리의 존중은 때때로 위험한 선택으로 이어질 수 있다. 2021년 B의 어머니는 '연명 결정권'을 행사하는 시도를 했었는데, 아마도 공리주의적 계산에 근거하여 미래 고통의 총량을 줄이려는 결단이었겠지만, 그 후유증으로 오른손을 쓰지 못하는 장애를 얻게 되었다. B 또한 매일 주어지는 객관적 고통에 대한 주관적 해석 과정에서 죽음과 자살을 천착하고 있었고, 다음과 같이 의미심장하게 언급했다.

아직 가족이 남아 있을 때 죽을 생각은 없지만, 다른 책임을 만

---

* 사회적 경계에 관한 인류학적 사유를 덧붙여 본다면, 더글러스는 인류가 배설물·피·시체와의 접촉을 혐오 및 금기시하는 이유를 내부 공동체의 존속을 위해 외부의 위험과 불안을 '오염'의 형식 아래 상징화하고 부정하는 것이라고 분석했다(더글러스, 1997: 195-198). 부당해 보이는 생명정치 이면에는 나름 합리적인 방어기제와 금기가 자리하고 있을지도 모른다. 이에 관한 보다 세련된 논의는 에스포지토(2022)의 '임무니타스' (immunitas, 면역) 개념을 통해 진행해 볼 수 있을 것이다.

들어서 죽음을 연장할 생각도 없어. 죽음이라는 게 사실 별거 아니고, 그냥 게임을 끝내는 것과 같은 거라고 생각해.

그렇게 말하는 B의 눈은 초연하게 빛나고 있었는데, 그것은 '탈존(脫存)의 눈[*] 자체였다. 게임의 은유에 익숙했던 B는 이 생존 게임에서 기권하는 것조차도 특별하지 않은 선택지로서 고려했다. 그에게 죽음을 계산하는 행위는 속물적 욕망의 메커니즘과 생존 본능으로부터 벗어나는 각성의 계기가 되어주는 것처럼 보였다.[**] 나아가, B는 자신의 '자살 선언'이 주변으로부터 도움을 얻어내는 전략으로 기능할 수 있음을 명확하게 인지하고 있었는데, 다만 그가 도움을 얻고자 협상하는 대상은 주변 관

---

[*] 탈존주의란 생존주의로부터의 이탈의 운동이며, 사회적·생물학적·정치적 존재 형식들로부터 벗어나 사라지고 싶은, 비참한 세계에 새 생명을 낳고 싶지 않은 마음들의 방향성을 표상한다(김홍중, 2016: 282). 탈존주의의 눈은 만화 〈미생〉 주인공 장그래의 반쯤 감긴 눈이 잘 예시한다(ibid.: 316).

[**] 장애인이 다르게 살고 싶은 열망으로 치우나 자살을 택할 수 있음을 인정하는 것은 중요한데, 장애를 치유 및 제거하기 위한 정부의 생명공학 투자와는 대조적으로, 정작 장애인들은 자신들의 삶을 지속하지 못하게 만드는 조건들을 없애 줄 것을 요구하고 있다고 한다(김은정, 2022: 195). 푸코의 논의에서는 '타자화된 죽음', '터부로서의 죽음'을 거의 유일한 근대적 죽음 이해로 받아들이는 사람에게 자신의 죽음을 스스로 배려하고 죽음에 '의미와 아름다움'을 부여하는 '죽음의 미학화'를 가능하게 한다(천선영, 2006: 181-2). 사회적 편견 없이 죽음을 바라볼 때, 희망의 원리를 놓지 않으면서도 그 자체로 모순이지만 피할 수 없는 허무의 원칙도 함께 인정하는 것은 대안적 휴머니즘이 될 수 있다(아메리, 2022: 118).

계가 아니라 신비적 존재라는 점에서 흥미로웠다. B는 자신의 경험상 "무언가 고난이 계속되는 패턴을 발견할 때마다 연고 없는 사람에게 하는 기부나 생태 보호 활동이 패턴을 깨고 상황을 호전시키거나 벗어나게 했다"며, 비가시적 구속력으로서의 '업'(karma) 개념을 근거로 특정 행위에 따른 보상의 원리를 설명했다. 즉 B는 자신의 자원을 일종의 연료로써 소모하면서 종교 이전의 소박한 형태로나마 '희생제의'를 재현하고 있었던 것이다.

바타유의 관점에 따르면, 일반적으로 죽음과 제사는 기존 생산성과 유용성의 가치를 버림으로써 잃어버린 가치를 회복시킨다는 점에서 공통점이 있는데, 신비적 질서를 들어서게 하는 가장 좋은 방식은 현실적 질서의 철저한 부정이다(바타유, 2015: 55, 59). 인간이 미래에 대한 욕심과 실제적 질서의 냉정한 계산 때문에 그들을 짓누르던 무게를 걷어낼 수 있었던 것은 소진과 소모라는 희생의 대가를 치르고서였다(바타유, 2022: 102). 동서양을 막론하고 희생 의례가 보장하는 최종적 보상이란 '죽음의 초월' 또는 영혼의 '비-죽음'(amritam)이며, 그것을 현생에서뿐만 아니라 내생에서까지 보장하는 것이라고 모스는 분석하기도 했다(Mauss & Hubert 1964: 64). 그렇게 신비적 주체와의 계약적 교환은 각자가 마땅히 받아야 할 것을 얻게 해준다(정헌목, 2018: 482).

B는 "요즘은 이상하게 사람보다 곤충이나 동물에 더 공감이

가고, 지구를 위해서는 사람들이 죽는 게 더 나은 것 같다"고 말했다. 이상적 견유주의자가 사회적 관계를 포기하는 것은 자신을 넘어서 인류를 배려하는 것으로 확장되곤 하는데(푸코, 2011: 182-183), B의 견유주의의 경우 자연돌봄으로까지 다소 극단적으로 확장된 것이다. 이와 매우 유사한 돌봄 형식을 취하는 '자이나교 포기자'(Jain renouncers)의 관점에서 볼 때, 주어진 모든 것은 사회적 의무와 부채를 내포하기 때문에 포기해야 할 방해 요인이며(Laidlaw, 2000: 630), 진정한 자유는 선하거나 악한 업 모두를 남기지 않는 죽음을 통해서 달성된다(Laidlaw, 2002: 320-1).

그런 삶이란 '자기 포기를 지향하는 윤리적 완성의 양식'(푸코, 2011: 270)을 보여주는 가장 숭고한 것임이 틀림없다. 하지만 자신을 버린다는 것은 내가 살아 있는 동안에만 구원의 의미를 가질 뿐 막상 육신을 잃고 난 순간부터는 완전히 무의미(nonsense)한 것이 되어 버린다는 역설로 인해서(아메리, 2022: 229), '자유죽음'으로 귀결되는 윤리적 완성의 논리는 최소한 현실 안에서 볼 때 여전히 부조리하거나 불완전한 것으로 남을 수밖에 없다.

출가한 포기자 C

C는 40대 초반의 남성으로, 젊은 나이에 큰 수술을 받은 후

무너져버린 자신의 몸을 보고 회의감을 느껴 사회적 삶 전반을 포기하고 출가한 포기자이다. B처럼 C 또한 자취를 남기려 애쓰는 삶이 아니라 새 이름의 뜻처럼 "크게 비우고" "머물다 간 흔적처럼" 조용히 사라지고자 하는 탈존주의적 정서를 공유하고 있었다. 연구자가 포기와 수술 후유증에 관해 질문했을 때, C의 답변은 낙관적 탈존주의의 실현 가능성을 미묘하게나마 보여주었다.

> 포기라기보다 삶의 고통스러운 부분을 그저 인정할 뿐인 거야. 신체적 고통은 '나'가 아픈 게 아니야. 생각과 분별 이전의 '본래 마음자리'로 돌아가서 보면, 그건 그냥 일어나는 현상일 뿐인 거지. 고통스럽고 불안하다는 생각이 들 때 그 생각도 사실 '나'인 것은 아니잖아. 그럴 때면 속았다, 덮였다, 가렸다고 되뇌면 돼.

고통을 고립시키고 실체화하는 인식론적 지향과 다르게, 삶의 고통을 필연적이고 온당한 것으로 수용하는 태도는 고통을 생 안에서 희석하게끔 도울 수 있다(이수유, 2022: 33, 252). 더 나아가 C가 말하는 인정은 마치 영화 〈매트릭스〉에서의 빨간 약을 먹듯이 현상학적 전환을 야기하는 것처럼 보였다. 그의 말에 따르면, '본래 마음자리'로 돌아갈 때 고통을 '나' 혹은 '내 것'이라고 규정하지 않게 되기 때문에 고통에서 벗어나 자유로워질 수 있고, 설령 고통스러운 현실 정황이 바뀌지 않아도 최소한 "훨씬 가볍고 환해질 수 있다". 이는 한마디로 '자아 감각의 포기', 생존 게임의 은유로는 '플레이어 감각의 포기'라고 명명될 수 있을 것이다.

이어서 C에게 부모돌봄에 관해 질문하자 C는 다음과 같이 대답했다.

> 수행자의 돌봄은 돌보되 돌보지 않는 것처럼 돌보는 거지. 억지로 마음 써서 하는 게 아니라 인연 되면 연락하고 만나고 그렇게 해. 근데 어차피 그 양반도 수행자라 아프다는 말 한번 하지 않으시더라고.

C의 어머니는 C 형제를 고아원에서 데려다 키운 양모이자 비구니 스님이었다. C와 C의 모친에게는 서로를 돌보는 '척'이 없었다. C는 "누군가를 불쌍하게 보는 것도 미안하지만 좋은 게 아니다, 거기에 벌써 나의 분별심이 들어가 있다"고 경고했다. 그에게 함께 있고 감정적으로 연루되는 것만이 좋은 돌봄인 것은 아니었다. 연구자는 사회돌봄이나 자연돌봄 활동을 어떻게 보

는지, 특히 재난구호 봉사활동을 하는 대만 자재공덕회와 소신 공양(burning service)을 통해 세계적 반전 여론을 끌어낸 베트남 틱꽝둑 스님의 사례를 들어가며 질문했다. C는 "아무리 그럴싸 해 보이는 희생정신도 미안하지만 한 생각에 고립된 것일뿐, 본 래 마음자리에서 보면 굳이 그럴 이유도 없다"고 답변했다. 그 는 구태여 포기의 완성을 추구하지 않았고 따라서 생명돌봄의 포기를 선택지로 고려하지 않았다.

그런 C의 관점에서 본다면, 대안적 행복을 찾고자 하는 생존 주의적 움직임도 반대급부인 자기희생적 움직임도 모두 이 현 실을 되어 있는 그대로 인정하지 않고 성급하게 미래의 해결 방 안을 계산하면서 찾아 나선다는 점에서 동일한 가치판단에 빠 진 것에 불과하다. 정상적 미래를 투영하여 현재를 사라지게 만 드는 '접힌 시간성'은 현 상태를 오히려 공고히 하는 역설적 효 과를 가지는데, 치유는 현재의 삶을 유예하고 그 대신 장애와 질병이 없는 미래를 기다리라고 요구함으로써 현재를 살아가 지 못하게 만들며(김은정, 2022: 23, 28), 타자를 소위 나아지게 해 줄 것이라는 명목으로 타자가 지닌 차이를 지우려 힘을 행사하 는 것은 '치유 폭력'(curative violence)이다(*Ibid.*: 38). 그리고 그런 폭 력을 멈추는 일에 있어 적절한 포기는 도움이 될 수 있는데, C는 "나라는 게 따로 없다는 걸 알고 나면 이상하게 육신을 '더 잘' 돌보게 된다"고 말했다.

물론 C는 종교적 스승으로서 생각이 고립되어 고통받는 사람을 계속 일깨우고 점검해 주는 돌봄을 매일 바쁘게 행했다. 하지만 "몸이 피곤하더라도 그것에 끄달리지 않기 때문에" 아무리 돌봄 스케일을 확장하더라도 딱히 자신이 희생하고 있다거나 피로하다고 계산하지 않았다. 이를 굳이 개념화한다면 그는 나라고 할 만한 것을 두지 않기 때문에 '척도 없는 돌봄'(scale-free care)을 수행할 수 있었던 것으로 보인다. 이는 감정적 공감이 아닌 '인지적 공감'을 통한 돌봄이라고 이해될 수 있다. 블룸은 공감에 따른 번아웃 현상을 '경직된 친화성'이라고 설명했는데, 경직된 친화성은 고통받는 사람들을 대면할 때 함께 그 고통을 경험하도록 만들고, 스스로 괴로움이라는 비용을 치르게 되는 나머지 그 사람을 도와도 결과적으로는 효과가 없게 만든다(블룸, 2019: 187-8). 문제는 공감을 잘못된 방식으로 사용하거나 지나치게 의존하는 데에 있고, 공감의 결과가 늘 나쁜 것은 아니지만 부정적 측면이 긍정적 측면보다 더 클 수 있으므로 우리가 해야 하는 일은 그저 공감을 제자리에 놓아두는 것이다(Ibid.: 25, 310). 대안으로서의 '인지적 공감'(Ibid.: 55)은 누군가가 느끼는 고통을 직접 경험하지 않고도 그가 고통받는다는 사실을 인지하고 주로 현상학적 인정과 자아 감각의 포기를 전제로 삼는 해결 방안을 제시하는 것이다.

한편, 과거 출가를 선택하여 세속적 가치 전반을 포기했지만 아이러니하게도 C는 현재 포기했다고 볼 수만은 없는 정황에 놓여 있다. 그는 한 대형 사찰의 주지이자 스승이라는 대안적 지위를 얻었고, '응당히 증여를 받을 자격이 있는 존재(應貢)'라고 여겨짐으로써 신도들로부터 충분한 물질적 후원을 받기 때문에, 상대적으로 안정되고 여유로운 삶을 보장받고 있다. 출가자 사회는 '섬 사회' 또는 '기생사회'라고 분석되는데, 자급자족이 금지되어 있기 때문에 물질적 생활기반을 속세에 완전히 의지하는 것으로만 존속할 수 있고, 속세의 호의적 증여가 끊어진 시점에서는 소멸할 수밖에 없는 특성을 가진다(시즈카, 2007: 43-4). 그런 까닭에 종교적 포기자의 계산법은 정확히 N포세대의 경우와 동일하게 '무임승차'의 문제로 오랫동안 비난받아왔다. 물론 세르(2002)의 관점처럼, 그런 기생자는 시스템의 완성을 방해하는 것이면서도 동시에 시스템을 이루는 관계의 핵심이자 필수적인 것으로 간주될 수도 있다(이승철, 2019: 214). 어떠한 해석이 옳든, 최소한 종교 시스템 안에서 제공되는 물질적 여유가 정신적 여유의 한 조건이 될 수도 있다는 점에서, 척도 없는 돌봄을 C의 어머니와 C의 특수 사례로부터 일반화하기는 어려울 것으로 보인다. 실제로 '인지적 공감' 상태에 도달하게 만든다고 알려진 명상 기법들이 과학적 개념화를 거쳐 세속 사회에 이미 충분히 전파되어 있음에도, 척도 없는 돌봄 사례가 발견되는 일은 안타깝지만 아직은 드물다.

연구하는 포기자 D의 결론

세 사람의 사례를 표로 간단하게 정리해 보면 다음과 같다.

	A	B	C
입장	생존주의적 포기자	달관한 포기자	출가한 포기자
포기	결혼	결혼, 직업경력, 생명	세속적 삶 전반
돌봄	자기돌봄	부모 / 생태돌봄	척도 없는 돌봄
특징	유예적 포기와 전략적 선택	디오게네스적 포기와 유사종교 기술 활용	자아감각의 포기와 본래 마음자리로 회귀
한계	시스템에 갇힌 자기계발	무의미한 윤리적 완성	의존도가 높은 기생사회

이 무한경쟁 사회에서, 개인은 당위적 도덕을 지키고 사회적 인정을 획득하기 위해 과도한 고통과 리스크를 감수해야 했다. 다분히 사회적인 그것들은 개인의 윤리적 삶에 있어 필수불가결한 조건이 아니었다. 포기와 돌봄 스케일의 조정은 때때로 비도덕적으로 보일 수 있을지라도 나름대로 윤리적인 선택이라고 판단될 수 있었다. 그러므로 누군가의 돌봄 스케일이 좁다고 해

서 그가 이기적인 것은 아니고 스케일이 넓거나 혹은 나아가 없다고 해서 그가 이타적인 것도 아니었다. '삶의 바탕은 전진·확장·강화가 아니라 포기이며, 존재의 묘책은 힘에의 의지가 아니라 포기를 통한 자아의 축소(김홍중, 2020: 13-4)'라는 김홍중의 말처럼, 포기는 전진하지 않는 무책임함이 아니라 적극적으로 선택되는 자기돌봄 기술일 수 있었다. 그리고 종교인이 신도들에게 존경받는 것과 마찬가지로, 사회의 선택 압력을 줄이는 방향으로 기능한다는 점에서 포기자 또한 최소한 존중받을 수 있거나, 혹은 나아가 나름의 사회적 가치 창출을 인정받을 수도 있을 것으로 보였다. 다만 어떠한 형식의 포기도 각자의 사회적·논리적 정황 속에 여전히 포획되어 있다는 한계는 남아 있었다.

포기자들의 증언은 왜곡된 자아 감각 속에서 고통을 전시하거나, 사회적 고통 감수성의 증대를 유도하거나, 문제 해결을 위한 국가돌봄 인센티브를 요구하려는 것이 아니었다. B는 "N포 세대에게 성급한 도움을 주려 하거나 정치적 기획에 이용하지 않았으면 한다"고 말했다. 정치·경제·제도적 권력의 영향력에서 비롯된 사회적 고통에 다시 권력이 대응하는 방식은 또 다른 사회적 고통을 야기하곤 한다(클라인만, 2002: 9). 노리토시는 사회를 바꾸어 가는 데에 굳이 승인 공동체가 필요하지는 않지만, 그럼에도 젊은이들에게는 커뮤니티를 마련해 줘야 한다면 그것은 오히려 젊은이를 단념시키기 위해서라고 말했다(노리토시, 2016: 259). 원고의 최종 검토를 부탁하자, C는 "현상을 말로 규정하고 표현하는 순간 어차피 다 거짓말이니, 본래 마음자리가 선택한 것에 후회 말고 그냥 쓰라"고 조언할 뿐이었다.

연구자의 본래 목표는 포기의 스펙트럼 상에서 세 사람의 연속성과 차이를 분별한 후 현실적 대안을 마련하는 일이었다. '세속 사회의 포기자를 위한 행동 규범·제도적 장치·대안 공동체 등을 마련할 수는 없을까?' '과연 본래 마음 자리나 척도 없는 돌봄을 재현하거나 제도화할 수 있을까?' 하지만 포기자들에게는 그런 결론이 필요하지 않았다. 오히려 서둘러 결론 내리고 어설픈 해결책을 제시하려는 연구자의 자아 감각을 포기하는 것이 더 필요해 보였다. 그리고 연구자 스스로가 목표지향적 계산에 고립된 탓에 또 다른 고통을 만들고 있다는 사실을 계산 안에 넣어야 했다.

논의의 흐름과 마찬가지로, 생존주의 사회에 적응하려 애쓰던 끝에 출가하여 떠났다가 다시 출가자 사회로부터 이탈한 또 다른 포기자 D로서, 사회-도덕적 가치들을 잠시 '괄호'친 후, 연구자는 포기의 가치를 계산하고 다시 계산 너머를 모색해보고자 했다. '생존하라는 착취적 명령'(김은정, 2022: 45)에 경도된 채 그저 존속을 위해 달려나갈 뿐인 강박적 삶과 사회의 논리로 계산할 때 포기는 분명 기능적으로 아무 가치가 없다. 그러나 삶은 절대적 선이 아니며 죽음도 절대적 악이 아니다. 공상적 미래 어딘가에서 공회전하는 무익한 계산을 적절히 포기하고서 '계산하지 않음'의 현재에 머무르는 일은 더 나은 삶과 죽음 모두를 가능하게 할 수 있다.* 그렇게 생존 논리 너머에서, 포기에는 존재적 가치가 있다. 포기는 '함이 없는 함'(無爲)이며, 불확실한 미래의 리스크를 미리 계산하지 않고 앞으로 도래할 가능성에 스스로를 열어두는 것이다. 낭시가 말했듯이, 인간으로 존재하는 것은 그저 인간으로 존재한다는 것 이상으로 끊임없이 열려 있는 것이며, 그런 열림이 없다면 우리는 자신의 세계 안에 갇혀 버린 많은 사물 중 하나로 머무르고 말 것이다(낭시, 2012: 33, 38).

---

* 개인의 문제에 집중한 이 글에서 다루지 않았지만, 연구자는 포기가 타자와의 협력 또한 가능케 하는 주요 요인이라 생각한다. 적절한 포기가 구성해내는 협력과 커먼즈는 연구자의 다음 연구 주제다.

제도로서의 돌봄

—노동과 돌봄 사이에 던지는 질문들

조기현

'노동'과 '돌봄'을 함께 고민하기 시작한 건 '초로기 치매'를 접하면서부터다. 초로기는 노년기에 접어들기 이전이라는 뜻으로, 65세 미만에 시작된 치매 질환을 초로기 치매라고 한다. 나의 아버지는 초로기 치매 당사자다. 그에게 치매가 시작되고 사회적 관계와 활동이 위축되고, 한 사람의 자존이 바닥으로 내려앉는 과정을 곁에서 겪었다. 그때 느끼고 생각하고 고민했던 것들이 이 글을 쓰게 만들었다.

한국의 치매 상병자 중 약 10% 정도가 65세 미만이다.[*] 하지만 아직 중년이기에 인지가 저하되더라도 치매라는 단어를 떠올리기 쉽지 않다. 치매라고 인식하지 못하거나 진단을 받지 못한 경우를 생각하면 초로기 치매 당사자는 훨씬 더 많을 것으로 예상된다. 그러므로 초로기 치매는 예외적이고 안타까운 사례

[*] 이지수 외 5명, 「대한민국 치매현황 2021」, 중앙치매센터, 2022년 4월.

가 아니라, 우리 주변에 이미 있었지만 보이거나 들리지 않았다는 게 더 맞을 듯하다.

'초로기'와 '치매'는 갈등한다. 생애에서 초로기는 왕성하게 활동할 시기이지만, 치매로 인한 인지 저하는 사회활동을 제대로 하지 못하게 한다. 대표적인 갈등의 영역이 '노동'이다. 초로기에 치매가 시작되면, 한창 직장을 다니는 나이에 인지가 저하되면서 업무 실수가 잦아지거나 속도가 느려진다. 동료들과 마찰이 생기거나 상사에게 혼나기도 한다. 출퇴근길을 잃는 경우도 많아지고 운전할 때 교통사고가 자주 나기도 한다. 크고 작은 사고들은 결국 실직으로 이어진다. 더 이상 일을 하지 못하니 소득이 없어지지만, 치매로 인해 의료비 지출이 늘어난다. 빈곤에 빠질 위험이 높아질 수밖에 없다.

치매가 시작된 당사자는 자존감이 낮아지고, 주변 사람들은 낯설어진 당사자를 어떻게 대해야 할지 몰라서 서서히 거리를 둔다. 갈 곳도 마땅치 않다. 돌봄 기관들은 대부분 신체가 노쇠한 노년의 치매 당사자에게 맞춰져 있기 때문이다. 인지 기능이 저하됐을 뿐, 아직 팔다리에 힘이 넘치고 활동적으로 무언가 하고 싶은 초로기 치매 당사자에겐 맞지 않는다. 어떨 땐 어르신들이 '젊은데 왜 이런 곳에 오냐'며 타박하는 경우도 있으니, 초로기 치매 당사자는 몸도, 마음도 오갈 곳이 없다. 사회적 관계가 위축되고 고립되는 경우가 비일비재하다. 많은 초로기 치매 당사자들은 다시 일을 하고 싶다고 말한다. 이때 일은 곧 고립을 해소하고 사회적 관계의 회복되며 자존감을 찾을 수 있는 무엇이다.

지금의 우리는 노동사회에 살고 있다. 노동사회란 주요 소득이 임금으로 재편된 사회를 말한다. 투자나 투기 성격의 자본소득이 노동소득을 하찮은 것으로 만들고 있지만, 여전히 많은 이들이 노동소득으로 살아간다. 하지만 불안정 노동이 증가하면서 많은 이들이 일을 해도 가난해지고, 강제적인 노동으로 과로에 시달리며, 위험한 현장에 내몰려 목숨을 잃거나 다치고 있다.

이러한 현실에서 노동은 우리의 삶을 앗아가는 어떤 것이다. 이러한 현실을 바꿔 나가야 한다. 하지만 현실이 이렇다고 해서 노동 그 자체가 부정되어야 할 것은 아니다. 우리는 노동이 우리의 삶에 가져다주는 긍정적인 요소를 놓치지 말아야 한다. 노동이 우리에게 빼앗은 것과 주었던 것, 부정적인 것과 긍정적인 것을 분별해야 노동이 삶에 주는 긍정적인 요소를 보존하고 확장하면서 대안을 만들어갈 수 있다.

그렇게 가 닿을 수 있는 대안은 무엇인가? 노동이 삶에 주는 긍정적인 요소의 보존과 확장은 노동사회를 재구성하는 동시에 누구나 잘 돌보고 돌봄 받을 수 있는 돌봄사회를 구성하는 데까지 나아갈 수 있을까? 우리 모두가 단지 일하는 사람일 뿐 아니라 돌봄이 필요한 사람이라는 전제로 노동과 돌봄에 대한 고민들을 풀어가 보려고 한다. 그를 위해 다양한 대안적 사유와 실천들을 스케치할 것이다. 각각의 내용을 유기적으로 엮기 위해서 선택적으로 서술하는 것을 최대한 지양하고, 분절적으로 서술하되 앞으로 논의의 토대가 될 수 있도록 정보 제공, 사례, 해설에 초점을 맞췄다.

이제부터 우리가 당연하게 여겼던 것들에 질문을 던져볼 시간이다. 인지가 저하되거나 몸이 아프거나 장애가 있다고 노동하지 못하는 게 당연한가? 취약해지는 것은 돌봄을 받기만 해야하는 존재인 것인가? 이때 노동은 무엇이고, 돌봄은 무엇인가?

노동사회에서 초로기 치매 당사자의 경험

초로기 치매 당사자인 김상진 씨는 처음에 자신이 치매인지 알지 못했다. 회사 컴퓨터에 로그인하는 아이디와 비밀번호가 기억나지 않아서 아내에게 전화하는 날이 점점 잦아졌다. 아내는 가까운 곳에 잘 메모해두라고 타일렀지만, 그 메모도 금세 잃어버리기 일쑤였다. 일상적인 업무를 제대로 수행하지 못해서 시말서를 쓰게 됐고, 일을 그만두고 싶다는 말을 자주하게 됐다. 여러 병원을 전전한 끝에 치매 진단을 겨우 받을 수 있었다.

진단은 곧 퇴직으로 이어지며 당장의 소득원이 사라졌다. 아직 집 대출금과 자동차 할부금이 남아 있었고, 대학생, 고등학생인 아이들 셋도 뒷바라지를 해야 했다. 눈앞이 깜깜했다. 당장에라도 아무 일이나 해야 했지만, 진단을 받고 1년쯤은 깊은 우울감에 빠져 헤어 나오지 못했다. 치매가 있어도 잘 살아갈 수 있을지도 알지 못했다.[*]

몇 년이 지난 지금, 김상진 씨는 사람들과 함께 어울리며 지낸다. 공동체 안에서 그에게 맞는 일자리가 생겼기 때문이다. 인천시치매광역센터의 부설기관인 '뇌건강학교'는 그의 학교이자 일터이다. 초로기 치매 당사자에 맞춘 프로그램을 참여하기도 하고, 일주일에 1회씩 3시간 정도 카페에서 차를 내리고 공간 청소를 한다. 한 달에 한 번 열리는 '가치 함께 사진관'이라는 행사에 보조 인력으로 함께하기도 한다. 가치 함께 사진관은 사진사 출신인 초로기 치매 당사자가 직접 사진을 찍어주는 행사로, 다른 초로기 치매 당사자는 사진 인쇄와 액자 구성을 돕는다. 그렇게 해서 월 10만 원 정도의 수입이 생긴다. 작은 돈이지만 내

---

[*] 김경민, 『그대와 걷고 싶다』, 독립출판 부크크, 2022.

가 공동체 안에서 역할을 해내서 받은 돈이기에 보람이 크다.
김상진 씨의 주 돌봄자인 아내 김경민 씨는 이렇게 말한다.

"몇 시간의 간단한 일이라도 노동이 생활의 큰 활력이 되고 있
습니다. 아침에 일어나서 갈 곳이 있고, 할 일이 있다는 건 너
무나 소중하고 기쁜 일입니다. 노동을 통해서 자존감 향상과
자기효능감이 생겨서 더 밝아지고 행복해졌습니다. … 치매 진
단을 받았다고 모두가 중증인 건 아닙니다. … 기억력이나 판
단력 등이 떨어지고 길을 못 찾는 증상을 빼면 다른 곳은 건강
한데도 치매 환자라는 낙인으로 노동권에 감히 근접할 수가 없
습니다. 어느 곳에서도 치매 걸린 사람을 근로자로 채용하려
하지 않으니까요."[*]

오늘날 노동은 인지력과 신체가 건강한 몸을 표준으로 삼는
다. 노동시장에서 자본의 필요에 의해 만들어진 노동은 이윤이
우선시되고, 효율성과 생산성을 담보한 건강한 몸을 필요로 한
다. 아프거나 인지가 저하된다면 효율성과 생산성을 담보할 수

---

[*] 황경민 · 김상진, 「인지증(치매)과 함께 살기 그리고 노동 경험」, 『아픈 몸 노동권 포럼』,
2022년 12월 20일.

없기에 더 많은 이윤을 창출할 수 없다. 신체의 질병과 노쇠는 노동의 '적'이나 다름없이 다루어진다.

인지가 저하되는 이의 노동을 '안전' 문제로 금지하는 법 조항이 있다. 산업안전보건법 시행규칙 제166조(질병자의 근로 금지)의 1항 2호에는 "정신분열증, 마비성 치매가 걸린 사람"의 근로를 금지해야 한다고 명시한다. 건설기계관리법 시행규칙 제76조(적성검사의 기준 등)에 의하면, 치매관리법 제2조 제1호에 따른 치매를 비롯한 정신질환이 있는 사람은 건설기계를 조종할 수 없다고 명시한다. 이 외에도 치매나 정신질환 등으로 활동을 제한하는 법률은 도로교통법의 운전면허와 수상레저안전법의 조정면허에서도 찾아볼 수 있다.*

이러한 조항은 실제로 산업현장에서 벌어지는 위험을 방지한다는 점에서 안전 증진에 기여한다. 문제는 치매와 노동의 관계가 '금지' 말고는 중간 단계가 없다는 것이다. 치매 당사자는 노동에서 완전히 배제하는 게 당연하게 여겨진다. 하지만 노동은 단순히 소득으로만 환원될 수 없는 인간 활동이다. 정기적인 일상으로 삶의 리듬을 만들고, 비슷한 경험을 공유하는 이들과 교

---

* 김기웅 외, 「치매환자 관리 누락방지를 위한 국가치매관리체계 개선방안 연구」, 중앙치매센터, 2017.

류하는 기반이 되기도 한다. 우리 모두가 공동체 안에서 '직업'
이라는 역할을 하나씩 갖고 있다. 그 역할이 사라졌을 때, 말하
자면 실직했을 때 우리는 상실감과 자존감 하락을 경험한다.

치매가 시작되거나 몸이 아프다고 해서 한순간에 노동이 삶
에 주던 모든 것을 빼앗기는 것은 질병이나 치매 그 자체보다
더 잔인한 이중 '처벌'이 아닐까? 치매 당사자의 노동권은 보장
될 수 있을까? 치매가 시작되는 초기에 동료나 사업주의 도움을
받아서 조금씩 일을 하는 사례들이 있다. 하지만 결국에는 일을
그만두게 된다. 공공일자리로 치매 일자리 사업을 시행하며 치
매 당사자의 노동권을 보장하는 사례가 있다.

시흥시치매안심센터에서는 초로기 치매 당사자 3명이 노동
자가 돼서 센터 행사나 관리 업무를 함께 한다. 노동의사가 있
는 시민에게 공공일자리를 제공하는 지역공동체 일자리 정책의
일환이다. 근무조건은 주 5일로 주당 30시간 이내로 일하며, 최
저시급에 간식비까지 포함해서 월 150만 원 내외의 임금을 받는
다.

초로기 치매 당사자가 자신이 지내는 동네에 치매 인식을 높
이는 활동을 하기도 하고, 다른 치매 어르신을 돕는 활동을 하
기도 한다. 일하는 도중에 누군가 기억을 잃으면 곁에서 생각나
는 사람이 먼저 도와준다. 서로의 기억의 빈틈을 서로가 채우고

메운다. 힘을 합쳐서 누구도 실수 없이 하루를 보내고 퇴근하는 날의 보람의 크기는 말로 다할 수 없다. 시흥시치매안심센터는 주어진 업무를 수행하면서 당사자들이 근력과 인지력이 좋아졌다고 밝혔다. 자신이 속한 공동체에서 치매 당사자의 자리를 만드는 노동이라는 점에서 노동자는 노동의 결과에서 소외되지 않는다는 점이 무엇보다 큰 미덕이다.

정부는 제4차 치매관리종합계획(2021~2025)에서 초로기 치매 및 경증 치매 당사자를 위한 '공공근로 프로그램'을 개발할 것을 밝혔다. 치매의 다양한 스펙트럼을 이해하고 돌봄 대상을 넘어서 주체적으로 살아갈 수 있는 환경을 만드는 것이라고 할 수 있다. 정부의 이러한 인식 변화는 치매 당사자에게 잔여적인 노동을 제공하는 것을 넘어, 노동 그 자체를 다시 고민하고 재편하는 계기가 될 수 있을까? 시민에게 잘 돌봄 받을 권리인 '돌봄권'과 노동할 권리인 '노동권'이 함께 주어진다는 것은 무엇을 의미할까?

돌봄노동과 정동적 평등

'돌봄노동'은 돌봄이 임금노동에 편입된 것을 말한다. 아동, 노인, 장애인을 돌보는 직업은 2017년 한국표준직업분류에 '돌봄직'으로 등재되며 공식적인 직업이 되었다. 이를 유급돌봄노동 혹은 공식돌봄이라고도 부른다. 코로나19를 거치며 돌봄노동이 공동체를 유지하는 데 필수적이라는 인식이 확산되면서, 필수노동으로 분류되기도 했다.

그럼에도 여전히 돌봄직은 처우가 열악한 일자리다. 돌봄직 종사자의 34%는 중위임금의 3분의 2가량을 받는 저임금 노동자다. 경력이 늘고 숙련자가 되어도 전문성을 인정받지 못하고, 불안정한 시급제 임금과 사회보험으로 대표되는 고용안전망으로부터 대체로 소외되어 있다.[*]

돌봄노동의 가치를 올리기 위해서는 공식돌봄노동의 질을 높이는 것과 함께, 비공식돌봄에 대한 논의도 유기적으로 진행되어야 한다. 돌봄이 공식화되기 이전부터 우리 삶에는 돌봄이 있었기 때문이다. 우리의 일상에서 공기처럼 작용하는 돌봄을 무급돌봄노동 혹은 비공식돌봄이라고 부른다. 가정 안에서 아무런 보상 없이 여성에 의해 행해졌던 돌봄이라는 맥락이, 돌봄이 공식화되었음에도 여전히 평가절하되는 요인 중 하나다. 공식돌봄과 비공식돌봄을 함께 논의하는 게 중요한 이유다.

[*] 함선유, 「왜 돌봄직의 임금은 낮을까?」, 저출산고령사회위원회, 2021년 6월 10일.

그와 더불어 의존성과 취약성에 대한 인정이 필수적이다. 이 세계는 인간이 늘 관계 안에 의존해 왔고 그래야만 존재할 수 있었다는 당연한 사실을 무시해 왔다. 독립적이고 자율적인 인간을 표준으로 삼았기 때문이다. 의존적이고 취약한 상태를 표준으로 사회를 다시 설정해야 한다. 다시 말해서 돌봄의 가치를 올리기 위해서는 돌봄제공자의 위치뿐 아니라 돌봄수혜자의 위치가 논의의 중심으로 들어와야 한다.

하지만 돌봄 논의에서 돌봄제공자와 돌봄수혜자가 함께 다뤄지지 못하는 경우가 많다. 이 문제를 돌봄제공자와 돌봄수혜자의 불평등한 관계에서부터 짚어볼 수 있다. 돌봄수혜자는 돌봄제공자의 노동에 절대적으로 의존할 수밖에 없기에 권력관계의 아래에 놓이게 된다. 돌봄수혜자가 폭력과 학대에 쉽게 노출되는 이유다. 공론장에서 돌봄을 이야기할 때도 화자가 돌봄제공자인 경우가 많다. 정작 돌봄을 받는 수혜자의 목소리는 잘 들리지 않는다. 늙고 노쇠하거나 장애가 있다면 대부분 시설에 들어가 사회에서 보이지 않는 존재가 되어 버린다.

그렇다고 돌봄제공자가 취약하지 않다는 뜻이 아니다. 노동을 중심으로 재편된 노동사회에서 유급돌봄노동자든, 무급돌봄제공자든 모든 돌봄제공자는 여타 다른 임금노동을 하는 이에 비해 이등시민의 위치를 면치 못했다. 돌봄 패널티가 존재하는 셈이다. 돌봄이 사회화된 이후 돌봄 서비스는 대부분 이용자, 즉 돌봄수혜자를 중심으로 보장되었다. 돌봄제공자는 돌봄 서비스에 투여되는 자원에 가까웠다. 돌봄제공자가 돌봄을 제공하는 과정에서 겪는 고통은 이제까지 주목받지 못했다. 최근에서야 '돌봄제공자에게도 돌봄이 필요하다'는 구호가 많은 이들에게 공감을 받는다.

돌봄수혜자와 돌봄제공자가 각각 겪는 불평등의 맥락을 주목하는 게 중요하다. 캐슬린 린치가 동료들과 함께 쓴 책『정동적 평등』은 돌봄수혜자가 처한 불평등과 돌봄제공자가 처한 불평등을 함께 보려는 노력의 산물이다. 저자는 그를 위해서 평등/불평등이 발생하는 영역을 네 가지로 파악한다. 경제체계, 정치체계, 사회문화체계의 평등/불평등과 더불어 정동체계의 평등/불평등을 함께 다뤄야 한다. 각각의 체계는 얽히고설키면서 서로 강한 영향을 주고받는다. 정동체계는 그러한 영향을 사회적 관계의 차원에서 확인할 수 있게 한다.

정동체계는 사랑노동, 돌봄노동, 연대노동으로 구성되어 있으며, 정동적 평등이란 사랑노동, 돌봄노동, 연대노동을 보장하는 세 차원의 관계가 모두에게 주어지는 것을 의미한다. 사랑노동은 1차적 돌봄 관계로 대체불가능한 신뢰나 친밀성에 기반한 관계를 말한다. 민법상 정의된 가족뿐 아니라, 다양한 형태의 가족을 다양한 방식으로 구성할 권리를 보장하라는 가족구성권 논의는 1차적 돌봄 관계의 확산과 법적 보장에 대한 논의라고 볼 수 있다. 돌봄노동은 2차적 돌봄 관계로 정부나 지자체, 지역 사회 내에서 제공되는 돌봄 서비스나 이웃이나 동료 간 주고받는 도움이나 봉사를 뜻한다. 가정 내 돌봄 공백이 가시화되면서 진행된 돌봄의 사회화, 근거리에 유대를 확대하려는 마을공동체 운동 등이 2차적 돌봄 관계를 형성하는 것이다.

2차적 돌봄 관계가 아무리 보장되더라도 1차적 돌봄 관계의 부재로 느끼는 소외와 외로움까지 해소할 수 없고, 1차적 돌봄 관계만 보장된다면 안정적으로 지속 가능한 돌봄 환경을 구축하기 어렵다. 1차적 돌봄 관계와 2차적 돌봄 관계가 모두에게 필요한 이유다. 여기서 한 걸음 더 나아간 돌봄 관계가 필요하다. 바로 연대노동을 기반으로 한 3차적 돌봄 관계다. 3차적 돌봄 관계는 국가기관이나 시민단체, 일상적인 공동체에서 사회적으로 취약해질 때 그 상황을 해결하기 위해 연대하고 권리를 보장하는 관계를 말한다.

이런 세 차원의 돌봄 관계가 돌봄수혜자와 돌봄제공자 모두에게 고르게 주어진다면 어떨까? 돌봄을 받는 상황에서도 돌봄의 대상에 머물지 않고 다시 타자를 사랑하고 돌보고 연대할 수 있다. 돌봄을 하는 상황에서도 독박 돌봄에 갇히지 않고 사랑하고 돌보고 연대할 수 있다. 모두가 연쇄적인 돌봄의 관계망 속에 존재할 때 돌봄 관계를 일방향적인 관계로 규정하지 않게 된다. 이것이 바로 정동적 평등이다. 돌봄수혜자와 돌봄제공자가 각각의 겪는 불평등을 함께 다룰 때 의존성과 취약성을 중심으로 다룰 수 있는 기반이 더 명확해진다. 의존성과 취약성에 대한 논의를 더 진전시키기 위해서 장애학의 논의를 참조해 보려고 한다.

일할 수 없는 몸과 일할 수 있는 몸

현재 장애인 운동의 지향은 '자립'이라고 할 수 있다. 1960년대 말 미국에서 태동한 자립생활운동은 장애인자립생활센터라는 형태로 전 세계로 확산됐다. 이는 장애 문제를 다루는 전통적인 시각, 즉 '비정상' 상태인 장애를 재활을 통해 '정상'으로 만들려는 흐름에 대한 반발이었다. 한국에서도 2000년대 중간까지 재활이 장애 담론에 지배적인 힘을 발휘했다. 재활이 아닌 자립이라는 지향은 장애와 비장애를 비정상과 정상으로 나누는 이분법을 해체하려는 의도가 내재되어 있다. 자립의 관점에서 돌봄은 시혜적이고 의존을 강조하는 흐름처럼 읽힐 우려가 있다. 돌봄이라는 행위에 방점이 찍히며 돌봄을 받는 이의 주체성이 박탈될 수 있기 때문이다.

하지만 장애학 연구자 김도현은 책 『장애학의 도전』에서 자립이라는 이념에 자립과 의존이라는 이분법이 작동하고 있음을 지적한다. 자립과 의존이 대립하는 것처럼 다뤄지면서, 자립 이념이 강조하는 자기결정과 선택이 소비자주권에 가까워지며 신자유주의적 주체에 포섭될 위험이 커진다. 자립의 권리가 근대적인 인간중심주의와 이성중심주의에 머물게 되면서 발달장애인을 비롯한 이성 바깥의 존재들을 배제할 우려도 있다. 의존은 게으르고 무능한 것으로 낙인찍히며, 삶을 살아가는 데 당연한 관계의 가치와 의미는 은폐된다. 결국 독립적이고 자율적인 개인만이 인간상의 우위를 점한다.

이를 벗어나기 위해서는 자립과 의존을 서로 대립적인 것으로 다루는 이분법을 해체해야 한다. 예를 들어 자유와 평등은 서로 대립되는 것이 아니다. 자유로운 사회일수록 더 평등하고, 평등한 사회일수록 더 자유로워지기 때문이다. 자립과 의존도 마찬가지다. 자립적인 사회일수록 더 잘 의존할 수 있고, 의존이 당연한 사회일수록 자립도 잘 이뤄진다. 자립과 의존의 이분법을 벗어나기 위해서 저자는 연립(聯立)이라는 새로운 관점을 제시한다.

연립은 '함께 어울려 선다'는 뜻으로, 우리의 삶이 의존 없이는 불가능하다는 당연한 사실에 기반한다. 자립은 정상이고 의존은 비정상이라는 이분법을 해체하면서 가장 자연스러운 우리의 삶을 바라보게 한다. 이러한 연립의 관점을 오늘날 노동사회에 적용하고 확장하기 위해서 200년 전 자본주의 전환기로 돌아가 볼 필요가 있다.

장애인이라는 범주가 만들어진 건 200년 전이었다. 200년 전 본격적으로 산업사회에 접어들면서 늘어난 공장 수만큼 많은 노동력이 필요하게 됐다. 일할 수 있는 사람을 일하게 만드는 것이 중요했고, 그를 위해 등장한 것이 구빈원이다. 구빈원은 부랑자들을 훈육시켜 임노동에 편입시키는, 국가가 운영하는 강제수용소에 가까웠다. 그곳의 핵심 목표는 일할 수 있는 몸과 일할 수 없는 몸을 구분하는 것이었다.

영국에서 1834년 만들어진 〈개정구빈법〉을 보면 아동, 병자, 광인, 심신 결함자, 노약자를 구분한다. 이들에게 '일할 수 없는 몸'이라는 꼬리표가 부여되며 구빈원에서 다른 시설로 보내진다. 이는 오늘날 장애인 수용시설의 기원이 된다. 아동, 병자, 광인, 심신 결함자, 노약자에 들지 않는 사람들은 '일할 수 있는 몸'으로 판정받고 구빈원에 남겨져 다시 노동력으로 편입된다. 결국 장애인이란 자본주의적 노동 체제, 즉 자본이 원하는 몸에 맞지 않아서 노동에서 배제된 사람들, 즉 불인정 노동자

(unrecognized worker)인 셈이다.

여기서 재활 이념이 등장한다. 재활 이념은 일할 수 없는 몸, 즉 장애인을 일할 수 있는 몸의 범주에 넣기 위해 만들어졌다. 실제로 재활의학은 2차 세계 대전 이후 전쟁에 참여해서 장애인이 된 이들을 다시 노동력에 편입하기 위해 만들어졌다. 자본과 국가는 몸의 표준과 정상성의 규범을 만들고, 그 범주에 들지 않으면 일할 기회를 주지 않는다.

일할 수 없는 몸과 일할 수 있는 몸의 구분은 한국의 공공부조인 기초생활보장에서도 명확하게 작동한다. 보충성의 원리에 입각하여 자력으로 생존할 수 없다고 판별될 때, 기초생활이 가능한 수급권이 주어진다. 그러한 판별 기준 중 하나가 '근로능력 평가'다. 의학적으로 장애나 질병으로 인해 근로능력 '없음' 진단을 받아야 한다. 일할 수 없는 몸, 노동력 상품이 되지 못한다는 것을 증명해야만 기초생활을 보장받는 것이다.

노동이 시장에서 사고 파는 상품이자 몸의 정상과 비정상을 구분하는 기준이 되어 버렸다. 경제사상가 칼 폴라니는 토지, 노동, 화폐는 상품이 될 수 없지만 상품이 된 '허구적 상품'이라고 불렀다. 여기서 노동은 인간의 삶과 활동 그 자체이기에 상품이 되어선 안 된다고 말한다. 국제노동기구(International Laber Organization, ILO)의 목적에 관한 필라델피아 선언은 '노동은 상품이 아니다'로 시작한다. 그렇다면 노동이 상품이 아니면 무어란 말인가? 그것은 권리다. 대한민국 헌법 제32조 1항에는 "모든 국민은 근로의 권리를 가진다"라고 명시한다. 여기서 권리란 '일하지 않은 자 먹지도 말라'거나 '근면 성실하게 일하는 몸을 만드는 노동윤리'가 아닐 것이다.

임금노동으로 사회 전체가 배치된 노동사회에서 우리 생애 전반은 노동을 중심으로 이뤄지게 된다. 하지만 오늘날 노동의 가치가 나날이 떨어지고 있다. 돈이 돈을 벌어주는 자본소득은 일해서 버는 노동소득을 한참 추월하고, 일자리는 쪼개지고 쪼개져서 일거리가 되는가 하면, 노동의 종말까지도 논의되는 실정이다.

이런 상황에서 기존의 임금을 대체할 만한 기본소득을 제안하는 흐름이 존재하지만, 이는 노동 없는 사회를 구상하는 자본가 측에게 큰 호응을 받는다. 김도현은 오히려 자본주의 사회에서 상품으로만 존재하면서 단 한 번도 보편적인 권리로 확립되지 못했던 노동을 권리로 확립해 볼 것을 요청한다. 그것이 노동을 자본주의적 임노동에만 제한하지 않고, 시민이 노동을 선취하며 자본주의적 노동을 내파(內破)할 수 있는 전략이라고 말한다.

이러한 문제의식을 바탕으로 구상된 것이 '공공시민노동' 체제이다. 노동이 헌법에 나온 권리라면, 그 권리는 노동시장에서 경쟁을 통해 온전히 실현될 수 없다. 그렇다면 교육이 권리이기에 모두에게 공교육이 보장되듯이, 노동이 권리라면 모두에게 공공시민노동이 보장될 수 있어야 한다. 여기서 시장의 위치는 공교육이 중심이고 사교육시장이 뒤따르듯이, 노동 또한 공공시민노동이 중심이고 노동시장이 뒤따라야 한다. 공공시민노동은 국가에 의해 보장되는 일자리이지만, 공공근로처럼 잔여적이지 않고 사회적 일자리처럼 국가가 일방적으로 직무를 정하지도 않아야 한다. 인간다운 삶이 가능한 임금 수준이 보장되어야 하고, 직무도 국가가 일방적으로 정하는 것이 아니라 시민이 모여서 논의하고 정할 수 있어야 한다.

권리로서 노동은 충분한 소득을 보장하거나 노동을 새롭게 재편하는 것을 넘어서 인간의 기본적인 욕구에 기반해서 권리를 재편하는 것이라고 볼 수 있다. 사회학자 리처드 세넷은 책 『장인』을 통해 장인의식(craftsmanship), 즉 일 자체를 위해서 일을 잘해내려는 욕구는 인간의 기본적인 욕구라고 설명한다. 장인의식은 수공으로 사물을 만드는 전통적인 직종에 제한된 것이 아니라, 과정을 통해서 결과를 만드는 모든 일에 적용된다. 하지만 인간의 기본적인 욕구는 경쟁의 압력이나 좌절감, 혹은 강박관념에 상처를 입게 된다.

이러한 욕구가 잘 실현되는 노동이란 노동을 통해 나를 온전히 가질 수 있게 하고, 그로부터 나를 권리의 주인으로 만든다. 노동권이 우리의 기본적인 욕구와 보편적인 권리 사이에 간극을 메워주는 셈이다. 그런 한에서 노동권은 인권과 시민권의 하위 집합이 아니라 거꾸로 인권과 시민권의 초석이 될 수도 있다.*

노동할 권리와 권리를 생산하는 노동

공공시민노동이 실현된 형태가 존재한다. 바로 권리중심중증장애인맞춤형공공일자리(이하 권리중심공공일자리)다. 권리중심공공일자리는 생산성이나 효율성과는 거리가 먼 몸인 중증장애인을 우선적으로 고용한다. 공공시민노동 형태의 일자리는 기존의 장애인 일자리와 무엇이 다른가?

1990년 장애인고용촉진법이 제정된 이후 1991년부터 국가 및 지자체, 상시 근로자 50명 이상 고용한 사업주는 장애인을 일정 비율 이상 의무적으로 고용해야 한다. 하지만 이 제도로 고용 기회를 보장받는 이들은 대부분 경증 장애인이다. 이들은 재

---

* 서동진, 〈제거할 수 없는 정치의 불변항, 노동: 노동의 정치를 되찾자〉, http://homopop. org/log/?p=333

활을 통해 '정상' 범주에 들어와 비장애인 수준의 노동 생산성과 효율성을 유지하는 것이 가능하다. 중증장애인들은 경증장애인들과의 경쟁에서 밀려난다. 2021년 한국장애인고용공단의 장애인경제활동실태조사에 따르면, 중증장애인 고용률은 21.8%로 경증장애인 고용률인 40.3%의 절반 수준이다.* 중증장애인 80%가 일을 하지 못하고 있다.

현재 최저임금법 제7조(최저임금 적용 제외)를 보면 "정신장애나 신체장애로 근로 능력이 현저히 낮은 사람"에게는 최저임금보다 낮은 임금을 줘도 정당한 것으로 명시되어 있다. '근로 능력이 현저히 낮은 사람', 즉 생산성을 담보하지 못한 몸이라는 전제가 깔린 것이다. 생산성이 중심이 된 노동에 대한 관점이 장애인의 노동권이 제대로 보장되지 않는 여러 요인 중 하나다. 권리중심공공일자리는 바로 이런 생산성 중심의 노동을 벗어나 새로운 노동을 만드는 시도다.

권리중심공공일자리는 2020년 7월 서울시가 처음 시행한 뒤 여러 지자체로 확대되어 2022년 692명이 참가 중이다. 서울시에서는 주 20시간 '시간제 일자리' 참여자는 95만 7220원, 주 15

---

* 〈[이슈 In] '고용 사각지대' 중증장애인, 그들도 일할 권리가 있다〉, 《연합뉴스》, 2022년 9월 12일.

시간 '복지형 일자리'는 월 71만 7920원을 지급한다. 권리중심공공일자리의 직무는 세 가지로 권리옹호 활동, 문화예술 활동, 인식개선 강의가 있다. 이 노동은 상품을 생산하지도 않고 이윤을 창출하지도 않는다. 하지만 유엔장애인권리협약(Convention on the Rights of Persons with Disabilities, CRPD)에 명시된 권리를 구체적으로 실현한다.* 말하자면, 권리를 생산하는 노동이다. 노동의 결과는 중증장애인이 살아가면서 공기처럼 파악할 수 있는 문제들을 구체적으로 해결한다. 이 일자리에 참여한 한 노동자는 이렇게 말한다.

"단순히 돈을 벌기 위해 이 일을 하는 것이 아닙니다. 누군가에게 돈을 벌어다 주기 위해 일을 하는 것도 아닙니다. 이 일자리를 통해 저는 저 자신이 세계와 연결되어 있다는 것을 깨달았습니다. 저는 이 세계를 더 나은 세계로 바꾸기 위한 노동을 합니다."**

* 성동장애인자립생활센터, http://knil.org/public_job/3637
** 정창조, 〈장애인 노동정책, 30년 전 '직업재활' 이념 그대로?〉,《프레시안》, 2021년 12월 17일.

권리중심공공일자리는 지역사회에서 장애인이 잘 살아갈 수 있는 기반을 만든다는 점에서 장애인 탈시설의 이념과도 직접적으로 연결된다. 중증장애인이 시설이 아닌 지역사회에서 지낼 수 있는 소득과 활동, 사회적 관계와 사회적 기반 조성이 권리중심공공일자리로 보장된다. 이것이 장애인 가족을 돌보는 돌봄제공자의 부담을 크게 완화하는 것은 말할 것도 없다. 돌봄수혜자의 노동권을 보장하는 것이 단기적으로는 돌봄제공자의 돌봄 부담을 줄이지만, 장기적으로 돌봄수혜자와 돌봄제공자가 평등하게 살아갈 수 있는 환경도 만들 수 있다.

이렇듯이 직무가 삶 그 자체를 회복하고 더 나은 세계를 만들어가는 동력이 된 데에는 일자리의 구성과 운영에 시민사회의 개입이 결정적이다. 앞서 공공시민노동에서 강조한, 국가에 의해 일방적으로 결정된 직무가 아니라 시민이 직접 만드는 직무가 실현된 것이다. 권리중심공공일자리는 새로운 노동을 실현하며 중증장애인 노동뿐 아니라 비장애인의 노동에도 새로운 영감을 불어넣는다.

참여소득과 일자리보장제

권리 생산을 통해 사회적 가치를 수행하고 '참여'한다는 점과 공공에서 일자리를 '보장'한다는 점에서 대안적인 분배 정책인 '참여소득'과 '일자리보장제'를 떠올려볼 수 있다. 참여소득과 일자리보장제는 심화되는 불평등과 실업 등의 문제를 해결하고자 구상됐다.

참여소득은 사회적으로 유의미한 활동에 소득을 보장하자는 구상으로, 오늘날 공동체를 유지하는 데 중요한 역할을 하지만 사회적으로 인정받지 못하는 기후위기 대응, 마을 활동, 돌봄 등의 가치를 인정하기 위한 대안이다. 초기에 참여소득이 제안됐을 때는 무조건적으로 현금을 지급하는 기본소득에 대한 이행기적 성격이었다. 사회적 가치가 있는 활동에 현금 지급을 한다면 정치적인 설득도 용이할 뿐 아니라, 재원 마련도 용이하다는 게 이유였다. 현재는 사회적 '참여'의 가치에 비중을 두며 그 자체로 주목받고 있다. 한국에서는 2022년 2월 광주시 광산구에서 시민수당위원회를 출범하는 것을 시작으로,[*] 2022년 10월에는 광주시 차원에서 '시민참여수당'이 논의되고 있다.[**]

일자리보장제는 국가가 최종 고용자가 돼서 실업률을 제로로

---

[*] 정회성, 〈광주 광산구 시민수당위원회 출범…"사회적 가치 일자리 확장"〉, 《연합뉴스》, 2022년 2월 23일.
[**] 김다란, 〈광주시, 시민참여수당 도입 논의 '본격화'〉, 《남도일보》, 2022년 10월 23일.

만드는 것을 목표로 한 구상이다. 4차 산업혁명과 기후위기가 맞물리며 벌어질 수 있는 대량의 실업에 대응할 수 있는 정책이다. 일할 의지가 있는 모든 사람을 국가가 고용해서 충분한 임금을 주어야 한다는 것이다.

현대화폐이론(Modern Monetary Theory, MMT)을 바탕으로 한 경제학자 파블리나 체르네바는 『일자리보장』에서 일자리보장제가 궁극적으로는 국가돌봄법(National Care Act)이 될 것이라고 설명한다. 일자리보장제로 보장되는 일자리의 형태가 대부분 환경을 돌보고, 지역 공동체를 돌보고, 사람을 돌보는 일이 될 것이기 때문이다. 국가 책임 일자리는 민간의 노동시장과 유동적인 관계를 형성할 수 있다. 시민들은 노동시장이 불안정해져서 실업 상태가 되면 곧바로 국가 책임 일자리에 종사할 수 있다. 그러다가 노동시장 환경이 좋아지면 다시 시장에 유입될 수 있다. 이러한 방법으로 안정적인 완전고용을 실현한다.

완전고용을 위한 재원은 어떻게 마련되는가? 여기서 현대화폐이론은 정부의 지출이 세수를 넘어설 수 없다는 기존의 주류 경제학의 관점에 반기를 든다. 정부는 화폐에 대한 강제력이 있으므로 돈을 찍거나 국채를 발행해서 재원을 충당할 수 있다는게 현대화폐이론의 주요 논지다. 정부는 과도한 물가상승을 초래하지 않는 선에서 자유롭게 화폐를 발행할 수 있다. 그것을 완전고용을 위한 재원으로 삼자는 것이다.

일자리보장제에 대한 우려가 없는 것은 아니다. 정부가 모든 것을 떠맡으면 관리가 불가능할 것이라는 시각, 도입 과정에서 공공근로 이상으로 설득하지 못할 거란 정치적 장벽, 노동자 수를 조절하지 못해서 경기를 역행할 것이라는 지적이 나온다. 동시에 완전고용을 유지하기 위해서 무의미한 일자리만 양상할 거란 우려도 나온다. 모든 우려를 일거에 해소할 수는 없겠지만, 강력한 해결책이 될 수 있는 건 바로 시민사회의 참여다. 일자리 관리를 정부뿐 아니라 시민사회가 책임감을 가지고 함께 관리해 나갈 수 있다. 무의미한 일자리를 양산할 거라는 우려도 시민사회가 나서서 공동체에 필요한 직무를 우선 제시하는 방식으로 해결할 수 있다.

오스트리아의 작은 도시 마리엔탈에서는 세계 최초로 일자리보장제가 실험 중이다. 2020년 11월, 코로나19 팬데믹을 맞아 지방정부와 영국 옥스퍼드대가 손잡고 '장기 실직자 모두에게 완전한 형태의 일자리를 제공한다'는 취지의 실험을 시작했다. 연구진들은 일자리가 경제적 소득뿐만 아니라 사람들의 건강, 가족관계, 지역사회에서의 활동 등에 영향을 미친다는 사실에 주목했다. 실직 기간 1년 이상인 주민 약 150명이 참여하며, 공

적 자금을 지원해 공공 일자리와 민간기업 일자리를 제공했다.[*]

참가자들은 2개월간의 직업훈련을 거쳐 보육, 커뮤니티 카페 설립, 정원 가꾸기, 주택 개조 분야에 투입됐다. 740만 유로를 들여 3년간 실험을 하는데, 이 프로젝트는 오스트리아가 1년간 1인당 실업 비용으로 3만 유로를 쓰는 것에 비해 더 적게 든다. 프로젝트 참여자당 2만 9,841유로가 든다. 대신 참가자들이 지역사회에서 38만 3,000유로의 수익을 창출할 것으로 예상한다.[**] 이러한 실험 결과는 2024년 최종 보고서로 발표될 예정이다.

마리엔탈에서 진행하는 일자리보장제의 목표는 사회적으로 유용한 일을 하되 수익을 창출해야 한다. 동시에 일자리를 보장하는 이유는 실업을 부조하는 것보다 비용이 덜 들기 때문이다. 생산성과 효율성의 논리가 전제되어 있지만, 그럼에도 기존의 노동에 대한 관점을 전환할 수 있는 가능성이 있다는 점에서 주목할 만하다.

이런 실험을 마리엔탈에서 시작한 데엔 이유가 있다. 마리엔탈은 1929년 대공황의 여파로 공장이 문을 닫으며 대규모 실업

---

[*] 김향미, 〈팬데믹 이후, 유럽서 일자리보장제 · 기본소득 실험〉, 《경향신문》 2020년 11월 24일.

[**] 김윤나영, 〈실업자가 없는 세상 향해 전진〉, 《경향신문》 2021년 09월 17일.

이 발생했던 곳이다. 주민의 4분의 3인 1,200여 명이 일자리를 잃었고, 그 여파로 도시 대부분의 사회참여 활동이 위축됐다. 1931년 세 명의 연구자는 일이 사라진 마리엔탈의 삶을 관찰하며, 실업으로 '사회적 인성 구조의 붕괴'가 초래됐다고 진단했다.*

『실업자 도시 마리엔탈』의 번역자 유강은은 역자의 글에서 기본소득보다 '기본노동'이 더 중요할지 모른다고 말한다. 정기적인 출퇴근과 여가, 시간 감각과 사회적 계약 등 노동과 삶이 얽힌 요소들이 인간에게 얼마나 중요한지 마리엔탈의 사례가 보여주고 있기 때문이다. 일을 하며 생긴 일상의 리듬은 일 외 시간을 더 풍족하게 만든다. 일을 하며 얻는 보람, 자긍심, 인정, 사회적 관계망 또한 삶을 살아가는 데 중요한 요소로 자리한다. 지금 마리엔탈에서 실험 중인 일자리보장제는 붕괴되었던 사회적 인정 구조를 회복시킬 수 있을까?

* 마리 야호다 외 2인, 《실업자 도시 마리엔탈》, 유강은 옮김, 이매진, 2021.

질병권과 아픈 몸 노동권

노동에서 배제되는 몸은 장애인만 해당하지 않는다. 질병이 있는 몸, 환자도 노동에서 배제된다. 환자는 질병이 악화되면 기존에 일하던 속도를 따라가지 못한다. 동시에 병원 진료나 치료 등 질병 관리에 소요되는 시간이 많으므로 시간 빈곤에 시달린다. 일터에서 하는 노동의 세부적인 요소들은 오히려 질병을 악화시키기도 한다. 동료들과의 관계가 변화하는 것도 간과할 수 없다.[*] 평상시처럼 일하지 못하니 동료들의 업무 조율과 크고 작은 배려가 필요하다. 하지만 쉽지 않다. 건강관리도 경쟁력인 시대에 제대로 관리하지 못한다고 타박을 받거나, 업무에 중요한 순간마다 아프다고 질타받기 일쑤다.

대한암협회와 국립암센터가 진행한 설문에 따르면, 암 생존자들 69.5%가 업무와 채용 과정에서 암 투병 경험을 이유로 차별을 겪었다고 답했다. 실제 채용에 탈락하거나 능력을 제대로 발휘할 기회를 얻지 못했다고 응답한 비율은 60.9%였다. 37.1%가 단합에서 배제되었다고 밝혔고, 33.6%가 퇴직을 권하는 말

---

[*] 이혜정, 「이윤과 생산력을 넘어서는 아픈 몸들의 노동」, 아픈 몸 노동권 포럼, 2022년 12월 20일.

을 들었다. 27.2%가 승진에서 불이익을 겪었다.[*] 암이 완치됐더라도 병력(病歷)에 의해서 차별을 받는 것이다.

과거에 겪은 질병과 치료 이력으로 차별하는 것은 법으로 금지되어 있다. 고용정책기본법 제7조(취업기회의 균등한 보장)에서는 합리적인 이유 없이 차별하지 않아야 할 항목으로 병력이 포함돼있으며, 국가인권위원회법 제2조 3항에서 '평등권 침해의 차별행위'에도 '병력'이 포함되어 있다. 병력에 대한 차별은 명백한 평등권 침해다. 하지만 일상에서는 암뿐 아니라 다양한 만성 질환자들이 채용 과정과 일터에서 차별을 겪는다. 병력을 숨기고 취업하거나 일하는 등 몸의 상태를 부정하는 경우가 빈번하게 발생하는 이유이다.

아픔을 부정하는 사회는 반대로 건강한 몸을 표준으로 삼는 사회다. 이런 사회에서 아픈 것은 자기 관리의 실패이자 개인적인 일탈로 낙인찍힌다. 건강은 선이고 질병은 악이라는 이분법이 강화된다. 아프다는 것이 곧 실패한 삶으로 규정되는 것이다. 하지만 질병이 과연 자기 관리로만 예방할 수 있는 것인가?

우리는 여전히 세계적으로 긴 노동 시간을 일해야 하고, 산재

---

[*] 조건희·이진희, 〈[단독] 암 이긴 직장인 "퇴직 압박 받거나 승진에서 불이익"〉, 《동아일보》, 2019년 6월 3일.

사망률도 높다. 미세먼지를 비롯한 일상에 건강을 위협하는 요소들이 많아지고, 건강 불평등은 심화되는 경제적 불평등과 유기적으로 이어져 있다. 질병은 자기 관리의 실패가 아니라 '사회 관리의 실패'라고 하는 게 더 적합하다.

『아파도 미안하지 않습니다』의 저자 조한진희는 우리는 아플 수밖에 없는 사회에 살고 있으며, 그 어느 때보다 '질병권'이 필요하다고 말한다. 질병권는 '잘 아플 권리', 질병을 부정하기보다 온전히 받아들이면서 살아갈 수 있는 권리를 말한다. 건강이 선이고 질병이 악이라는 이분법을 해체하고, 아픈 몸이 회복되지 않아도 사회의 완전한 성원으로 살아갈 권리를 보장한다. 질병권은 건강권과 대립하기보다 건강권을 포함하며, 아픈 몸을 사회의 표준으로 해서 다양한 몸 상태를 포괄하고자 한다.

질병권을 바탕으로 노동권을 다시 사유할 수 있다. 아프면 쉴 권리만큼이나 아파도 일할 권리도 중요하다. 젊고 건강한 몸이 아니라 아픈 몸을 표준으로 만들기 위해서는 노동력 상품으로 경쟁하는 노동시장을 변화의 거점으로 삼아야 한다. 노동시장은 건강한 몸들의 경쟁을 전제하며, 일할 수 있는 몸을 낙오시키는 영역이기 때문이다. 그러므로 '아픈 몸 노동권'은 노동시장에 전제된 표준과 정상성의 권력을 해체시키는 것을 지향한다. 앞서 언급했던 국가 책임을 강화한 공공일자리 구상이 노동을 보편적 권리로 확립하면서 기존의 자본주의적 노동을 내파하는 시도였다면, 아픈 몸 노동권은 노동시장 자체를 흩트리며 표준과 정상성을 규정하는 권력 그 자체를 내파하려고 한다.

아픈 몸 노동권을 실현하기 위해서는 노동 시간과 노동의 속도를 재설정해야 한다. 기존의 경쟁구도와 성과 중심의 구조가 변화해야 하고, 각자 몸의 속도에 맞게 노동할 수 있는 조건을 만들어야 한다. 치료와 돌봄, 노동을 병행하는 하루 일과를 상정하고 면접, 업무 배치, 협상 전반에 적용해 나가야 한다. 8시간을 표준으로 하는 근무도 변화해야 하고, 일터에서 아픈 사람과 그렇지 않은 사람 사이의 새로운 동료 관계를 만들어 가는 규범과 연습도 필요하다.

만약 이렇게 변화가 된다면 당연하게도 아픈 사람들에게만 좋을 리 없다. 아픈 몸을 표준으로 노동을 다시 사유할 때, 모두에게 필요하고 적용할 수 있는 노동과 노동 조건을 만들 수 있다. 더불어 다양하게 이분화된 노동의 위계와도 연동될 수 있다. 아픈 사람과 건강한 사람뿐 아니라 장애인과 비장애인, 여성과 남성, 노인과 젊은이 등 후자의 노동에 비해 전자의 노동이 평가절하되거나 차별받는 상황 자체와 연동될 수도 있다. 표준과 정상을 규정하는 권력을 뒤흔든다는 건 바로 이런 의미다. 조한진희는 고령화와 저출생이 맞물리며 생산가능인구가 감소하는 현실에서 아픈 몸 노동권은 '생산성'의 관점에서도 실질적인 대안으로 부상할 가능성이 있다고 전망한다.[*]

이러한 이행을 위해 정부와 기업의 변화도 필요하겠지만, 노동시장 내에서 노동조합이 먼저 아픈 몸을 표준으로 노동 조건을 제안하고, 직무를 개발해 볼 수도 있을 것이다. 말하자면 아픈 몸을 위한 노동조합, '아픈 몸 노동조합'을 시도해 볼 만하다. 협상을 통해 직장 내 병력에 의한 다양한 차별을 금지하고, 아픈 몸을 표준으로 회사를 운영하는 방법을 고안해낼 수도 있다. 산재보험의 변화도 상상할 수 있을 듯하다. 업무의 과실이 명백한 질병뿐 아니라, 오늘날 '노동사회'라는 기본적인 환경 속에서 노동의 부담이 오랫동안 축적돼서 생긴 '골병'을 산업재해로 생각해 볼 수 있지 않을까? 반복 수행으로 인한 만성적인 근골격계 질환, 직장 내 차별이나 폭력에 의한 정신건강 등이 대표적일 것이다.

[*] 조한진희, 「아픈 몸 노동권과 돌봄」, 2021 생태문화축제, 2021년 5월 30일.

돌봄-노동에서 노동-돌봄으로

이상의 논의들은 정동적 평등을 제도화할 수 있는 실천과 아이디어라고 할 수 있다. 의존성과 취약성을 중심에 두거나 그럴 수 있는 가능성이 다분하기 때문이다. 아픈 몸과 장애인을 표준으로 삼는 노동을 보편적 권리로 인식하는 것은 노동사회를 정상화하는 것을 넘어 재구성할 것을 촉구한다. '함께 어울려 선다'는 연립의 관점은 의존성에 가치를 부여하며 잘 돌보고 잘 돌봄 받을 것을 전제로 한 돌봄사회로 이행할 것을 강력하게 요청한다.

여기서 우리는 돌봄사회로의 이행에 좀 더 방점을 찍어야 한다. 우리는 여전히 노동사회 내에서 돌봄사회를 구상한다. 돌봄을 서비스화된 노동으로만 여기는 것이 그 결과라고 할 수 있다. 돌봄사회 내에서 노동사회를 구상해 볼 수는 없을까? 그를 위해 지금처럼 임금노동의 한 종류로 돌봄을 편입하는 것을 넘어설 필요가 있다. 반대로 노동 자체를 돌봄에 편입해볼 수는 없을지 고민해 본다. 내가 '돌봄-노동'이 아니라 '노동-돌봄'의 관점이 필요할지도 모른다고 생각하는 이유다.

노동이 돌봄에 편입된다는 것은 어떤 의미일까? 우선 노동이 사람에게 주는 돌봄의 성격을 강화하는 것을 말한다. 정기적인 노동이 삶에 주는 자기돌봄적 측면과 사회적 관계 형성을 통한 상호돌봄적 측면을 강화해야 한다. 과도한 노동 시간과 노동 강도가 조절되고, 내가 하는 직무의 사회적 가치를 인식하고, 충분한 소득이 보장된다면, 노동은 돌봄의 한 종류가 될 수 있다. 이러한 노동-돌봄에서는 장애인과 아픈 몸이 노동에서 소외될 이유가 없으며, 모든 시민이 노동-돌봄의 당사자가 된다.

노동-돌봄은 유급과 무급을 넘어서 모든 형태의 돌봄 행위를 통합적으로 다루는 틀로 작동할 수도 있다. 일상적인 무급 돌봄을 무시하는 행태가 유급 돌봄을 평가절하하게 되는 요인 중 하나라는 점에서 모든 형태의 돌봄 행위의 가치를 통합적으로 보고 논의할 필요가 있다. 그런 의미에서 노동-돌봄에 돌봄노동이 포함되며, 그 가치를 최대치로 끌어올릴 것을 지향한다.

동시에 노동-돌봄은 돌봄에 반하는 노동을 재편하는 것을 지향한다. 즉 파괴적인 성격의 노동이 자연을 돌보고 마을을 돌보고 사람을 돌보는 것에 기여할 수 있도록 전환할 것을 촉구한다. 이는 그동안 작동하던, 상품을 생산하는 노동과 인간적인 유대와 공동체를 재생산하는 돌봄 사이에서의 위계를 해소하는 전략이 될 수 있다. 돌봄을 상품 생산 노동에 비해 더 우위에 두면서, 생산과 재생산의 위계를 해소하고 돌봄을 중심에 둘 수 있다.

노동-돌봄과 기존의 복지 제도와의 관계도 앞으로 함께 논의해 나가야 할 대상이다. 노동 유인을 강화하기 위한 '근로연계복지'(workfare), 공공부조의 '보충성의 원리'(principle of subsidiarity), '커뮤니티 케어' 정책이 주요 논의에 대상이 될 수 있을 것이다. 근로연계복지는 노동을 매개로 근로장려세제, 사회보험료 지원, 자산형성지원, 자활근로지원 등의 복지를 제공하며, 모든 생산가능인구가 생산에 기여하도록 만드는 복지 제도다.

우려가 되는 지점은 노동-돌봄이 이러한 근로연계복지가 변용된 '근로연계돌봄'이 되지는 않을까 하는 점이다. 기존의 근로연계복지는 생산성을 중요시하며 복지를 잔여적인 것으로 만들었다. 생산성을 중요시한 복지는 근로의 의무를 다한 이에게 복지 혜택을 부여했다. 그러므로 복지가 보편적인 권리로 확립됐다고 보기 어렵다. 근로연계 방식은 노동-돌봄이 경계해야 할 경로 중의 하나라고 할 수 있다.

공공부조의 '보충성의 원리'는 스스로 노동시장에서 노력할 것을 강조하며, 최소 개입과 최소 보장을 원칙으로 한다. 여기서 자산조사와 부양의무자 기준, 근로능력평가 등 선별 기준이 강하게 작동한다. 특히 근로능력평가는 여전히 일할 수 있는 몸과 일할 수 없는 몸의 위계를 그대로 답습하기에 노동-돌봄의 관점에서 비판의 대상이 되어야 한다.

현재 수급권이 주어져서 생계급여를 받는 시민들이 노동을 해서 수입이 발생하면 생계급여가 삭감된다. 기초적인 생활만 간신히 할 수 있는 생계급여가 삭감되기에 당사자들은 아예 일을 하지 않는 방편을 택한다. 이러한 보충성의 원리는 기초생활수급 당사자들의 노동참여와 사회참여를 저해하는 요소 중 하나다. 이는 노동-돌봄의 자기돌봄적 측면과 상호돌봄적 측면을 박탈하는 것이다. 이 부분도 지속적으로 논의되어야 한다.

커뮤니티 케어는 한국에서 '지역사회 통합돌봄'이라는 이름으로 시범사업이 진행됐다. 이제까지 돌봄과 의료 서비스는 주로 시설과 병원을 통해 제공됐다. 커뮤니티 케어는 기존의 돌봄과 의료 서비스를 지역사회에서도 제공하는 것쯤으로 여겨진다. 하지만 커뮤니티 케어는 그보다 더 큰 차원의 변화를 목표로 한다. 바로 시설과 병원이 아니라 지역사회 중심으로 모든 서비스를 제공하는 형태로 재편하는 것이다. 주로 식사 제공, 정서적 돌봄, 신체적 돌봄, 방문의료, 자택 임종 등이 중심이 된다. 여기서 지역사회의 노동권을 더해야 한다.

앞서 언급한 권리중심공공일자리의 사례에서 보듯, 지역사회를 돌봄수혜자, 즉 당사자 중심으로 상상할 때 노동권 보장은 필수적이다. 중증장애인에게 스스로의 삶을 개선할 수 있는 직무로 노동권이 보장될 때, 지역사회에서 거주할 수 있는 가능성은 더욱 높아진다. 이러한 성과를 중증장애인뿐 아니라, 정신장애인, 만성질환자, 노인, 노인성 질환을 겪는 중년에게도 확대해 볼 수 있을 듯하다. 보호의 대상으로만 머무는 것이 아니라, 능동적으로 자신의 삶의 자율적인 영역을 늘려가는 것, 노동-돌봄의 관점으로 지역사회를 재편한다는 것은 바로 이런 의미다.

앞으로 노동-돌봄의 관점에서 돌봄, 복지, 노동의 제도들을 비판적으로 읽을 것이다. 다양한 사례에 노동-돌봄의 관점을 적용하며, 누구도 소외되지 않는 노동-돌봄의 관점을 좀 더 명확하게 만들어갈 것이다. 이를 통해 모든 구성원의 정동적 평등을 촉진할 수 있는 제도적 대안을 마련하는 데 기여하고자 한다.

관계로서의 돌봄

—자기돌봄과
서로돌봄의 관계

신승철

돌봄모듈과 탈성장 전환사회

2000년대 이후 탈성장 시대로 이행중인 한국사회는 여러 가지 문제에 직면하고 있는데, 그중 하나가 돌봄모듈과 관련된 것이다. 돌봄모듈은 2~3인 단위로 구성된, 근접거리 돌봄을 하면서 강한 상호작용 속에서 수축경제와 역행적인 흐름 등의 위기 국면에서 실존적 강건함에 의존하여 버틸 수 있는 기초단위라는 가설로부터 시작된다. 돌봄모듈의 문제설정은 "돌봄을 재창안하고 다시 생각하자!", "자기돌봄과 서로돌봄 사이에서 관계를 생각하자!", "가깝지도 그렇다고 멀지도 않은 거리조절의 미학을 고민해 보자", "배치돌봄에서 배치의 재배치라는 미시정치의 방법론을 모색해 보자"와 같은 색다른 제안들의 이야기 꾸러미로 이루어져 있다. 우리가 돌봄모듈을 미래적 단서로 삼을 수 있는 것은 좀 더 적극적으로 관계로서의 돌봄을 얘기함과 동시에, 시민성과 사회성에 입각한, 요철과 굴곡을 따라 거리조절이 가능한 관계를 통해서, 공동체적인 관계가 균질하고 동질적인 것으로 향하려는 경향을 극복하고 오히려 돌봄의 상호작용 강렬도를 높일 수 있다는 점에 있다.

돌봄에 대한 지극히 널리 통용되던 오해는 능동/수동의 이분법적 구도 설정에서 말미암는다. 돌보고, 돌봄 받는 과정이 근대의 주인공 담론에 따라 능동적으로 돌보는 사람과 수동적인 돌봄 받는 사람으로 구획된다는 설정이 그것이다. 그러나 정동(affect)이라는 활력과 생명력의 입장에서는 돌봄은 능동/수동이 아니라, 둘 다 강렬한 상호작용 속에 있게 된다. 또한 득실거리는 민중에게 유래된 수동으로 간주되어 오던 욕망노동에 있어서도 그 욕망가치를 인정하고 보상해야 한다는 입장에서의 기본소득(basic income)의 개념이 들어올 여지가 생긴다.

여기에 따르면 상담실에서의 상담자와 내담자의 관계는 능동/수동의 관계가 아니라 오히려 분석노동을 수행하여 욕망가치를 생산하는 진정한 주체성인 내담자에게 기본소득이 주어져야 한다. 또 TV에 나오는 웃음전문가들만이 가치를 생산하는 것이 아니라 TV를 보는 것 역시 욕망가치를 생산하기 때문에 기본소득이 주어져야 한다. 같은 맥락에서 자폐아동이 놀이를 하면서 벽에 그림을 그리는 것 역시 정상화 노동으로서의 욕망가치를 생산하는 것이기 때문에 기본소득이 주어져야 한다.

그런 점에서 돌봄모듈의 영향력은 우리가 상상하는 것보다 훨씬 더 강할 수 있다. 돌보고 돌봄 받는 과정은 함입(陷入)이나 뒷말 잇기 게임과도 같이 상호 피드백이 있기 때문에, 사랑하면 할수록 더욱 사랑하게 되는 정동노동으로 현현할 수도 있다. 이는 사랑의 무한성 테제이며, 정동노동과 같은 긍정적인 피드백이 이루어질 때 더욱 배가되는 긍정의 힘으로서의 정동을 상상하게 만든다. 이에 반해 감정노동의 경우는 사랑의 유한성 테제이며, 겉으로는 친절하지만 감정 소모가 많은 노동이라고 할 수 있다. 돌봄모듈은 사실상 두 측면을 다 가지고 있는데, 정동노동처럼 강한 상호작용을 전제로 하지만, 여전히 활력 자체를 어디서 수혈받을 것인가의 여부에 있어서 감정노동이라는 사랑의 유한성도 함께 고려함으로써 돌봄의 가치화와 사회적 보상에 대해서 제도적으로 고민해 볼 필요가 있다.

관계의 시공간 축으로 본 돌봄

돌봄의 생애사를 생각해 보면 다음과 같다. ① 유아기/노령기: 자기돌봄, 서로돌봄에 앞선 절대돌봄의 시기이다. 절대돌봄에서는 돌봄이 절대 상수값이 되어 변수가 어떻다 하더라도 그만한 돌봄의 수준과 강렬도가 지속가능해야 한다. 절대돌봄의 비중과 무게가 너무 크다 보니, 사실상 돌봄의 사회화를 통해서 문제를 해결할 수밖에 없는 것도 현실이다. ② 청년기: 자기돌봄의 시기이다. '1인칭 나'와 '3인칭 나' 사이의 '자기통치=자기경영=자기관리' 등이 그것이다. 청년기의 자기돌봄은 상호성이 아닌 자기상호성의 공명상자 속에서 약한 상호작용을 할 수밖에 없는 것도 현실이다. 이는 자문화기술지의 서술과도 같은 독백적인 생각의 흐름을 보인다. ③ 커플/부부: 서로돌봄의 시기이다. 강렬한 서로돌봄의 과정으로서의 돌봄모듈되기가 그것이다. 이 시기동안 돌봄모듈이 구체화되는 것은 연애시절이나 부부가 된 시기부터 자기돌봄을 전제로 한 서로돌봄이 이루어지기 때문이다. 만약 사랑이라는 이름으로 자기돌봄이 사라진다면 상대방에 대한 매력지수가 동시에 낮아지기 때문에 정동과 활력의 강렬도가 떨어진다. 그렇기 때문에 자기돌봄이 전제로 된 서로돌봄의 과정을 통해서 강한 상호작용이 이루어지는 것이 커플의 시기라고 할 수 있다. ④ 중년기: 배치돌봄에서의 자기돌봄의 소진이라는 현실에 직면하게 된다. 배치돌봄은 사물돌봄, 생명돌봄, 어르신돌봄, 아이돌봄 등이 중층화되고 배치의 재배치의 양상으로 나타나는 중년기 이후의 살림과 돌봄의 현실을 의미한다.

가족형태별 돌봄을 생각해 본다면 다시 다음과 같은 구분이

가능하다.

① 1인 가구: 자기돌봄, 약한 상호작용, ② 2인 가구: 서로돌봄, 강한 상호작용, ③ 3인 가구 이상: 배치돌봄, 혼재면이 그것이다. 펠릭스 가타리는 『미시정치』(도서출판b, 2010)에서 다음과 같이 가족형태별 돌봄의 과정에 대해서 설명한다. 원래 전통적인 가족공동체의 형태는 '아버지-어머니-나'라는 3인 가구의 형태였다고 할 수 있다. 이는 가톨릭에서의 성부-성자-성신의 삼위일체이면서 동시에 프로이트의 가족 삼각형의 구도이기도 하다. 그런데 근대화의 과정에서 이러한 전통적인 공동체가 와해되고 해체되면서 1960년대 대량생산/대량소비 유형의 포디즘과 케인즈주의적인 지배질서가 정착된다. 펠릭스 가타리는 이러한 상황에서의 가족 형태를 2인 가구 유형으로 자리매김한다. 다시 말해 외부로 도망가려는 남편과 내부로 붙잡으려는 아내의 균형점에 있는 2인 가구 유형의 돌봄체계가 있다는 것이다. 그런데 신자유주의 상황에서 자본과 화폐의 달아나려는 힘이 너무도 강해 1인 가구(=독신적 쾌락기계) 유형으로 귀결된다고 할 수 있다. 이제 자기돌봄=자기통치 유형의 자영업자적인 삶이 개방되며 자기돌봄을 위한 자기경영이라는 개인주의적인 삶의 지평이 열린다는 것이다.

하루 시간대별로 본 돌봄의 배치를 생각해 볼 수도 있다. 여기서 40~50대 가상의 주부인 K씨를 생각해 볼 수 있다. 그녀는 젠더불평등이나 사랑이라는 이름의 희생 속에 놓여 있을지도 모른다. 그가 주도하는 돌봄의 양상은 배치돌봄이다.

이제 그의 시간표를 따라가 보자.

"① 새벽 5시 반: 그는 기상을 위한 시계 알람소리를 아무도 듣지 못하도록 재빨리 끄고 가족 위해 요리를 시작한다. 라디오를 들으면서 수행하는 요리와 가사는 고요하고 적막하기만 하지만, 가족 전부가 깨어나는 시끄러운 상황의 전조일 뿐이다. ② 아침 7시: 남편이 가벼운 식사 후에 출근길에 나선다. ③ 아침 8시 전: 아이들을 깨워서 씻기고 밥을 먹인다. 반찬과 밥 등은 매번 새롭게 준비되기에 아이들은 크게 변한 것을 발견하지 못한다. 아이들이 학교에 가기 전 분위기를 잡기 위해서 큰 소리로 과제 체크며, 위생관리, 용돈지급 등을 하는데, 짜증을 내는 아이들을 달래는 아침의 일상이 펼쳐진다. ④ 아침 8시: 아이들을 태우기 위한 차가 집 앞에 도착한다. 혹은 각종 탈 것을 통해서 학교에 늦지 않게 도착하도록 만든다. ⑤ 아침 10시: 어르신이 주간보호센터나 노인정에 갈 시간이다. 어르신에게 용돈을 드리고, 옷 위생 상태를 체크하며, 힘을 북돋는 말을 해주면서 걸어서 목적지까지 동행하기도 한다. 이제부터 본격적으로 빨래며 청소며 쇼핑 등의 시간이다. ⑥ 오후 3시: 아이들은 하교

한다. 학교 앞까지 마중 나가는 경우도 있지만, 아이들은 탈 것을 타고 집에 도착한다. 오늘 있었던 일을 무심한 체하며 묻고 간단한 요기를 시킨 다음 학원으로 가는 스쿨버스에 다시 실어 보낸다. 그동안 저녁준비를 한다. 곧 어르신도 집으로 돌아오신다. ⑦ 저녁 7시: 아이들이 학원에서 돌아오면 퇴근한 남편과 함께 저녁을 먹는다. ⑧ 저녁 9시: 아이들 잠을 재우고, 남편이 직장에서 있었던 일 등을 말해주는 것을 들으면서, 어르신과 텔레비전을 보는 시간이다."

이러한 하루 일정표에 따른 돌봄 스케줄을 스토리텔링하다 보면 돌봄 없이는 유지되거나 지속 가능할 수 없는 가족공동체와 우리 사회의 단면을 가늠할 수 있다.

관계의 배치로 본 돌봄

1) 돌봄이란?

돌봄은 '돌보다'의 명사형으로, '키우고 양육하고 보살피는 등의 행위 양식'이라는 사전적인 정의를 갖고 있다. 특히 인간은 돌봄 없이는 어떠한 존재로 제대로 살아남을 수 없기 때문에, 생명, 사물, 자연, 기계를 일으켜 세우는 기본적인 행위 양식이자 존재력을 북돋는 행위라고 할 수 있다. 이처럼 사회를 구성하고 유지하는 기본적인 행위임에도 돌봄의 사회적 가치가 저평가되는 이유는 돌봄의 작동원리가 재귀적인 반복, 제자리로 돌아오는 원점회귀성, 비가시성을 보이기 때문이다. 먼저 재귀적인 반복은 아침식사 다음에는 점심, 저녁이 행렬을 이루어 반복되는 양상이거나, 빨래를 걷고 개고 나서 다시 새 빨래를 내거는 등의 행위가 반복되는 양상으로 나타나는 것을 의미한다. 재귀적인 반복의 양상은 순환적이지만 동일성의 반복이 아니라 차이 나는 반복이기 때문에, 살림이나 돌봄에는 얼마간의 화음과 리듬이 숨어 있는 것도 사실이다. 또한 원점회귀성은 돌봄에서 가장 기본적인 양상으로, 어제 놓여 있던 곳에 다시 놓아야 하기 때문에 전혀 변한 것이 없거나 성과 자체가 없는 것으로 드러난다는 점이 특징이다. 그래서 외부에 나가 회사를 다니는 사람들 입장에서는 살림이 전혀 변한 것 없는 그대로이고 아무런 노력도 가해지지 않았다고 생각하기 일쑤이다. 마지막으로 비가시성에 있어서 돌봄은 그림자노동으로 불리는 보이지 않는 곳에서의 노동이기 때문에 가치가 저평가되거나 아예 가치가 누락된다.

이렇듯 돌봄은 자본주의가 보기에는 성과로서의 실물이 전혀 없는 것으로 평가되는 경우가 대부분이며, 사랑이라는 이름 아래 수행되는 희생이나 젠더불평등을 특징으로 한다. 그러나 사랑노동에 모든 것을 떠넘겨 왔던 전통사회에 대한 문제제기가 등장하기 시작하는데, 이는 68혁명 시기 동안의 마리아 달라코스타의 "가사노동에 임금 지급을!"운동 이래로 돌봄의 사회화 국면으로 진입하는 양상으로 드러난다. 당시 포디즘은 여성의 가사노동과 남성의 고용노동을 일관 생산 라인과도 같은 정형화된 사회에 배치하면서 돌봄의 사회적 가치는 간과했다. 그러한 상황에서 돌봄의 사회화는 가족 단위의 돌봄으로는 해결할 수 없는 절대돌봄 등에 대한 사회적 해결책을 강구하는 것으로서 돌봄의 가치화 국면과 동조화된 것이기도 하다. 그러나 돌봄의, 사회화 국면에도 불구하고 돌봄노동자의 가치조차도 저평가되는 현실에 직면해 있는 것도 그 시기 이후의 현실이다.

여기서 자기돌봄-서로돌봄의 관계를 개괄해 보자면, 자기돌봄은 스스로를 돌볼 뿐만 아니라, 자기경영과 자기관리로서의 살림을 하고, 동시에 자기통치로서의 자기 연마를 수행하는 일련의 행위양식이며, 이는 미셸 푸코의 『성의 역사3 - 자기에의 배려』(나남, 2004)라는 책에서의 대표적인 토픽이기도 하다. 여기서 자기통치, 다시 말해서 '스스로를 다스리는 사람'을 시민이라고 부른다. 결국 돌봄에서의 시민성의 영역은 자기돌봄을 전제했을 때만 획득된다는 점을 알 수 있다. 더불어 자기돌봄은 자기와 자기 자신과의 관계, 다시 말해서 '1인칭 나'와 '3인칭 나'의 관계가 갖는 미학적이고 윤리적인 면모에 기반하고 있다. 반면

서로돌봄은 정동의 상호작용이며, 돌봄순환의 영역이라고 할 수 있다. 전통적인 돌봄의 형태에서의 동일시와 의존 관계는 자기돌봄을 소멸시킨 형태의 서로돌봄이라고 할 수 있다. 이것은 사랑노동의 형태로 드러났다. 반면 친밀하고 유대적인 우애와 낯선 익명의 환대 사이의 거리조절의 관계로서의 서로돌봄이 돌봄의 사회성과 시민성의 기초라고 할 수 있다.

2) 자기돌봄

(1) 자기와 자신과의 관계
: 타자보다 더 타자다운 자기돌봄의 방법론

자기돌봄의 정의로는 미셸 푸코가 『성의 역사3』에서 자기관리, 자기통치, 자기계발 등 자기에 대한 배려로서의 자기돌봄의 방법을 제시한 것을 참고해 볼 만하다. 여기서 돌봄이 일방적인 희생이나 선한 의도의 기부 등의 형태가 아닌 이유가 제시되는데, 자기돌봄의 자기와 자기 자신과의 관계 정립으로부터 시작하여 서로돌봄으로 나아가기 때문이다. 여기서 자기와 자기 자신과의 관계는 1인칭 나와 3인칭 나와의 관계, 자기생산과 타자생산의 마주침, 마음을 응시하는 마음, 실존에 대한 긍정 등으로 불리기도 한다. 이러한 자기돌봄의 역사적인 전거는 신자유주의 시대 개막 이래로 이루어진 '개인'이라는 주체성을 토대로 하는데, 이는 기업가 정신으로 무장한 자영업자와 같은 유형이며, 명백한 공공책임이나 사회책임을 개인책임으로 환원하는 것이기도 하다. 그러나 원거리든 근거리든 서로돌봄의 관계 하에서의 3인칭 나가 전제되어야 1인칭 나로서의 자기돌봄을 규명할 수 있다는 점에서 관계가 두절된 진공상태의 개인, 자아, 주체는 기각된다.

(2) 1인칭 나와 3인칭 나

이러한 주관적인 나와 객관적인 나, 행위자로서의 나와 관찰자로서의 나는 나쁜 짓을 하는 나와 이를 지켜보는 나라는 예시로 드러난다. 이는 마음을 응시하는 마음이라고도 표현된다. 여기서 '1인칭 나'는 '자기원인으로서의 나'이며, 사랑과 욕망, 돌봄 등의 이유가 되는 '우애(friendship)의 나'라고 할 수 있다. 반면 '3인칭 나'는 '타자원인으로서의 나'이며, 외부에서 우발적인 사건들과 마주칠 때 그것을 응시하고 포용하는 '환대(hospitality)의 나'라고 할 수 있다. 1인칭 나와 3인칭 나 사이의 삶의 내재성의 미학화 과정에 따라 초점조절, 거리조절, 힘조절이 이루어진다. 그런 점에서 자기 내부에서의 관계의 미학화가 이루어지면, 자기와 자기 자신과의 관계, 자기에의 배려, 자기의 테크놀로지가 완성된다. 이는 '나는 너를 사랑해'라고 말할 때 '말하는 나'와 '말 속의 나'의 관계의 분열과 이를 통합할 매개로서의 자기 안의 배치와 내재성에 대한 논의와도 관련되어 있다.

(3) 자기계발 담론

여기서 자기계발은 신자유주의의 자기통치법이자 기업가 정신을 의미한다. 이는 성공한 주인공들을 등장시키지만, 철저한 개인책임에 입각하여 열악한 환경을 극복해 나가는 자영업자 사장의 논리로 전락한 것도 사실이다. 특히 자기와 자기와의 관계에 있어서 자기계발 담론은 언제나 주인공인 자신에게 성공의 미래를 투사하며 동시에 혹독한 규율로 자신을 옭아매는 것으로 드러난다. '3인칭 나'는 '빛깔 좋은 성공한 나'지만, '1인칭 나'는 '이를 위해 희생과 자기규율, 성공을 향한 성장주의적인 욕망을 투사하는 나'이기 때문에, 결국 주인공 담론이 좋은 것이 아니며, 오히려 주인공을 자임하는 삶은 척박하고, 외롭고, 핍진 (乏盡)할 뿐인 것이다. 다시 말해서 지금-여기-가까이 현재의 삶을 미래에 헌납하고 과거에 저당 잡히는 것을 생각해 보면 좋겠다. 여기서 자기통치는, '남들을 다스리기' 전에 '스스로를 다스리기'가 선행해야 한다는 점에서의 고대 그리스로부터 유래된 시민성의 기초라고 할 수 있다. 이러한 여러 가지 측면으로 볼 때, 자기계발 담론이 사라진 이유와 이에 따른 신자유주의 담론의 붕괴에 대해서 곱씹어 보아야 할 것이다.

3) 서로돌봄

(1) 가깝지도 그렇다고 멀지도 않는 관계

서로돌봄은 근접거리 돌봄을 기반으로 한다는 점에서 돌봄모듈(module)에 대해서 가장 먼저 생각해 봐야 할 것이다. 돌봄모듈은 2~3인 단위의 근접거리 돌봄 관계망이며 강한 상호작용을 특징으로 한다. 보통 모듈은 집단의 최소단위이며, 돌봄모듈의 경우에 가족구성원들 사이에서 만들어지는 경우가 대부분이다. 여기서 모듈은 단순하면서도 다기능적인 자기완결성을 갖고 있다는 측면에서 탄력적이기도 하다. 돌봄모듈은 공동체를 재건하고 사회를 구성하는 기본단위라는 점에서 탈성장 전환사회의 마중물이기도 하다. 또한 소농의 술자리나 회식 등과 같은 자리에서의 콘비비움(convivium, 함께 살기)이 있을 수 있다. 이는 2~3인 단위의 공생공락 단위가 근접거리 돌봄을 수행하는 경우, 느슨하며 흥을 중시하고 재미로 모여든 기초단위를 의미한다. 무슨 일을 수행하고 나서의 뒤풀이 자리와 같은, 비공식 언어로 이루어진 돌봄의 단위를 의미한다. 콘비비움은 비공식성을 기반으로 하지만, 돌봄모듈은 공식성과 비공식성 모두를 기반으로 한다는 점에서 향후에 돌봄모듈이 더 대표성을 갖는 개념으로 등장할 것으로 예측되는 것도 사실이다.

(2) 관계의 거리조절의 미학

관계의 거리조절의 미학에서는 우애와 환대 사이라는 수평선의 사이배치를 등장시킨다. 여기서 환대가 더 진행되면 관계없음이 되고, 우애가 더 진행되면 간섭과 참견이 되지만, 그 중간 좌표에서는 거리조절이 이루어지는 공간이 개방된다. 여기서 우애(Friendship)의 공식에 따라 우애와 사랑의 차이점에 주목할 필요가 있다. 사랑은 동일시와 의존에 따라 관계 사이의 여백이 없다면, 우애는 착하면서도 악동 같고, 이타적이면서도 이기적이고, 협동하면서 견제하는 입체적 인물로서의 친구를 등장시켜 끊임없는 여백을 만들어 그 사이에서 거리조절이 가능하도록 만든다. 거리상 보았을 때 근접거리 돌봄으로서의 사랑노동과 거리조절의 돌봄노동으로서의 우애노동, 자신과 가장 먼 거리의 존재를 돌보고 사랑하는 연대노동이 있을 수 있다. 환대(hospitality)의 공식에 따라 살펴보면, 프랑스 철학자 자크 데리다(Jacques Derrida)의 책 『환대에 대하여』(동문선, 2004)에서 무권리자인 이방인들에게 환대는 새로운 사회계약을 형성하는 것과도 같이 기존 관계를 재편하고 넘어서는 환대 자체가 초월적인 지위를 갖는 것으로 간주된다. 시민들에게 환대는 낯섦을 쉽게 단정해서 뻔하게 보는 관점이 아니라, 자신 내부에 있는 타자보다 타자다운 면모를 발견해서 풍부해지고 다양해지는 것이라고 할 수 있다. 다시 말해 자신 내부의 타자성은 바로 기후난민, 생명, 제3세계 민중 등을 환대하게 하는 원천이라고 할 수 있다.

(3) 관계없음: 위생적이고 탈색된 개인의 삶

1인 가구라고 불리는 개인 유형의 주체성은 사실상 커먼즈의 풍요와 우아함을 모방하는 플랫폼에서의 관계의 풍부함을 흉내 낸 콘텐츠들과 전문적인 디지털 포획장치가 이를 대신하는 바로 향하고 있음에 주목해야 할 것이다. 우주선 유형의 삶이 펼쳐지지만, 자기계발 논리의 변형으로 나타난 위생적이고 탈색된 관계가 개방된다. 이는 일본에서의 신배려사회의 한 단면으로도 드러난다. 전통적인 방식으로 상대방에게 배려하는 것이 아니라, 상대방이 꺼려할 수 있음을 고려하고 전제하는 것이 신배려사회라는 점에서, 관계의 위생화와 휘발화 등도 생각해 볼 여지가 있다. 더욱이 관계없음을 가리고 은폐하는 방식으로 이 문제는 전개되는데, 이를 테면 심리치료 역시 좋은 얘기를 해 주는 친구를 돈으로 사는 것에 불과하다는 것이 드러난다. 고작 미디어를 통한 감정생활이나 돌봄의 사회화를 통한 돌봄전문가의 손길과 외로움 등을 통해서 관계없음이 관계 있음으로 위장되는 방식일 것이다.

(4) 도시사회와 마을공동체의 구도

마을공동체는 도시를 기반으로 하는 경우도 있지만, 지역을 기반으로 하는 경우도 있다. 여기서 익명의 도시사회와 친밀한 공동체 둘 다의 특징을 취할 수는 없는지에 대한 문제의식이 등장한다. 다시 말해서 친밀하고 유대적인 관계망으로서의 마을공동체와 낯선 익명의 관계망으로서의 도시사회 사이에서의 거리조절의 관계, 즉 횡단성 계수로서의 관계를 두는 것이 그것이다. 그러나 마을공동체에서의 관계가 깊이와 잠재성을 응시하고 발견하는 관계가 아니라면 참견, 개입, 간섭의 폐쇄된 지역사회로 전락하고, 도시사회에서의 다양성과 탄력성이 사라지면, 관계없음의 자본주의적 등가교환 사회가 등장하는 것도 사실이다. 우리가 원하는 공동체는 사실상 옆집 숟가락 숫자도 다 아는 폐쇄된 공동체로부터 벗어나 프라이버시와 사생활이 보장되는 사회라는 점에서의 '따로 또 같이' 공동체의 가능성도 함께 얘기해 봐야 할 것이다.

(5) 거리조절의 미학

거리조절의 미학을 펠릭스 가타리는 횡단성(橫斷性, transversalité) 계수라는 개념으로 설명한다. 이는 쇼펜하우어(Schopenhauer)의 고슴도치 딜레마(hedgehog's dilemma)라는 이야기의 구도를 찬찬히 생각해 보면 좋을 듯 싶다.

> 살을 에는 듯한 어느 겨울날, 일단의 고슴도치들이 추위를 견디고자 서로 몸을 껴안아 따뜻하게 하려고 하였다. 그러나 자신들의 가시가 서로를 찔러서 너무 아파 그들은 곧 다시 흩어졌다. 그러나 추위는 계속되었기 때문에 그들은 다시 한번 가까이 모였고 다시 한번 아프다는 것을 알았다. 그들이 두 악(추위와 가시로 인한 아픔)에서 자신들을 보호하기 위한 아주 적당한 거리를 발견하기까지 이렇게 모이고 흩어지는 일이 계속되었다.

이렇듯 너무 가까이도 너무 멀지도 않는 적정거리를 유지하는 횡단성 계수는 다른 이야기 구조로는 야생말의 눈조리개로도 표현된다. 야생말의 야성성을 억누르기 위해서 눈조리개를 좁게 설정했다가 점차 길들여지는 정도에 따라 틔어주는 바가 그것이다. 또한 횡단성 계수는 수직선과 수평선 사이의 무한 사선으로 표현된다. 수직선의 위계도 수평선의 게토도 넘어서는, 교섭하는 중간 무한사선이 그것이다. 이러한 조리조절의 미학은 바로 시민성과 사회성의 체득이라고 할 수 있다.

4) 배치돌봄

(1) 배치는 공동체의 관계망이며, 내가 선 자리이다

배치(agencement)는 위치, 자리, 위상, 동적 편성, 배열장치 등과 유사어이며, 장소, 관계, 의미가 만든 자리이다. 다시 말해서 우리가 손을 맞잡으면 배치가 되며, 배치는 자리바꿈을 통해 재배치될 수 있다. 배치의 강렬도가 높아지면 색다른 생각이나 아이디어, 실천할 의지가 생기고, 배치에 기반해서 말과 행위가 나오지만, 구조와 같이 호명 체계인 것이 아니라, 아예 자율성이 없는 것은 아니다. 배치 개념을 창안한 펠릭스 가타리의 경우에는 청년 시절 꿈이 뒤숭숭하여 장 우리(Jean Oury)에게 상담하러 갔는데, 예상외로 시큰둥한 반응을 보이던 장 우리가 "왼쪽으로 누워 자서 그런 것이니, 오른쪽으로 누워 자"라는 지적으로부터, 꿈-내용이 중요한 것이 아니라 꿈자리가 중요하다는 사실을 각성하였으며, 이것이 배치 개념을 탄생시켰다고 할 수 있다.(『가타리와의 대담』, 미출간 원고) 여기서 자리 개념은 배치를 풍부하게 표현하는 하나의 교두보로만 사용될 수 있는 여지가 있다. 이를 테면 "자리가 사람을 만들까? 사람이 자리를 만들까?"라는 아포리즘을 통해서 배치의 다면성에 대해서 접근할 여지가 생기는 것도 사실이다.

여기서 배치를 사랑해 버린 사람 이야기를 하나 참고해 둘 필요가 있다. 이는 프루스트의 『잃어버린 시간을 찾아서』의 '꽃피는 성운' 장에서의 알베르틴을 사례로 들 수 있다. 알베르틴은 새들처럼 지저귀는 아가씨들에게 매료되어 급기야 아가씨들 중 한 명과 결혼하게 된다. 그러나 결혼생활에 지쳐 갈 즈음에 자신이 사랑한 것은 한 사람이 아니라, 아가씨들의 성운, 무리 자체였음을 깨닫게 된다. 이는 영화 〈그리스〉(존 트라볼타, 올리비아 뉴튼존 주연)에서 남성무리와 여성무리 사이에서의 연애와 우여곡절을 다룬 스토리를 함께 생각해 볼 수 있다. 이는 90년대 지오다노 청바지 광고(정우성-고소영의 행동 양식)에서 패러디되기도 하였다.

(2) 배치는 구조와 같이 불변항이거나 영원하지 않다

"한번 해병은 영원한 해병이다"라는 속된 슬로건은 구조를 찬양하지만, 구조라는 불변항에서 쩔쩔매는 경우가 대부분이다. 구조주의는 '어쩔 수 없는 구조'와 '무기력 지층에 사로잡힌 개인'

이라는 한 쌍으로 이루어진다. 반면 배치는 "언젠가 끝이 있는 공동체가 소중하다."는 말처럼 찢어질 수도, 망가질 수도, 사라질 수도 있는 관계망이다. 다시 말해 유한성, 폐지 가능성, 끝이 있으므로 현재에 최선을 다하게 되는 삶의 양식이 배치이다. 우리는 '내려놓는다'의 두 가지 방법을 생각해 볼 여지가 있다. 먼저 신, 국가, 아버지의 영원성의 구조 앞에서 작은 자신을 내려놓는 방법이며, 예속집단에 해당한다. 다음으로는 한계, 끝, 유한성을 가진 집단의 배치 속에서 내려놓는 것이며, 이는 주체집단에 해당한다. 문제는 주체집단과 예속집단이 모호하게 결합된 종교적이고 영성적인 집단을 생각해 볼 여지가 있다는 점에 있다. 다시 말해서 관계망 자체나 집단을 불변항의 구조로 보는 관점과 유한한 배치로 보는 관점에서는 큰 차이가 있는 셈이다.

(3) 배치돌봄의 종류

배치는 사랑과 동일시되는 의존의 관계가 아니라, 영원한 친구들 간의 관계이다. 다시 말해서 거리조절이 가능하고, 재배치가 가능한 것이다. 3인 가구 이상의 강한 배치돌봄을 여기서 상상해 볼 수 있다. 사물돌봄, 생명돌봄, 부부돌봄, 자녀돌봄, 노인돌봄 등이 한꺼번에 찾아오는 중년 시기를 상상해 볼 수 있다. 동시에 네트워크 관계망에 따른 원거리 돌봄도 생각해 볼 수 있

는데, 이는 개인들이 선호하는 위생적인 관계망이고 돌봄효과
는 약하며, 약한 상호작용에 기반한다. 여기서 주지할 점은 네트
워크 돌봄에 기반하는 사람들은 보통 빈곤층이 많고, 동시에 플
랫폼 기반 돌봄을 추구하는 사람들이 청년층이라는 사실이다.
또한 배치돌봄에서 10~20인 단위의 커뮤니티 돌봄이 있을 수 있
으며, 이는 커뮤니티 케어의 구상이나 노노케어 등의 구상과도
관련되어 있다. 동시에 무차별 사회, 경관적 사회에서의 돌봄이
우발적으로 발생할 수 있으나, 이는 간(間)공동체 사회로 재구성
되어야 한다는 숙제를 갖고 있다고 할 수 있다.

관계의 체계로 본 돌봄

1) 관계의 양상: 경계와 거리

경계면에서의 관계를 생각해 보면, "따로 또 같이인가? 흐릿
한 혼재면인가?"라는 화두를 던져볼 만하다. 나와 너 사이에 구
분이 명확하다는 생각은 근대의 책임주체의 구도를 그린다. 그
런데 따로 또 같이 공동체에서는 너와 나 사이가 명확함에도 불
구하고 강한 상호작용을 통해서 상쇄하려고 한다. 여기서 나와
너 사이에 정확한 대답이 있다고 보는 열쇠개념이 등장한다. 관
계 속에서의 경계는 가장자리 상황 논증을 일으킬 여지가 있으

며, 이는 나와 너 사이에 구분 불명확한 사이주체성 양상으로 현현한다. 이러한 모호한 지점을 혼재면이라고 한다. 여기서는 나와 너 사이에 정동의 강렬도의 투여가 있으며, 혼재면이 등장하기도 한다. 여기서 정동은 너도 아니고 나도 아닌 강도, 온도, 속도, 밀도의 피드백이라고도 바라볼 여지가 있다.

다음으로 거리에 따른 관계를 생각해 볼 때, 사랑노동, 우애노동(=돌봄노동), 연대노동 사이의 거리조절 과정을 상상해 볼 수 있다. 여기서 가장 근접거리는 사랑노동이 차지하며 거리조절이 불가능한 동일시와 의존이 여기에 해당한다. 아버지와의 동일시, 어머니와의 동일시와 같은 사유 패턴은 시민성과 사회성의 기초인 거리조절을 불가능하게 만드는 측면이 있다. 반면 돌봄노동에서의 우정의 공식과 거리조절 가능성에 대해서 생각해 보면, 돌봄노동은 거리조절이 가능하며, 의존과 동일시의 사랑노동과 달리 협동하면서도 견제하는 등의 관계의 입체화를 가능케 한다고 할 수 있다. 마지막으로 연대노동은 원거리돌봄이며, 추상적인 능력에 따라 자신의 존재와는 거리가 먼 존재를 사랑할 수 있는 능력이 요구된다. 우리는 여기서 "근접거리의 존재를 사랑하는 사람이 자신과 가장 거리가 먼 존재를 사랑할 수 있을까?"라는 질문을 던져볼 필요가 있다. 다시 말해서 우애와 연대, 사랑과 연대 간의 호환 가능성에 대한 질문이다. 여기서 생각해 볼 수 있는 것은 가까이에 있는 영역을 입체화하면서 깊이와 잠재성을 발견한다면 먼 곳에 대한 여행과 필적한다는 들뢰즈와 가타리의 노마디즘에 기반하여 우애와 연대의 호환 가능성을 생각해 볼 수 있다는 점이다.

2) 정동과 정동자본주의 양상 속에서의 돌봄

(1) 정동과 감정의 차이

정동은 전(前) 개체적인 강렬도의 흐름으로도 불리지만, 쉽게 생각해 보면 활력이자, 생명력, 힘 개념이라고 할 수 있다. 거기에 비해 감정은 표상과의 마주침 속에서 우발적으로 형성되는 정서들이라고 할 수 있다. 정서는 능력 개념으로도 표현된다. 질문이 하나 있다. "꼼짝 안 할 때 생각이 많은가? 움직일 때 생각이 많은가?"가 그것이다. 꼼짝 안 할 때의 마음으로 지목되는 감정(emotion: 혹은 정서)은 표상과 마주칠 때 우발적이고 돌발적인 생각, 표상 수에 따라 유한하며, 고정관념으로 점착되거나 사라지는 것이 특징이다. 반면 움직일 때의 마음으로 지목되는 정동(affect)의 경우에는 표상과 표상을 이행할 때 이음새가 되는 정서 변환 양식, 자기 원인이 있으며, 돌봄의 행위양식인 정돈, 수선, 병렬, 배치, 배열에 따라 작동하는 강도, 온도, 속도, 밀도의 미학화 과정이 전개된다. 다시 말해서 포크와 나이프를 보면 불안하고 날카롭다는 감정이 생기는데, 그것을 가지런히 정돈, 배열하면 '맛있다'로 이행해 버린다. 여기서 정동은 "사랑 = 욕망 = 돌봄 = 살림 = 모심 = 보살핌 = 섬김"과 동의어로 간주된다. 또한 정동노동은 사랑할수록 사랑이 증폭되는 노동으로서 돌봄의 한 측면인 사랑의 무한성이자 공동체의 자기생산이라면, 감정노동은 외면적으로 친절하지만 감정 소모가 많은 노동이며, 돌봄의 다른 측면으로서 사랑의 유한성에 입각해 있고, 자본주의 타자생산(재생산)이라고 할 수 있다. 여기서의 질문은 "가사노동은 정동노동인가? 감정노동인가?"라는 질문이 있을 수 있다. 여기서 가사노동이 타자생산을 위한 것이라면 감정노동이겠지만, 자기생산을 위한 것이라면 정동노동이라고 생각해 볼 여지가 생긴다.

여기서 정서라는 꼼짝 안 할 때의 마음의 전통을 더 찾아보면 불교에서의 소승의 전통이 바로 잡동사니 마음을 응시하는 마음으로 무념무상으로 향하는 것으로서의 해탈(解脫)과 열반(涅槃: 부처가 되는 것)을 응시하고 있음을 알 수 있다. 여기서의 정서의 양식은 보조국사 지눌 스님의 구도대로라면, 점수(漸修)로서의 찰나의 수행이 정서의 우발성과 돌발성을 표현하는 것이고, 금강경의 순간의 실체화와 일기일회(一機一會)의 과정이나 주력

(呪力)이 갖고 있는 무의미한 주문을 반복해서 찰나를 깨닫는 훈련 등은 사실상 '이 순간이 생애 단 한번뿐인 순간이라는 시간의 유일무이성'과 관련된 정서의 속성들을 잘 보여준다고 할 수 있다. 반면 정동은 움직일 때의 마음이며, 대승의 전통으로서의 돌봄, 모심, 보살핌, 섬김 등의 보살행(菩薩行), 보시(普施)를 통해 보살이 되는 것이고, 서원(誓願: 중생을 구제하는 것)을 의미할 것이다. 여기서 보조국사 지눌 스님의 돈오(頓悟)로서의 단박의 깨달음이 지속되는 과정이 중요하게 다가오며, 이는 원효대사의 해골바가지 사건과 같은 놀라운 전변의 순간처럼 원력(願力)으로서의 욕망의 일관된 흐름을 발생시키는 바를 향하고, 이는 '이 존재가 세상에 단 하나밖에 없다는 점에서 존재의 유일무이성'을 잘 표현해 주고 있다.

(2) 생명에너지와 활력, 힘으로서의 정동

정동은 생명이 발산하는 에너지이자 힘이다. 그래서 활력이 생기는 것은 생명의 신체를 필요로 하지만, 기호, 사물, 기계로부터도 활력정동이 생긴다. 그러나 대부분의 정동은 생명이 살아 움직이는 것과 같은 고유한 특이성을 보인다. 여기서 근대의 소재관에서는 '질료(matter)-형식(form)'이 한 쌍을 이루는 전문가주의가 있다. 여기서 능동적인 것은 전문가들의 형식이자 형상이다. 이를 좀 더 살펴보면 어머니께서 밥 먹기 전의 기도를 통해서 형식을 부여해 주어야 비로소 수저를 들게 되는 상황을 생각해 볼 수 있다. 반면 근대 이전 장인의 전통에서는 '소재(material) - 힘'의 구도가 개방된다. 이는 사물, 생명, 자연, 기계의 곁과 가장자리, 주변의 냄새, 색채, 음향, 몸짓, 맛, 표정, 이미지 등으로 득실대는 재료에서 힘이 나오는 상황을 생각해 볼 수 있다. 이를 더 살펴보면 어머니께서 뭐라 한 적도 없는데, 입에 침이 고이고 손이 먼저 가서 밥 먹는 것을 생각해 볼 수 있다. 그러나 장인의 전통은 자원 이후의 활력, 다시 말해 소재 이후의 활력의 구도에 불과하다. 왜냐하면 그것은 성장주의 세계관에서의 활력의 발생 과정에 대한 이야기이기 때문이다. 탈성장 사회에서는 활력이 있고 자원이 따르는 형태가 될 것이다. 여기서 기호의 반복은 활력과 에너지의 원천일 수 있으며, 이는 탈성장 사회에서의 활력정동의 생성 과정에 대한 설명 양식이라고 할 수 있다.

(3) 흐름으로서의 정동과 플랫폼자본주의

정동은 따라 하기, 모방을 유발하는데, 가브리엘 타르드(Jean Gabriel Tarde)는 이를 양자적인 흐름(flux)이라고 규정한다. 이러한 모방의 과정은 인지부조화와 같은 현실을 만들어낸다. 이런 점에서 합리적인 '의미화=표상화=모델화'를 기반으로 했던 인지자본주의는, 인지부조화에 기반을 둔 정동자본주의와 차이가 있다. 양자적 흐름은 무의식의 행렬과 동의어이며, 모방, 따라하기, 흉내 등의 함입의 논리에 따라 안으로 말려들어 행렬에 들어가는 양상으로 나타난다. 지극한 인지부조화의 형태를 띠며 정동자본주의의 인플루언서가 되려는 흐름을 상상해 보면 좋겠다. 특히 인공지능의 딥 러닝 기술에 따라 확률론적인 추출과 채굴이 일어나는 정동자본주의의 기계류들의 양상도 인지부조화의 형태로부터 크게 벗어나지 않는다. 반면 인지자본주의하에서 자본화=의미화=표상화로 드러나는 고정관념의 형식들은 의식적인 감정이나 관념들로 나타난다. 미디어에서의 감정생활은 일정한 기분이나 느낌, 감정 상태를 유지시켜주며, 합리적인 인지작용으로 이끈다. 이는 인지자본주의 하에서의 컴퓨팅 기법들이라는 형태의 기계류의 양상으로 드러난다. 의미화=표상화=모델화의 인지적 정합성이 코드화로 나타나는 근대의 완성이 인지자본주의라고 할 수 있다.

정동적 평등을 위하여

여기서 정동의 흐름, 상호작용, 배치와 관계망이라는 삼차원의 현실을 생각해 볼 수 있다. 먼저 정동의 흐름은 정동자본주의가 모방, 따라하기, 인기, 재미 등을 동반하는 정동의 흐름을 플랫폼을 통해서 포획하는 것이라고 생각할 수 있다. 두 번째로 정동의 상호작용은 돌봄모듈과 콘비비움 등을 통해서 정동순환 가능성이 대두되는 피드백 상황을 의미한다. 마지막으로 정동의 배치와 관계망은 커뮤니티나 네트워크에서 서로의 거리조절을 통해서 시민성을 형성하는 것을 의미한다. 여기서 정동의 흐름, 상호작용, 관계망을 지도제작하면서 정동적 평등에 대해서 입체적으로 평가하고 분석해야 할 것이다. 자기돌봄을 배제한 서로돌봄이 되지 않도록 시민성 과정을 개입시키는 것도 필요하며, 동시에 서로돌봄에서의 거리조절을 통한 시민성 과정이 개입되는 것도 필요하다. 또한 사물돌봄과 생명돌봄 등의 배치돌봄에서의 정동적 불평등 발생에 대한 위치조정과 배치의 재배치라는 미시정치에 정동적 개입이 요청된다. 정동적 불평등과 정동적 부정의가 생기지 않도록 함께 노력하는 정동의 공동체를 형성하는 것이 필요한 것이다. 여기에는 완성형은 없으며, 과정형이자 진행형이며, 끊임없이 배치를 재배치하고 거리조절을 해야 하는 상황을 의미한다.

결론적으로 정동적 평등을 위한 노력은 도처에서 이루어져야 하는 돌봄모듈의 실천이라고 할 수 있다. 여기서 우리가 다시 생각해야 할 사항은 ① 돌봄의 가치저평가의 이유는 비가시성, 원점회귀성, 성과 없음 때문이다. ② 돌봄노동의 거리조절은 시민성과 사회성의 기초이다. ③ 자기돌봄은 자기와 자기 자신과의 관계의 미학화로부터 시작한다. ④ 서로돌봄은 거리조절의 관계를 통해서 미학화된다. ⑤ 배치돌봄은 배치의 재배치의 미학을 통해서 구성된다. ⑥ 정동은 활력과 생명력으로서 돌봄을 미학화한다는 점 등이다. 이러한 정동적 평등에 대한 다양한 테제들은 사실상 돌봄모듈의 다양한 특이성들을 생각하고 적용하는 것이라고 할 수 있다. 우리는 기후위기 시대와 생명위기 시대에 돌봄모듈이라는, 정동이 상호작용하고 강렬하게 순환하는 팀 조직을 통해서 어려운 난관을 헤쳐나갈 것이라는 작은 단서와 희망을 갖고 있다. 그 단서 위에 다양한 덧칠이 필요한 상황이며, 우리는 그것을 구성적으로 실천해 가야 한다.

돌봄의
시간들

돌봄의 현실 문제를 타개하기 위해

우리는 근대 세계의 표준적 인간형, 자본주의 가치 법칙 등에 따른 전술을 택하지만,

그러나 궁극적으로는 그것이 곧 관계의 문제임을 생각해야 한다.

소위 사회에 기여할 수 있는지, 생산할 수 있는지 여부에 따라

어떤 존재들을 쓸모없게 여기거나

비가시화하는 항간의 감각에도 동의하지 않을 수 있어야 한다.

존재의 결핍이나 핸디캡으로 여겨 온 통념은 세계의 전제가 달라졌을 때

아예 그 관념도 달라진다.

전제를 근본적으로 재질문해야 한다.

이 세계의 근대적 인간관, 자본주의적 가치 법칙 등을

과감히 질문할 수 있어야 한다.

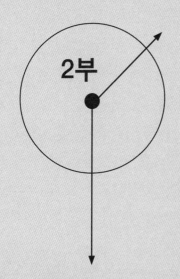

2부

세대, 젠더, 가치에서의 돌봄

세대로서의 돌봄

—영 케어러의 돌봄과
통계적 접근

조명아

통계로 본 한국의 돌봄 상황

이 글에서는 돌봄에서 세대라는 변수가 어떻게 작동하는지를 살펴보고자 한다. 이를 위해 청년의 돌봄 양상으로 부상하고 있는 '영 케어러'를 대표적인 사례로 선정하였다. 돌봄 양상의 변동과 그 사회의 인구변동은 밀접하게 관련되어 있다. 현재 한국 사회는 저출생, 초고령화의 가속화와 비혼화·만혼화의 교차점에 있다. 특히 현재 돌봄을 제공하고 향후에 돌봄을 제공받아야 할 청년들의 관점에서 돌봄을 분석할 필요가 있다. 우선 인구변동과 관련된 몇 가지 지표를 제시한 뒤, 이를 돌봄의 영역에서는 어떻게 해석하고 있는지, 어떠한 논의점이 있는지를 설명하였다. 동일한 맥락으로 결혼과 비혼화·만혼화 또한 돌봄과 관련하여 어떠한 논의점이 있는지를 살펴보았다. 통계와 이론적인 내용을 충분히 언급하고 나서 영 케어러의 사례와 분석 지점을 소개하였다.

증가하는 노인과 줄어드는 아이

돌봄 의제를 논의하기 위해서는 먼저 누가 돌봄을 '받고', 누가 돌봄을 '하는지' 살펴보아야 한다. 이를 설명하기 위해 한국사회의 인구변동을 우선 짚어 보고자 한다. 인구변동은 크게 출산율과 노령화 지수를 지표로 삼는다. 출산율은 '한 여자가 가임기간(15~49세)에 낳을 것으로 기대되는 평균 출생아 수'를 의미하며, 노령화 지수는 '유소년(14세 이하) 인구 100명에 대한 고령(65세 이상) 인구의 비'를 의미한다. 특정 부문의 인구가 얼마나 늘어나고 또 줄어드는지를 잘 보여주는 통계라 할 수 있다. 여기에 현재 우리가 논의하고자 하는 돌봄을 대입한다면 첫째, 표면적으로 돌봄 받아야 할 아이와 노인에 대해서 설명할 수 있지만, 둘째, 향후 돌봄이 필요한 것으로 예상되는 인구와 돌봄을 제공해야 할 인구 지표가도 주요 관건이 된다.

현재 한국사회의 인구와 관련된 통계를 살펴보면, 돌봄 받아야 할 인구는 점차 늘어날 뿐 아니라 그 속도가 걷잡을 수 없이 가속화되고 있고, 돌봄을 제공/부담해야 할 인구는 급격히 감소하고 있다.

통계청 장래인구추계에서 65세 이상 인구수를 살펴보면, 2020년 815만 명, 2024년에 1,000만 명이 넘고, 2050년에 1,900만 명까지 증가한 후에야 감소할 전망이다. 이를 전체 인구수의 비율로 제시하면, 2020년 15.7%에서 빠르게 증가하여 2025년 20%, 2035년 30%, 2050년 40%를 초과할 것으로 전망된다. 노인인구 수의 증가는 어느 나라에서나 볼 수 있는 현상이지만, 그 증가 속도가 압도적으로 빠른 것이 한국의 특징이자 문제점이라 할 수 있다.

합계 출산율은 더욱 절망적이다. 2010년대에 진입하면서 가임여성 1명당 출생아 수는 1.2명이었으나 10년이 지난 2021년 0.8명으로 현저하게 줄어들었다. 출산율이 감소한다는 의미는 새로이 태어나는 인구가 줄어든다는 뜻이지만, 형제자매 수가 감소한다는 의미이기도 하다. 형제자매의 감소는, 이후 영 케어러와 연관 지어 설명하겠지만, 개인이 가족, 주로 부모 돌봄을 수행할 때 가족 내 돌봄 역할을 분담할 인력이 감소한다는 것이다. 한국사회의 출산율의 심각성과 절망은 이미 언론에서 충분히 많이 다루었기 때문에 더 이상의 언급은 생략키로 한다.

노인인구의 수가 증가하고 초고령화 사회로의 이행이 가속화되는 와중에 합계 출산율은 현저하게 감소하는 이러한 상황 속에서 다시 돌봄 논의를 이끌고 온다면, 돌봄 받을 사람들은 늘어나고 돌봄을 제공하는 사람들은 줄어드는 현상이 확연히 보인다. 그 극명한 대비를 좀 더 구체적으로 살펴보기로 하자.

다음의 그림은 우리가 초등학교 사회과목에서 배웠던 '인구

피라미드'이다. 올라갈수록 연령이 상승하고, 오른쪽과 왼쪽으로 범위가 확장할수록 인구수는 증가하는 것을 표시한다. 어릴 때, 이 인구 피라미드에 대해 배웠던 내용을 반추해 본다면, 피라미드 모양과 종모양으로 나눠진다고 했는데, 현재 한국의 인구 변동이 피라미드 모형에서 완전한 종 모형으로 변했음을 잘 보여준다. 위쪽의 1990년대만 하더라도 평균연령은 29.5세로 청년의 경계선에 있는 연령이며, 10~30세의 인구수가 50~79세 인구수보다 많다. 또한, 연령대가 올라갈수록 노인인구가 줄어드는 것이 눈에 띄는 특징이다.

한편, 아래쪽의 2020년 인구 피라미드를 살펴보자. 1990년과는 확연히 다른 종모양을 띠고 있다. 이 피라미드의 특징은 평균연령이 42.8세이며, 0~20세 인구와 60~100세 인구를 비교했을 때 상대적으로 0~20세 인구수가 적다. 그리고 1990년에 비해 평균수명이 증가한 것을 확인할 수 있다. 이 책에서는 싣지 못했지만, 이 가운데가 넓은 종모양은 2040년에 가면, 항아리 모양처럼 가운데가 아니라 피라미드 윗부분이 넓적해지는 모양으로 변한다.

〈그림 3〉〈전국 인구 추계 피라미드〉 1990년(위)과 2020년(아래) (통계청)

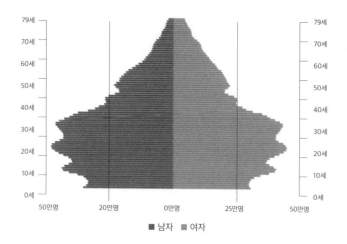

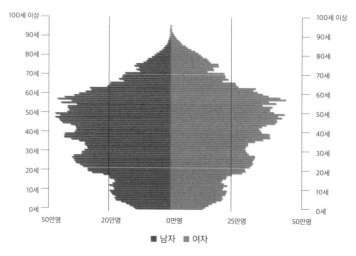

돌봄의 시간들

이처럼 여러 가지 통계지표들을 가지고 한국사회의 인구수 변화와 그에 수반하는 다양한 문제점 중 돌봄에 대하여 집중적으로 논의하게 된다. 이러한 논의를 하는 궁극적인 목적은 공포감 조성을 하는 것이 아니라, 인구변동의 문제가 돌봄에 지대한 영향을 미치고 있으며, 그것이 결코 타인의 문제가 아니라 곧 나와 우리 가족의 문제이기 때문이다. 또한, 뒤이어 소개할 영 케어러의 현실과 이들이 겪고 있는 어려움이 그들만의 것이 아니라 우리가 곧 직면할 문제와도 그다지 거리가 멀지 않기 때문이다. 돌봄이 삶과 죽음의 사이를 보살피는 것이라면 사회구조적으로 돌봄은 죽은 자와 살아 있는 자 또는 태어난 자 간에 주고받는 것임을 명심할 필요가 있다.

증가하는 비혼과 줄어드는 결혼

돌봄에 있어 결혼은 주요한 기제로 작용한다. 필자의 견해로는 결혼과 돌봄 문제를 분리하기 어렵다고 보는데, 그 이유는 한국사회가 주로 결혼을 통해 돌봄을 보장해주는 구조이기 때문이다. 그 근거는 다음과 같다. 첫째, 가정 내 여성의 돌봄 역할이다. 결혼을 통해 배우자가 생기면, 주로 여성 배우자가 가정의 돌봄 역할을 수행한다. 아내, 며느리, 어머니라는 가족 내 위치를 통해 가사와 돌봄 노동을 전담하는 지위가 발생하고, 그 외

가족 구성원은 자연스레 돌봄에 대한 고민을 덜게 된다. 이러한 여성의 돌봄 역할 규범은 전통사회에서 강하게 작동하며, 현대사회에서도 성역할 규범이 이전보다 약화되었을 뿐 남성보다 상대적으로 여성이 돌봄을 더 많이 수행하는 것은 마찬가지이다. 둘째, 결혼을 매개로 생성된 가족은 사회의 돌봄 기능을 수행하는 기본 단위가 된다. 전통사회에서 현대사회로 넘어오면서 대가족에서 핵가족으로 그 규모가 축소되었다 하더라도, 여전히 정상가족 이데올로기는 작동한다. 정상가족 이데올로기란 아버지, 어머니, 자녀 둘이라는 전형적인 가족 구성 구조뿐만 아니라 남성은 가족부양을 위해 경제활동을, 여성은 가족 돌봄을 위해 가사·돌봄 노동을 수행하는 성역할 고정관념을 내포하고 있다.

이렇게만 말하면 가정에 여성이 '있어야만' 돌봄 기능을 수행할 수 있다는 오해를 할 수도 있다. 단순히 젠더의 측면뿐만 아니라 세대의 측면에서도 마찬가지다. 노부모의 부양을 중장년의 자녀들이 수행하고, 다시 중장년 부모와 어린 자녀들이 나이가 들어 노부모와 중장년 자녀의 돌봄을 수행하는 세대 교체 방식 또한 가족의 돌봄 기능을 유지하는 체계라 할 수 있다. 결론적으로 사회에서 개인에게 제공해야 할 돌봄 기능을 가정 내에서 해결하게 된다. 즉 가족이라는 단위가 없다면(여기서 가족은 대안 가족보다는 이성 간 결혼을 통한 유자녀 가정) 사회는 흩어져 있는 개인들을 사회정책이나 보장제도로 보살펴야 하지만, 가정 내에서 서로 간의 돌봄을 수행한다면 사회 차원의 돌봄 부담은 현저히 줄어들게 된다. 혹자는 개인이 혼자서도 생활하며 자기 돌봄을 수행할 수 있다고 말할 수 있다. 그러나 확률 면에서 인간은 혼자보다는 둘, 둘보다는 여럿이 함께 생활을 할 때 생존력은 높아진다. 일본의 사회학자 우치다 타츠루는 『곤란한 결혼』(2017)에서 결혼이 생존률을 높이는 선택이라는 주장을 조금 더 구체적으로 설명하고 있다.

> 앞서 말씀드린 바와 같이 결혼이라는 제도는 행복해지기 위한 장치가 아니라 리스크 헷지(Risk hedge: 주로 투자에서 사용하는 용어로 투자의 위험을 분산하는 대비책을 의미함-필자 주)입니다. 결혼을 앞두고 행복한 미래를 기대하고 있는 분들에게는 죄송스러운 말씀이지만, 좀 정 떨어지는 표현으로 말씀드리자면 혼자 사는 것보다 둘이 사는 것이 생존할 확률이 높으므로 인간들은 결혼하는 겁니다. 애당초 행복해지기 위한 제도가 아니라 생존 확률을 높이기 위한 제도인 것입니다. (중략) 개인이 자립하는 것을 방해한다는 가부장제의 결점을 물론 저도 잘 압니다. 하지만 반면 그 가부장제는 개인이 고립되는 것을 방지해 오기도

한 겁니다.

결혼과 가부장제 시스템은 사실 사회적 리스크로부터 개인의 생존율을 높이기 위한 사회적 제도에 불과하다는 주장에 필자는 공감한다. 이러한 기제들이 결국 인간의 돌봄 문제를 해결하는 데 작용하는 것이며, 이러한 가족-내-돌봄 시스템을 통해 국가 차원에의 돌봄의 사회적 비용을 감소시킬 수 있다. 한 가지 짚고 넘어가야 할 점은 결혼이 돌봄 문제를 해결한다는 의미가 아니라 역으로 그만큼 사회구조 자체가 결혼을 해야만 생존을 보장받을 수 있다는 점이다. 결혼해야만 나의 돌봄을 보장받을 수 있는 구조 속에서 '비혼'(非婚)과 '만혼'(晚婚)이 증가하는 시류에 어떻게 대응해야할지 고민해야 한다.

현재 결혼하지 않는 사람들이 점점 늘어난다는 추세는 곳곳에서 확인되고 있다. 과거에는 '결혼을 아직 하지 않은 사람들'(未婚)이었고, '언제든 결혼할 수 있다'는 것이 기본값이었으나, '비혼'이라는 용어의 등장은 결혼은 하나의 선택사항이라는 인식이 자리매김하고 있는 시류를 보여준다. 통계나 연구보고서에서는 미혼이라는 용어를 사용하겠지만 이 글에서는 결혼은 선택사항이라는 최신 동향에 동의하는 동시에 통계를 인용할 때는 원어를 그대로 사용하므로 '미혼'과 '비혼'을 혼용할 경우도 있음을 미리 밝혀 둔다.

어떤 경우는 앞에서 설명한 출산율과 비혼을 연결지어 '결혼하지 않기 때문에 아이를 낳지 않는다'는 논리로 이성애 결혼을 사회적, 문화적으로 장려하고 결혼지원사업에 국가가 적극 가담하기도 한다. 그러나 혼인율은 여전히 감소 추세이다. 2021년 통계청 인구동향 조사에 따르면, 2011년과 혼인율을 비교했을 때, 2021년이 훨씬 낮은 것을 볼 수 있다. 특히 여성이 남성보다 그 격차가 더 큰 것을 알 수 있는데, 모든 연령층에서 혼인율이 감소했다. 이러한 현상은 24~30세 사이에 유독 강하게 나타나는데, 곡선을 봤을 때 2011년보다 2021년에 혼인율이 대폭 감소한 것이 보인다. 남성의 경우도 여성보다는 완만하지만 전반적으로 혼인율이 감소하였다.

지금까지 몇 가지 지표를 통해 한국사회의 인구변동과 돌봄의 관계를 살펴보았다. 다음 절부터 청년 돌봄자에 대하여 설명하기에 앞서서, 현재 한국사회의 청년에게 닥친 또는 발생한 현상을 먼저 살펴본다. 우선, 지금까지의 노인인구 증가와 합계출산율의 감소는 앞으로도 지속될 것으로 전망된다. 즉 돌봄 받아야 할 노인은 증가하는데 이들을 돌볼 청년 인구는 감소한다는 것이다. 또 혼인율의 감소와 미혼인구 증가 또한 지속될 전망이고 특히 청년들이 결혼조차 또한 않는 비혼화 또한 계속 진행될 것이다. 앞의 지표들은 현재 한국사회를 살아가는 청년들에게 닥친 돌봄 문제를 예견할 수 있는 자료라 할 수 있다. 그러나 우치다(2017)의 주장처럼 이미 우리 사회는 이성애 결혼과 정상가족 이데올로기를 통해 생존을 보장해주는 사회구조로 자리 잡혀 있다. 여기서 돌봄 문제 또한 한 인간이 살아가는 데 중요한 생존 요건 중 하나이다. 그렇다면, '영 케어러' 즉 아픈 가족을 돌보느라 결혼하지 않았으며, 형제자매 수도 과거에 비하여 적은 사회 환경에서, 청년들은 어떻게 돌봄을 수행하고 있을까. 다음 절에서 한국사회에서 청년으로 살아가며 가족 돌봄을 수행하는 청년 돌봄자의 사례를 소개하고자 한다.

청년에서 돌봄자로

영 케어러와 간병살인

2021년 11월, '강도영'(가명)이라는 청년의 간병살인 사건이 보도되어 큰 관심을 이끌었다. 사건의 전말은 이러하다.(《프레시안》 취재팀 〈셜록〉에서 취재한 내용의 기사를 토대로 필자가 정리하였다.) 2020년 9월 공익근무를 위해 대학을 휴학한 21세의 강도영은 아버지가 뇌출혈로 쓰러졌다는 연락을 받았다. 병원에서 누워서만 지내게 된 아버지를 돌보는 한편, 병원비와 간병비를 벌기 위해 애를 썼지만, 병원비를 충당하기 어렵게 되자 아버지를 퇴원시켜 집에서 케어하기 시작하였다. 외부의 지원이나 제도적 수혜 없이 본격적으로 '독박 돌봄'을 수행하였다.

강도영 씨는 경제적 생활고를 해결하기 위해 아르바이트를 했지만, 병원비와 생활비를 충당하기 어려웠고, 한쪽에서는 아르바이트를 하면서도 아버지를 돌봐야 했다. 친척들의 도움도 일시적일 뿐 지속적인 지원을 요청할 곳은 없었다. 이러한 상황에서 뇌출혈 이후 누워서만 생활한 강씨의 아버지는 아들(강도영)에게 "부를 때까지 방에 들어오지 말라"고 하였고, 강도영은 아버지를 방치하여, 아버지는 사망에 이른다. 이 사건으로 강도영은 존속살해 혐의로 체포되어 징역 4년형을 선고받았다.

취재진은 간병살인 이후를 조금 더 살펴보았다. 해당 지자체의 입장은 '단전, 단수, 단가스' 가구 명단을 통보받아 위기 가정을 발굴하거나, 또는 당사자가 직접 신청해야 하는 시스템을 가동 중이었는데, 지원 대상자였던 강씨와 그의 아버지는 아버지가 이미 사망하여 비대상 가구로 판정받았다고 하였다. 이들 부자에게 국가사회가 지원한 것은 국민건강보험공단이 보낸 '본인부담금 환급금' 2,040원이 유일한 것이었다. 이 사건을 두고, 영 케어러와 간병살인, 그리고 한국사회의 복지 시스템 등 다양한 관점에서 논의할 수 있다. 강도영이 처한 상황이 영 케어러의 극단적인 현실을 보여주는 사례이기 때문에 이 장에서는 영 케어러 사례로서 소개하는 정도로 그치고자 한다.

영 케어러란

영 케어러(young carer)는 만성적인 질병이나 장애, 정신적인 문제나 알콜·약물의존을 가진 가족 등을 돌보는 '18세 미만의 아동' 또는 '젊은 사람'(영 어덜트 케어러)을 가리킨다(澁谷, 2017). 좁게는 가족 중 돌봄이 필요한 사람이 있을 때 가사, 간병, 감정 노동 등을 수행하는 '18세 미만의 아동'을 의미하기도 한다.

'영 케어러'라는 명칭이 청년보다 아동·청소년에 조명되어 있다고 보고, 연령대에 따라 18세 미만의 아동을 '영 케어러', 18세부터 넓게는 30세까지를 '영 어덜트 케어러'(young adult career)로 구분하는 경우도 있다. 일본의 초기 영 케어러 연구는, 영 케어러의 개념과 특징을 정리하고, 그리고 가족 돌봄을 수행하는 10대 아동, 청소년에 초점을 맞췄다(기타야마, 北山, 2011; 시부야, 2014; 야마다, 山田, 2015). 일본도 연구 초창기에는 영 케어러라는 존재 자체가 생소했으며, 영국 커뮤니티 케어 연구를 통해 영 케어러 개념에 주목하게 되었다(미토미, 三富, 2008). 이에 비하면 한국은, 청년문제 또는 청년담론을 통해 청년 돌봄자인 영 케어러에 관심을 갖기 시작해서, 아동, 청소년 돌봄자까지 확장해 나갔다. 이는 일본과 영국과 다른 점이라 할 수 있다. 그러나 연령 구분보다 더 명시해야 할 점은 영 케어러와 영 어덜트 케어러가 분절적이 아닌 연속적인 개념이라는 사실이다. 아픈 가족을 돌보는 아동, 청소년이 시간이 지나면서 아픈 가족을 돌보는 청년으로 성장한다. 이는 단순히 시점의 문제가 아니다. 아동, 청소년이 청년이 될 때까지도 돌봄을 수행한다는 것은 돌봄이 장기화된다는 뜻이며, 유년기에 돌봄 역할을 수행하는 경험은 이후 청년기의 삶에도 큰 영향을 주기 때문이다(사이토, 2019).

영 케어러의 정의를 이쯤 하면 어느 정도까지를 영 케어러로 인정할 수 있냐는 질문을 할 수 있다. 아직 한국에서 영 케어러의 정확한 역할 기준은 마련되지 않았다. 대신에 일본 후생노동성에서 발표한 영 케어러의 역할을 다음과 같이 제시한다.

번호	역할	번호	역할
1	장애나 병이 있는 가족을 대신해서 장보기, 요리, 청소 세탁 등의 가사 일을 함	6	가족을 대신해서 어린 형제를 돌봄
2	가정의 경제적 유지를 위해 또는 장애나 아픈 가족을 위해 돕기 위해 노동을 함	7	알콜, 약물, 도박 등의 문제가 있는 가족을 보살피는 경우
3	장애나 병이 있는 형제를 보살핌	8	장애나 병이 있는 가족을 수발함
4	암, 질환, 정신질환 등의 만성질환을 가진 가족을 간호함	9	눈을 뗄 수 없을 정도의 상태인 가족(주로 치매 등)을 신경 써야 함
5	일본어가 제1언어가 아닌 가족이나 장애가 있는 가족을 위해 통역을 함	10	장애나 병이 있는 가족의 입욕, 화장실 보조를 함

〈표 1〉 영 케어러 역할(일본 후생노동성)

총 10가지로 나눈 영 케어러의 역할은 단순히 아픈 가족을 간병하는 것을 넘어서 가족 내 돌봄이 필요한 (주로 성인인) 사람이 발생했을 때, 어린 혹은 젊은 사람이 대신 수행해야 할 일들까지 망라하고 있다. 영 케어러가 보살피는 가족의 기준에 대해서는 여러 의견이 있는데, 예를 들어 아버지가 급작스럽게 허리수술을 받으면서 3개월간 아버지 간병과 집안일을 대신하는 20대 청년을 영 케어러라고 할 수 있을지 의문을 제기할 수 있다. 따라서 영 케어러의 역할과 그들이 돌보는 가족의 질환의 기준에 대해서는 엄밀한 규정 작업이 필요하다. 본고에서 간략하게만 정리하자면 돌봄 대상자가 대부분 급성질환자보다는 만성질환이며, 일반적인 질환도 포함될 수 있지만 '거주국가의 언어가 제1언어가 아닌 가족이 있거나 (청각)장애가 있는 가족을 위해 통역'하는 식의, 돌봄자가 일시적인 간병이 아니라 지속적인 보살핌이 필요한 상태라고 짚어 두고자 한다.

그러나 한국사회에서의 독자적인 영 케어러의 기준을 설정하는 작업은 반드시 필요하다. 앞서 설명한 바와 같이 아픈 가족을 돌보는 아동·청소년 또는 청년이라고 해서 무조건 영 케어러의 범주에 포함시키기는 어렵다. 또 영 케어러의 역할은 그 사회와 구조에 큰 영향을 받는다. 일례로 일본의 경우 노인인구가 많기 때문에 치매 노인을 돌보는 역할이 영 케어러 기준에 큰 비중을 차지한다. 미국의 경우는 아시아권보다 약물중독자가 많기 때문에 중독자를 케어하는 역할의 비중이 클 수 있다. 이러한 사회적 맥락과 구조를 파악하여 한국사회도 독자적인 영 케어러의 역할 기준을 시급히 마련해야 한다.

용어의 정리

영 케어러라는 용어를 둘러싼 논의들도 제법 있었다. 영 케어러가 영어 단어이다 보니 용어가 낯설다거나 거부감이 있다는 의견도 있었다. 또, '어린 또는 젊은' 사람들이 가족 돌봄을 수행하는 것을 '효자, 효녀'라고 부르는 것을 지양하고 영 케어러라고 부르자는 주장에 대한 비아냥도 있었다.

> "'회사인'이라 하지 마세요, '비즈니스맨'입니다." "과학이라 하지 마세요, '사이언스'입니다." 이런 식이다. 조롱을 넘어선 댓글도 있었다. "지X랄 마세요, 'FXXX You'입니다."《영남일보》, 2022.05.06.).

위의 기사는 영 케어러라는 말을 둘러싼 온라인 커뮤니티의 반응을 발췌한 것인데, 저들이 비아냥대는 포인트를 마냥 부인하긴 어렵다. 굳이 한글을 놔두고 영어를 사용한다는 주장이다.

그러나 여기서 한국사회의 가족 돌봄자에 대한 편협된 인식 또한 엿볼 수 있다. 저 댓글의 논조는 결국, 가족을 돌보는 어린 또는 젊은 가족원을 두고 '가족 돌봄자'가 아니라 '효자, 효녀' 또 다른 맥락으로 '소년소녀가장'이 적합한 단어라는 인식을 전제로 하고 있다.

그렇다면, 왜 군이 영어인 영 케어러라는 용어를 사용하는가. 우선, 소년소녀가장(家長)은 가부장제 관점으로 가족의 어린 구성원을 소년소녀로 간주하는 것으로, 가족의 다양성을 인정하는 오늘날 시류에 맞지 않다. 또, 효자효녀라는 윤리적 용어로 개인의 성품에 따라 가족을 돌보는 자라고 호칭하게 되면 돌봄을 공적 영역에서 공론화하는 데 어려움이 있다. 기존의 용어가 적절하지 않아 새로운 용어를 만들거나 바꿔서 사용하는 것은 상당히 어려운 일이다. 그에 따르는 광범위한 사회적인 인식과 합의가 필요하고, 대중을 충분히 납득시켜야 하기 때문이다. 그러나 이 용어가 적절한지, 이로 인해 어떤 편향된 프레임에 갇히지는 않는지를 검토해 볼 필요는 있다.

한국사회의 청년: 청년담론부터 청년돌봄까지

위에서 아래로

앞서 설명한 바와 같이 일본의 초기 영 케어러 연구는 영 케어러의 개념과 특징을 규정하고 가족 돌봄을 수행하는 10대 아동, 청소년에 초점을 맞췄다(기타야마, 北山, 2011; 시부야, 2014; 야마다, 山田, 2015). 일본의 영케어러 연구 초기에는 가족을 돌보는 10대, 아동과 청소년에 초점을 맞췄다. 이후에 일반적으로 케어러 지원을 생애주기 관점에서 따라 '아동 케어러-청년 케어러-성인 케어러'의 연속적인 관점에서 접근할 필요성을 강조(사이토, 2019)하면서 그 일환으로 청년 케어러를 조명하였는데, 전반적으로 일본의 영 케어러 연구와 접근은 한국과는 다른 양상이라 할 수 있다. 한국에서는 최근 보건복지부(2022.02.14)에서 '청년 돌봄자'라는 용어를 사용하며 영 케어러에 접근하였다.

해외 사례와 비교했을 때, 왜 한국은 영 케어러에 대한 주목이 청년에서 아동, 청소년으로, 즉 위에서 아래로 내려가는 방식이었을까. 가장 유력한 주장은 한국사회가 지난 최근 몇 년간 청년 담론에 대한 주목이 가장 컸기 때문이라는 것이다. 그렇다면, 영 케어러에 대한 분석을 하기 이전에 청년 담론에 대해 살펴볼 필요가 있다.

청년과 불평등

청년의 기본적인 의미는 인간의 보편적인 생애주기의 한 단계로서 사회학적으로 보통 성인 역할 준비와 경제적 토대로서 생계노동에 대한 준비를 위해 교육 및 직업훈련을 받으면서 자립 역량을 구축하는 시기로 이해한다(임운택, 2020). 그렇다면, 오늘날 왜 청년담론들이 쏟아져 나오는 것일까. 이에 대해 사회학자인 신진욱은 『그런 세대는 없다』(2022)에서 다음과 같이 설명한다.

> 그렇다면 지난 몇 년 사이에 우리 사회에서 청년에 관한 사회적 관심이 급증한 것은 어떤 특별한 맥락 때문일까? 그 핵심은 바로 '시대의 청년'이 어떤 문제 상황에 놓여 있으며 누가 그것에 대해 책임이 있으며, 어떤 해법이 필요한가라는 질문이다. 청소년기부터 시작되는 경쟁 압력, 학력과 학벌의 서열, 좋은 일자리의 부족, 계층 세습의 현실이 뒤범벅된 시대에 청년기를 보내고 있는 세대의 삶과 노동, 미래의 문제 말이다.

최근 한국사회에서 청년담론이 왕성한 것을 보면 청년이라는 존재가 지금 이 시대에 처음 생긴 것처럼 느껴지겠지만, 사실상 청년은 어느 시대에나 있었다. 이 시대에 유독 청년 문제가 부각되는 이유는 신진욱(2022)의 주장대로 불평등이 심화되는 한국사회에서 특히 청년 세대에 그 문제가 뚜렷하게 나타나기 때문이다. 게다가 청소년기에 학습된 경쟁과 학력, 학벌, 서열 중시 태도는 불평등의 근간을 파악하여 해결하기보다 이를 체화하여 개인의 책임으로 돌리기까지 한다. 쉽게 말해, 자신의 성공과 상대방의 실패를 경쟁 논리에 따라 규정하고, 성공과 실패는 온전히 개인의 능력과 노력에 달려 있다고 생각한다. 이러한 상황에서 돌봄으로 인해 경쟁에서 도태된 영 케어러들은 정말로 자신이 부족한 탓이기 때문일까. 신진욱(2022)은 청년 세대의 불평등에 대해 '누적된 이점'이라는 학문적 개념을 가지고 설명한다.

청년 초기에 고소득층은 시간이 지날수록 더 소득이 높아지고 초기 단계 중·저소득층 청년은 시간이 지나도 소득이 오르지 않거나 미미하게 오른다는 것이다. (중략) 사회과학의 학문적 개념으로는 이런 현상을 가리켜 누적된 이점 또는 누적된 이점과 분리라고 부르는데 이것이 의미는 개인들의 생애 과정 또는 계층구조의 변화 속에서 봤을 때 초기의 어느 시점에 누군가의 이점이 단지 더 많은 이점을 가질 수 있게 해주는 자원을 함께 포함한다는 것이다. 이 같은 격차의 누적적 심화는 개인들의 재능이나 노력 차이 때문이라기보다는 초기 격차에 구조적으로 내재한 자원의 불평등한 분배에 기인한다.

즉, 불평등의 시작점을 다시 들여다본다면 애초의 출발점부터 소득이 높은 청년은 더 빨리, 더 높은 소득자로 자리매김할 수 있지만, 처음부터 소득이 낮은 상태에서 출발한 청년은 쉽게 소득이 높아지기 어렵다. 누적된 이점 이론은 청년 계층 또는 성인기의 소득 격차가 발생하는 이유를 개인의 재능이나 노력 차이가 아닌 초기부터 존재한 격차가 구조적으로 불평하게 자원을 분배하였기 때문인 것으로 본다. 이러한 맥락을 그대로 영 케어러에 대입시켜 보자. 돌봄으로 인해 이미 영 케어러들은 또래 청년들보다 경쟁에서 불리한 조건에 놓여 있다. 이러한 청년기의 초기 격차는 추후의 삶에도 큰 영향을 미칠 것이고, 돌봄이 종료되더라도 영 케어러가 아니었던 청년 수준까지 도달하기 어렵다. 성인 돌봄의 특성상 돌봄이 바로 종료되기보다 장기적으로 지속되는데, 지속되는 만큼 이들의 불평등은 더욱 더 심화될 것이다.

사회현상 진단과 분석은 다양한 관점과 이론을 가지고 접근할 수 있다. 최근 한국사회에서 불평등 문제가 심화되면서 청년 세대에게도 큰 문제로 부상하고 있다. 이때, 청년 세대의 불평등을 해결하는 방안도 고민해야 하지만, 한편으로는 이러한 불평등으로 인해 주변부로 계속 밀려나가는 이들에 대한 주목과 고민도 필요하다.

영 케어러의 돌봄

성인 돌봄

영 케어러의 돌봄 사례를 설명하기에 앞서 성인돌봄에 대해서도 설명해야 하는데, 가끔 돌봄을 포괄적으로 설명하는 시도들이 있다. 하지만, 노인을 비롯한 성인돌봄은 아이돌봄 등 여타 사회적 약자 돌봄과는 맥락이 다른 맥락이 있다. 아이돌봄과 성인(노인)돌봄은 엄연하게 다르다는 것이다. 우선 성인돌봄, 즉 간병은 육아와 다른 맥락이기 때문에 성장과 보람의 결이 다르다. 돌봄 대상자의 증상은 완화, 완치와 같은 긍정적인 결과를 기대하기 어렵다. 또, 가족구조가 복잡하게 얽혀 있는데, 가족 구성원 내 권력, 감정, 젠더 등 각자의 위치에서 '누가 돌봄을 수행할 것인가', '누가 돌봄을 수행하지 않아도 괜찮은가', '누가 돌봄을 주도할 것인가'에 대한 물음에 가족 간의 복잡하고 미묘한 변수들이 작용한다. 이는 아이돌봄도 비슷하지만 성인돌봄일 때가 가족 내에서 더욱 첨예하게 나타난다. 마지막으로는 주로 몸을 움직이는 돌봄을 수행한다. 아이돌봄과 같이 보살핌과 교육을 함께 병행하는 것이 아니라 주로 몸을 사용하는 온전한 신체적 지원이 지배적이다. 또, 아이돌봄은 아이가 성장할수록 신체돌봄의 빈도와 강도가 줄어들지만 성인돌봄은 돌봄이 지속될수록 증상이 악화될 가능성이 높기 때문에 신체적 지원의 빈도와 강도가 높아진다.

영 케어러 돌봄의 어려움①: 경쟁사회에서 탈락 위기

영 케어러들을 실제로 만나 인터뷰하고, 이들이 현재 겪고 있는 어려움이나 돌봄 부담에 대해서 앞서 소개한 내용과 연관지어 설명하고자 한다. 인터뷰 참여자들의 사생활 보호를 위해 이름을 사례로 처리하였으며(예: 참여자1, 2), 신원이 드러날 만한 특징은 배제하였다.

인터뷰했던 영 케어러들은 현재 또는 과거에 아픈 가족을 돌봤던/돌보는 사람으로, 대부분 1990년~2000년대 생이다. 현재 고등학교나 대학교를 다니는 사람도 있었으며, 직장인도 있다. 이들이 돌봤던/돌보는 대상자는 대체로 치매나 암, 기타 만성질환 등으로 홀로 생활하기에 어려운 상태에 놓여 있다. 그래서 다른 가족과 역할 분담을 하거나 교대로 돌봄 대상자를 보살핀다. 그러나 예외적인 사례도 있었는데 조부모와 부모 모두 아파서 혼자서 온 가족을 케어하는 독박돌봄의 영 케어러도 있었다. 이들이 토로하는 어려움 중 공통적인 것은 바로 학교생활, 그중에서도 성적에 위기감을 경험한 것이라고 말한다. 대학생인 참여자1의 경우, "진짜 과제도 그렇고 시험도 그렇고 책을 다 외울 정도로 공부를 계속했거든. (중략) 학과 생활도 열심히 잘하던 애가 갑자기 아빠가 편찮으시다고, 뭐가 전에 비해서 잘 못하는 것 같고…"라며 돌봄에 종사한 이후 욕심내서 하던 공부를 못하게 되면서 겪는 위기감을 토로하였다. 청소년기에는 성적 관리나 경쟁이 더욱 뚜렷하게 드러난다. "공부하는 것도 시간을 많이 투자해야 되는 거잖아요. 투자할 시간이 없으면 아무것도 못 하는 거니까. 그거에서 위기감이 한번 왔던 것 같아요. 남들하고 똑같은 조건에서 경쟁하고 싶은데 그게 어려우니까…"라며 참여자3은 고등학교 당시를 회상하였다. 앞서 소개한 신진욱(2022)의 주장처럼 이들은 모두 돌봄으로 인해 자신의 생활을 우선적으로 할 수 없었고, 경쟁에서 밀린다는 위기감을 경험하였다. 인터뷰에서 나타난 학교생활이나 성적은 상징적일 뿐, 그 외에도 비 영 케어러인 또래와 비교했을 때, 자신이 뒤로 밀려난다는 두려움도 함께 느꼈을 것이다.

영 케어러 돌봄의 어려움②: 형제자매 부족

우리나라의 합계출산율은 1990년 1.57명, 1995년 1.63명, 2000년 1.47명, 2005년 1.08명으로 급격히 감소하고 있다. 이는 형제자매 수 또한 감소하고 있다는 뜻이고, 영 케어러의 세대적 특성이기도 하다. 일본의 사회학자 후지모리(2018) 또한 형제자매 수의 감소에 따라 자식 1명의 돌봄 부담이 커질 것으로 전망했다(후지모리, 2018; 조명아, 2020에서 재인용).

인터뷰 참여자 중에서 형제자매가 셋 이상 있던 참여자는 이례적으로 한 명이었고, 나머지 참여자는 대부분 형제자매가 한 명이거나 외동도 제법 있었다. 한 참여자는 "(형제가) 되게 (도움이) 되는 것 같아요. (중략) 어떨 때는 엄마랑 아빠 둘 다 늦게 들어오시면 저랑 동생들이랑 같이 밥 차리면서 장난도 치고 그래서 되게 친해진 부분도 있고…"라고 증언하였다. 실제로 형제자매가 셋 이상인 한 참여자는 동생들과 역할 분담을 하며 돌봄 대상자를 돌보기도 하고, 때로 수험생인 자신을 대신에서 동생들이 대상자를 돌보는 등 외동인 참여자에 비해서 상대적으로 수월하게 돌봄을 수행할 수 있었다. 그러나 외동인 영 케어러들은 혼자서 또는 부모와 교대로 돌봄을 수행했기 때문에, 그 부담은 상당할 수밖에 없다. 이에 대해서 아무리 형제가 있어도 그가 돌봄을 함께 하거나 지원을 해준다는 보장은 없다는 의견도 있다. 일부 영 케어러 중에서는 형제 안에서도 서로 돌봄을 떠넘기거나 젠더 불평등에 기인해 여자 형제가 돌봄을 더 크게 떠안는 사례도 왕왕 있기 때문이다. 그러나 적어도 형제가 한 사람이상 있다면, 돌봄을 분담할 여지가 있기 때문에 홀로 돌봄을 수행하는 것보다는 나을 것이다.

형제자매 수가 많은 것이 돌봄의 해결 방안처럼 보일 수 있는데, 역으로 생각해볼 수도 있다. 첫째는 영 케어러의 세대적 특성이다. 90년대생 영 케어러의 형제자매는 더 이상 전통사회와같은 대가족 내에서 돌봄을 수행하지 않는다. 개인이 짊어져야할 부담이 더욱 크다는 것을 의미한다. 나아가 베이비부머 세대만큼 형제자매의 지원을 기대하기 어렵다. 당장의 지원이 아니더라도 미래에 부모 돌봄을 수행하는 데 오롯이 혼자서 감당할몫이 상당히 증가한 것이다. 둘째, 가족 내에서 돌봄을 수행하면 여전히 가족의 인력에 의존할 수밖에 없는 실정이 잘 드러난다. 아픈 가족이 발생하는 가족 위기가 닥치면 제도 등 외부에의존하기보다 우선적으로 다른 가족의 노동력에 의존하게 된다. 영 케어러 자체가 한국사회에서 돌봄을 가족 내에서 해결한다는 방증인 동시에 영 케어러들의 형제자매 의존은 또 다른 영케어러를 여러 명이 만드는 것이라 할 수 있다.

영 케어러, 청년이 주체가 되어야 한다

지금까지 몇 가지 통계 지표를 중심으로 영 케어러의 현실을 살펴보았다. 한국사회의 인구 변화는 돌봄 문화에도 영향을 미쳤다. 먼저 노인인구는 증가하고 출산율은 감소하면서 전통사회의 대가족 체제에서의 가족 돌봄과는 달리 현대사회의 핵가족 체제에서는 노부모를 돌보는 사람이 기껏해야 한두 명이며 돌봄을 홀로 전담하는 경우가 점점 늘고 있다. 뿐만 아니라, 고령화로 인하여 돌봄 부담은 더욱 더 커진다. 특히 형제자매 수가 베이비부머와 비교했을 때 극적으로 감소한 오늘날의 청년 세대의 부담은 더욱 클 것이다. 또 비혼화 경향의 확대에 따라 혼인율이 감소하면서 지금의 핵가족은 1인가구로 재편될 것으로 전망된다. 가족과 돌봄에 관련된 기존의 제도와 인식은 정상가족 이데올로기와 가부장제의 관점에서 접근해 왔으나, 이는 새로운 형태의 가족이 일상화되는 사회에서의 돌봄에 적용하기에는 한계가 있다. 돌봄을 둘러싼 사회적 인식과 정책은 고령화와 비혼화가 교차되는 지점을 고려하여 새롭게 편성하고, 그에 맞는 사회 서비스와 지원을 제공해야 한다.

영 케어러는 사회적으로 가시화되는 과정에 있다. 사회적 인식과 정책 또한 시류에 맞춰 나아가야 한다. 돌봄을 사적 영역에 내맡기고 개인의 의지에 따라 돌봄을 수행하게 하는 것이 아니라 돌봄을 제공하는 이들의 선택을 존중하면서 고유한 삶의 영위를 보장해 주어야 한다. 나아가 청년 담론에 휩쓸려 영 케어러 정책이 만들어지는 것이 아니라 돌봄 관점에서 청년 돌봄자 당사자가 주체가 되어 이 문제에 관여할 수 있도록 정보와 참여 경로를 보장할 필요가 있다. 정부 주도에 내맡기는 것이 아니라, 청년이 주체가 되는 영 케어러의 기본권과 시민권을 확보해야 한다.

젠더로서의 돌봄

—젠더 불평등과
교차성 돌봄에서의 쟁점들

조명아

누가 돌봄을 수행하는가

이 글은 누가 돌봄을 수행하는지와 관련한 쟁점을 주로 다룬다. 일반적으로 돌봄은 여성화되어 있다. 가정 내에서든 노동시장에서든 여성들이 주로 돌봄을 수행하고 있다. 이 때문에 돌봄의 헤게모니(hegemony of care), 즉 이상적인 돌봄자는 대개 중년의, 육아 경험이 있는, 여성으로 프레임화되어 있다. 돌봄의 여성화를 와해시키기 위해서 어떠한 고민을 해야 할까. 어려운 문제이지만, 방법은 간단하다고 생각한다. 여성이 아닌 사람들의 돌봄을 주목하고, 확대해 나가는 것이다. 다양한 돌봄제공자들을 강조하면서 젠더 불평등의 여성 돌봄을 지적하고, 돌봄제공자의 스펙트럼을 확대해 나가는 것이 이 장의 궁극적인 목적이다. 돌봄을 '누가' 하고 있는지를 밝혀내면서 상호교차성이라는 도구를 가지고 성별, 연령, 계층, 장애 여부, 성적 지향 등 다양한 돌봄제공자에 주목하고자 한다.

노부모 부양, 돌봄책임자

앞서 언급한 바와 같이 한국사회에 인구변동이 발생하면서 돌봄의 인식과 형태도 변화하기 시작했다. 돌봄의 의미는 포괄적으로 모든 사람에 대한 보살핌으로 정의할 수도 있고, 아이돌봄이나 노인돌봄으로 좁혀 말할 수도 있다. 이 장은 여성의 돌봄을 집중적으로 살펴보기 위해 노인(또는 성인)돌봄에 초점을 맞췄다.

이 글에서는 '누가' 노인을 돌봐야 하는지, 돌보고 있는지에 대한 통계만 제시한다. 아래의 그래프는 노부모 부양 책임자에 대한 사회적 인식의 변화를 보여주고 있다.

〈그림1〉 노부모 부양 책임자 1998-2020 (통계청, 사회조사)

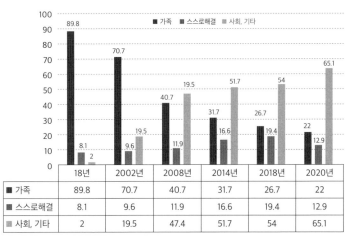

	18년	2002년	2008년	2014년	2018년	2020년
■ 가족	89.8	70.7	40.7	31.7	26.7	22
■ 스스로해결	8.1	9.6	11.9	16.6	19.4	12.9
■ 사회, 기타	2	19.5	47.4	51.7	54	65.1

1998~2020년 사회조사에서 드러난 노부모 부양과 관련된 인식은 약 20년간 한국사회의 돌봄 인식 변화를 적절하게 보여주는 지표라 할 수 있다. 1998년까지만 하더라도 노부모 부양은 '가족'이 책임져야 한다는 응답이 압도적으로 높았다. 그러나 점차 '사회, 기타'가 해결해야 한다는 응답이 높아지는 양상을 보인다. 이를 통해서 노인돌봄의 책임이 가정, 사적 영역에서 공적 영역으로 옮겨 가는 사회적 인식의 변화를 확인할 수 있다.

한편, 가족 내에서도 노인부양 책임자에 대한 인식의 변화가 일어났다. 아래 그림은 1998년부터 2018년까지 가족 내 부양 책임자에 대한 인식의 변화를 보여주는 그래프*이다.

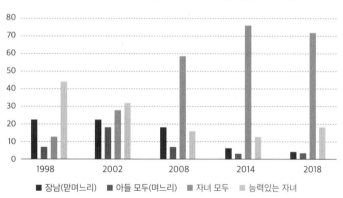

〈그림2〉 가족 내 노인부양 책임자 1998-2018 (통계청, 사회조사)

* 2020년 사회조사부터는 '부모 부양에 대한 견해'만 조사가 실시되었고, '가족 내 부모(노인)부양'에 대한 조사는 실시되지 않았기 때문에 2018년의 조사결과만을 제시하였다.

앞서 노인 부양의 책임 주체에 대한 사회적 인식이 변화하듯이, 가족 내 주 부양자에 대한 인식도 상당한 변화를 보였다. 1998년에는 가부장제에서 유래하여, '장남'이 비교적 높은 비율을 보였으나, 점차 '자녀 모두' 공평하게 노인 부양을 수행해야 한다는 인식이 보편화되는 변화를 확인할 수 있다. 시간이 지날수록 노인돌봄은 모든 자녀가 공평하게 부담해야 한다는 인식이 자리 잡게 되었다. 2014년 이후에는 '자녀 모두'가 부양을 수행해야 한다는 응답이 압도적인 것을 볼 수 있다.

위 그래프의 지수는 모두 '해야 한다'는 당위론적 인식에 관련된 통계들이다. 그렇다면, 실질적으로 돌봄을 수행하고 있는 사람은 누구일까. 좀 더 구체적으로 들어가서 현재 노인돌봄을 실제 수행하는 실태를 파악해 보자. 다음의 그래프들은 2004년부터 2020년까지 노인을 대상으로 한 실태 조사의 결과로 누가 실제 돌봄을 수행하고 있는지를 보여준다.

매해 노인의 돌봄을 주로 담당하는 것은 가족이라 보고되었다. 그러나 2017년을 기점으로 가족 돌봄이 점차 감소하는 추세를 보이고 있다. 대신 공적 서비스(장기요양보험, 노인돌봄서비스)가 서서히 증가하고 있다. 노인돌봄을 가족 외에도 제도를 이용하게 되었음을 잘 보여준다. 특히, 장기요양보험서비스의 경우는 2011년에 급증했다가 감소했으나 다시 증가하는 추세를 보

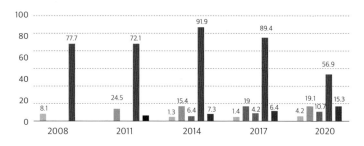

〈그림3〉 노인 돌봄자 비율 2008-2020 (보건사회연구원, 노인실태조사)

가정봉사파견서비스 ■ 유급 서비스(가정봉사원, 간병인, 파출부) ■ 장기요양보험서비스
■ 노인돌봄서비스 ■ 가족(동거, 비동거) ■ 친척, 이웃, 친구, 지인 ■ 기타

여준다. 흥미로운 결과는 '친척, 이웃, 친구, 지인'이 2017년에서
2020년 사이에 상당히 증가한 것이다. '친척, 이웃, 친구, 지인'이
라는 비혈연 관계에서 돌봄을 받았다는 응답의 증가는 향후 새
로운 돌봄 형태를 기대해 볼 수 있는 요소가 된다.

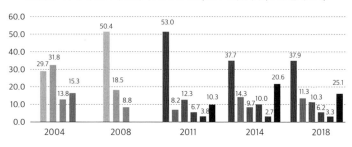

〈그림4〉 가족 내 노인 주돌봄자 2004-2018 (보건사회연구원, 노인실태조사)

장남, 며느리 ■ 차남(이하), 며느리 ■ 딸, 사위 ■ 장남 ■ 장남의 배우자
■ 차남(이하) ■ 차남(이하)의 배우자 ■ 딸

이번에는 가족 내부를 살펴보자. 위의 그래프는 2004~2018년까지 가족 내에서 노인의 주돌봄을 수행한 가족원들이다. 이 통계 조사에서 2004년, 2008년은 아들(딸)과 배우자, 즉 며느리(사위)를 분리하지 않고 응답하게 한 것이다. 그러나 2011년부터 아들(딸)과 배우자를 분리하여 응답하게 하면서 노인돌봄제공자를 더 명확하게 확인할 수 있게 되었다. 이러한 조사 방법의 변화 자체가 아들과 그의 배우자가 당연히 함께 부양 및 돌봄을 수행할 것이라고 간주하던 데서, 아들이 직접 노부모 돌봄을 수행대하는 사례가 많아졌다는 인식을 반영한 것이라 생각된다.

그래프에서 돌봄자 구성을 보면 2011년부터 배우자의 돌봄이 우세했으나, 2014년에 들어서면서 자녀들에게 돌봄이 분산된 것을 알 수 있다. 장남 배우자, 차남 이하 배우자, 즉 며느리의 돌봄 수행이 점차 감소 추세를 보이는 반면, 장남, 차남 등의 남성인 아들이 점차 증가하는 것으로 보인다. 또 딸(과 사위)의 경우 2011년에 비해 2018년에 상당히 증가한 것으로 보아 결론적으로 노인에 대한 친자녀 돌봄이 자리 잡는 현상이 파악된다.

이상에서 살펴본 대로 지난 20여 년 동안 노인돌봄에 대한 인식과 가족 내 주돌봄자의 역할이 상당히 변화한 것을 알 수 있다. 흥미로운 점은 돌봄의 스펙트럼이 상당히 넓혀졌다는 점이다. 전통사회의 노인돌봄만 하더라도 여성, 주로 그 집안의 장남이나 아들의 배우자인 며느리가 맡아서 수행했으나, 친자녀 돌봄 규범이 확산되었다. 또 노인들이 돌봄을 가족에게만 의존하기보다 다양한 사회 서비스와 제도를 이용하고 있으며, 비혈연 관계자에게서도 돌봄을 지원받는 것으로 나타났다. 이는 새로운 돌봄 형태의 등장, 돌봄 유형의 다양화를 의미한다.

젠더 불평등에 기인한 돌봄

위 그래프들에서는 돌봄의 젠더 불평등 문제들을 살펴보기 어려웠다. 구체적으로 젠더 불평등 현황을 살펴보기 위해 남성노인과 여성노인으로 나누어서 이들에게 돌봄을 제공하는 가족원을 살펴보았다. 2011년, 2014년 노인 실태 조사에서 노인의 성별에 따른 '노인(65세 이상)의 일반 특성별 수발 여부 및 수발자' 응답 현황을 확인할 수 있다. 2017년부터는 수발의 내용을 구체화시켜 실태조사를 수행했기에 '청소·빨래·장보기', '외출동행', '식사준비', '신체기능 유지'로 나누어 수발자가 조사되었다. 그래서 노인의 성별로 수발자를 알아보기 위해 각 수발 내용에 따른 수발자*의 값을 합산하여 응답률을 작성하였다.

---

* 수발자는 배우자, 장남, 장남 배우자, 차남 이하, 차남 이후 배우자, 딸까지의 문항은 2011-2020년 모두 동일하지만, 2017년부터는 '기타'항목을 세분화시켜 친인척, 이웃,

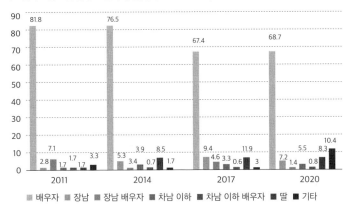

〈그림5〉 연도별 남성노인의 주돌봄자 2011-2020 (보건사회연구원, 노인실태조사)

앞서 가족 내 노인의 주돌봄자 비율을 살펴보면, 배우자가 압도적 비중을 차지했었다. 그러나 해당 통계에 성별을 대입하면, 젠더 격차가 발생한다. 남성노인의 경우 압도적으로 배우자가 주돌봄자였다. 2011년만 하더라도 장남의 배우자(며느리)가 차순위 주돌봄자였지만, 친자녀 돌봄 규범의 확산으로 인해 점차 며느리의 돌봄은 감소하고, 친자녀 중 여성인 딸의 돌봄이 증가했다. 그렇다면, 여성노인은 어떠할까.

기타를 추가적으로 생성하였다. 세분화된 기타 항목을 모두 '기타'로 처리하였다.

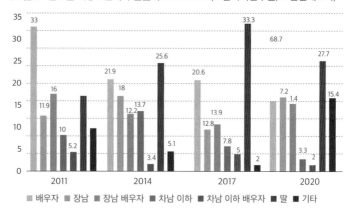

〈그림6〉 연도별 여성노인의 주돌봄자 2011-2020 (보건사회연구원, 노인실태조사)

여성노인도 주돌봄자의 구성을 보면, 배우자가 가장 높은 비율을 차지하지만, 남성 노인처럼 압도적인 수치는 아니다. 오히려 자녀와 자녀의 배우자가 균등하게 돌봄을 수행하는 것으로 보인다. 그러나 점차 갈수록 딸이 주돌봄자가 되는 비율이 증가하며, 그다음으로는 아들이 주돌봄을 수행하고 있었다.

앞서 돌봄 대상자인 노인의 성별 구분 없이 봤을 때는 젠더 격차를 발견하기 어려웠으나, 성별 변수를 두고 가족 내 주돌봄자를 살펴보니 돌봄을 둘러싼 젠더 불평등을 확인할 수 있었다. 남성 노인은 압도적으로 배우자가 주돌봄자를 맡고 있었으며, 그다음으로 아들, 딸이 주돌봄자였다. 즉 남성 노인의 대부분은 아내인 여성이 돌봄을 제공하고 있는 것으로 볼 수 있다. 이 단면만 본다면 노인들은 다른 가족원보다 배우자 간에 돌봄을 교환한다고 해석할 수 있다. 그러나 여성 노인의 주돌봄자는 남성 노인과는 다른 양상을 보인다. 2011년까지만 해도 주돌봄자 중 배우자가 가장 높았지만, 남성 노인만큼 압도적이지 않았다. 2014~2020년까지 여성 노인의 주돌봄자 중 가장 높은 비율을 차지한 것은 딸이었으며, 뒤이어 배우자와 아들 순이라는 점에서 여성 노인의 돌봄은 딸에게 가장 많이 의존하는 것으로 보인다. 앞서 돌봄자의 스펙트럼이 확장되고, 가부장제에 의한 며느리 돌봄에 약화되었으나, 여전히 돌봄의 여성화는 지속되고 있다.

돌봄의 여성화: 왜 돌봄은 여성이 하게 되었을까[*]

돌봄, 사랑의 행위

이 절은 여성이 돌봄하는 요인에 대해 이론적인 관점으로 접근한다. 또한 가족돌봄을 수행하는 여성을 집중적으로 분석하기 위해 여성의 노동시장에서의 돌봄을 제외하고 사적 영역에

---

[*] 이 절은 조명아(2020)의 석사논문 「남성 돌봄자의 노부모 돌봄과정과 돌봄의식: 싱글 아들을 중심으로」의 한 장에서 가져온 내용을 수정, 보완하였다.

서 수행되는 돌봄만을 집중해서 설명하고자 한다.

돌봄은 여성이 집안에서 수행하는 '사랑의 행위'(anact of love)라는 인식이 오랫동안 전승되어 왔다. 즉 돌봄의 제공자는 여성, 돌봄의 수행 공간은 집안, 돌봄의 성격은 사랑이라는 인식이 지배적이었다(안숙영, 2018). 여성이 돌봄제공자로서 가족관계에서 매우 긴밀하게 연계되며, 돌봄 역할을 여성의 주요한 일로 보는 사회적 통념이 가정 내에서의 이런 경향에도 영향을 미친다는 논의가 많았다(Penning and Wu, 2015; 김주현, 2016 재인용). 여성이 보살피는 자가 되는 것은 문화적으로 여성에게 자연스러운 것으로 정의된 활동으로, 물질적 수준뿐만 아니라 이데올로기적 수준에서 여성을 규정하고 있다(김영란, 2004). 한편, 캐슬린 린치, 주디윌시(2016)는 돌봄이 일차적으로 사랑노동이라고 정의한다. 돌봄노동은 정동적으로 추동되고 경우에 따라 각기 다른 정도로 감정노동, 정신노동, 인지노동, 육체노동을 수반하는 다면적인 노력의 결합체이다.

이처럼 돌봄이 '여성에 의한 사랑의 행위'로 이해되어 온 것은, 아이돌봄, 노인돌봄, 환자돌봄, 장애인돌봄을 비롯하여 돌봄의 범주가 실제로는 아주 다양함에도 불구하고, 아이돌봄에 주로 무게중심이 실리면서 '아이를 돌보는 어머니'의 이미지가 돌봄의 원형적 이미지로 자리한 것과 무관하지 않다(안숙영, 2017). 젠더화된 사랑, 낭만적 사랑과 모성애는 현대 가족의 핵심 정서인 것으로 간주된다(김영란, 2004). 미국의 경제학자인 폴브레(2007)는 시장이 확장되면서 생긴 불안에 대한 보편적인 반응이 가족 생활을 낭만화하여 여성이 남편과 아이들에게 헌신함으로써 가정을 유지하도록 만들었다고 지적한다. 여성은 낭만적 이성애를 통해 남성과 가정을 형성하고 그 가정을 보살피는 역할을 한다. 바로 이때 발현되는 것이 사랑과 관심을 기반으로 한 '돌봄'이다.

하지만, 여성의 사랑노동에 대한 규정 또한 돌봄의 주체인 여성이 아닌 돌봄을 받는 자, 돌봄을 받음으로 인해 이익을 보는 자, 여성에게 돌봄을 요구하는 자들이 만들어낸 가치에 지나지 않는다. 주로 돌봄노동에 이익을 보는 남성의 관점에서 구성해 낸 사회의 성역할이라 할 수 있다.

한국사회에서 여성의 돌봄

한국사회에서 가정 내 여성의 돌봄 수행 현황을 살펴보면, 부계 중심 가부장제를 통해 여성의 성역할을 강화하는 작동 기제가 되었다. 딸로서, 며느리로서, 어머니로서, 할머니로서 가족적 위치와 지위의 변화가 있음에도 불구하고 여전히 여성의 생애에 따른 돌봄 역할을 맡아 왔다.

오늘날은 전통사회와 달리 다양한 사회적 요인들로 인해 주돌봄자는 며느리 돌봄에서 친자녀 중심 돌봄으로 이동했다. 그럼에도 불구하고 며느리가 아니더라도 딸, (여성)배우자가 노인돌봄을 수행하는 '여성에서 여성으로의 이동(지은숙, 2017)'에 불과하다. 앞서 소개한 가족 내 주돌봄자 그래프에서도 마찬가지로 친자녀 돌봄으로 인한 아들이 노인돌봄에 참여했으나, 아들에 비해 상대적으로 딸이 차지하는 비율이 높다. 또 남성 노인과 여성 노인의 주돌봄자를 구분하여 조사한 통계에서도 남성노인에게 배우자가 주돌봄자라는 응답은 압도적으로 높았다. 이처럼 한국사회에서 돌봄, 특히 노인돌봄의 경우 여전히 여성의 몫으로 남겨져 있다.

돌봄의 교차성

'교차성'(intersectionality)은 한 사람의 사회적 정체성에는 젠더, 인종, 성적 지향, 계급, 장애, 연령, 종교 등 다양한 억압이 상호 교차적으로 작용하기에 이를 복합적으로 분석해야 한다는 이론이다. 돌봄 또한 마찬가지도 다양한 교차성이 존재한다. 돌봄 수행자들의 정체성이 단일하지 않기 때문에 돌봄은 수행자와 수혜자 모두의 자원, 재능, 권력 및 지위에 의존하며 매우 다양한 조건 속에서 수행된다(린치·라이언스. 2016). 앞서 소개하고 설명한 젠더로 인해 발생되는 돌봄 불평등 또한 돌봄자들의 다양한 조건 또는 속성 중 하나일 뿐이다. 돌봄은 어느 국가, 시간, 장소, 관계 속에서라도 온전히 평등하게 분배되기 어렵다. 이러한 불평등의 요인을 교차성 또는 상호교차성이라는 도구를 가지고 분석하고자 한다.

상호교차성은 세계, 사람들, 그리고 인간 경험의 복잡성을 이해하고 분석하는 방법이다. 나 자신과 사회적, 정치적 삶의 사건들과 조건들은 하나의 요인에 의해 형성되는 것으로 이해할 수 없다. 이들은 일반적으로 다양하고도 상호 영향을 주는 방식으로 많은 요인들에 의해 형성된다. 사회 불평등이라는 문제에 있어서 사람들의 삶과 권력의 구성은 인종, 젠더, 계급 모두 사회를 나누는 하나의 축에 의해 형성되는 것이 아니라 함께 작동하고 서로 영향을 주고받는 여러 축들에 의해 형성되는 것으로 더 잘 이해될 수 있다. 상호교차성은 분석 도구로서 사람들이 세계와 자신의 복잡성을 더 잘 이해할 수 있도록 해준다.

상호교차성을 가지고 하는 분석에 대해 콜린스와 빌게(2020)는 조금 더 구체적인으로 설명한다. 돌봄의 장에서 불평등이 어떻게 발생하는지, 그리고 이를 해결하려면 어떻게 접근해야 하는지가 돌봄의 불평등을 해소하기 위한 궁극적인 목적이라 할 수 있다. 따라서 상호교차성에서 가시화되는 돌봄자들, 남성 돌봄자(젠더), 싱글 돌봄자(가족형태), 사회계층과 돌봄 의식(계층), 연령(돌봄자)으로 구분지어 소개하고 이들이 겪고 있는 어려움과 쟁점에 대해서 설명할 것이다. 영 케어러는 앞에서 충분히 논의했기 때문에 이 장에서는 생략한다.

젠더: 남성 돌봄자

젠더 불평등에 기인한 여성 돌봄 불평등의 실태는 앞에서 통계자료를 통해 제시하였다. 이 절에서는 반대로 젠더적 속성을 통해 두드러지는 남성 돌봄자에 대해서 소개하고자 한다. 혹자는 젠더 불평등을 설명하기 위해 왜 남성 돌봄자에 주목해야 하는지 의문을 제기한다. 불평등 문제를 해결하기 위해서 새로운 방안보다 역방향성의 대안을 제시하는 것도 전략의 일종이라 할 수 있다.

돌봄을 여성의 전유물로 간주하면서, 여성을 '이상적 돌봄제공자'(the ideal caregivers)로 설정하는 반면, 돌봄에 관한 남성의 경험은 배제되는 방식으로 논의가 이루어지면서, '돌봄의 헤게모니'(a hegemony of care)가 작동하고 있다는 비판에 귀를 기울여야 한다(안숙영, 2017). 이러한 구조에서 주로 여성의 관점으로 돌봄의 어려움 문제에 접근해 왔다. 하지만 앞에서 살펴본, 노인돌봄의 새로운 변화인 남성(아들) 돌봄자의 출현과 증가세는 지금까지 '돌봄자=여성'이라는 고착된 인식에 새로운 전환점을 가져올 수 있는 실마리를 제공해준다.

한국사회에서 남성의 돌봄은 주로 아이돌봄에 초점이 맞춰졌거나 한정되어 있다(김양지영, 2016). 이는 남성의 돌봄에 중점을 두기보다 '아버지 됨'이라는 이성애에 따른 결혼과 부양, 그리고 정상가족 이데올로기의 연장선상에 놓여 있다. 아이(자녀)돌봄을 하는 남성은 아버지로서 이미 남성성의 강화이자 생계부양자의 역할에 불과하며, 남성의 돌봄 참여로 성역할 이데올로기의 재구성이나 돌봄의 탈젠더화를 논의하기에 부족하다. 그러므로 아이돌봄 외의 남성의 다양한 돌봄을 주목하고 발굴하여 공론장으로 가지고 들어와야 한다.

한국사회에서는 여전히 남성은 돌봄을 하지 않는다거나 잘하지 못한다는 통념이 지배적이다. 이러한 통념이 오히려 여성의 돌봄 역할을 강화하는 요인이 된다. 이하에서 남성 돌봄자에 대한 통념을 와해시키기 위해 현장연구에서 나타난 사례를 가지고 설명하고자 한다. 실제로 남성 돌봄자의 사례를 살펴보면 돌봄에 대한 성역할의 재인식이 이루어졌다(조명아, 2020). 아버지를 돌보던 인터뷰 참여자는 "제가 느끼는 '다르다' 하는 게, 딸은 케어를 저보다 잘해 줄 수 있고 저는 케어는 딸보다 못할 수 있는데, 대신 다른 건 더 잘할 수 있고 조금 부족할 수도 있는데, 서로의 장단점은 있는 거니까…. 전 서로의 장점은 있다고 생각하거든요"라고 돌봄의 능숙함과 미숙함이 성별과 크게 관련 없음을 인식했다. 남성과 여성의 돌봄이 '구분'되어 있고 '다르다'고 설명하는데, 돌봄의 성역할 구분이 뚜렷하다는 의미가 아니라, 각각의 성별이 잘 수행해낼 수 있는 역할이 다르다는 것을 강조한 것이다. 이 참여자처럼 돌봄의 주체가 된 남성이 겪는 의식, 과정, 실태 등이 성별 분업의 와해 가능성을 불러일으킨다 (김양지영, 2016; 조명아, 2020).

이상에서 돌봄을 상호교차성 중에서 젠더 변수에 대해서 살펴보았다. 이 장의 궁극적인 목적은 돌봄의 불평등을 해소이다. 돌봄의 젠더 불평등을 해소하기 위해 우선으로 돌봄의 탈젠더화가 이루어져야 하며, 이를 위해 남성의 돌봄에 대한 주목이 필요함을 강조했다.

가족: 싱글 돌봄자

가족의 형태에 따라서도 돌봄의 불평등은 발생한다. 먼저 싱글의 개념 정리가 필요한데, 여기서 '싱글'은 비혼자만이 아니라 이혼, 사별 등의 사유로 배우자가 없는 상태를 의미한다. 이러한 싱글인 자가 부모돌봄을 수행하는경우가 되면 돌봄제공자(여기서는 싱글인 사람)와 돌봄 대상자가 가정 내 단둘인 독박돌봄일 가능성이 크다. 홀로 돌보는 사람은 불평등하더라도 돌봄 책임을 공유할 수 있는 선택권이 없으며, 홀로 돌보는 가난한 사람은 거의 자립하지 못한다(린치, 2016). 이전 장에서 구체적으로 소개했지만, 특히 형제자매 수의 감소와 수명 연장으로 인한 노인인구의 증가는 싱글 돌봄자의 돌봄 부담을 가중시킨다. 한국 사회는 이런 경향이 특히 심화될 것으로 추정된다. 비(미)혼화 현상으로 1인가구가 증가하고, 부모 세대의 고령화가 진행됨에 따라 부모를 돌보는 미혼자도 증가할 것이기 때문이다. 또 홀로 부모를 돌볼 자식이 감당할 부담이 커질 것이다.

이런 싱글 돌봄 부담은 개인의 삶에도 큰 영향을 미친다. 30, 40대 싱글 돌봄자의 관한 연구를 한 산구(三具, 2019)에 따르면 크게 세 가지 어려움을 제시한다. 첫째, 보편적인 생애주기 과업에 따르면 30, 40대는 생애 과정에서 교육을 마치고 취업하여 한참 커리어를 쌓는 시기이다. 그러나 직장 생활과 돌봄을 병행하면서 시간 부족은 물론 체력 면에서도 불안정하기에 정규직이었던 직장을 비정규직, 파트타임으로 전환하거나 결국 일을 그만두기도 한다. 돌봄 역할 수행을 시작하면서 점차 일자리의 형태가 하향세로 접어들게 되는 것이다. 물론, 노동시간이 비교적 자유로운 자유업, 프리랜서를 대안으로 생각해볼 수도 있다. 하지만 그 경우도 마찬가지로 언제 돌봄 요구가 제기될지 모르는 예견 불가능성으로 인하여 안정적인 노동시간 확보가 어렵고, 수면부족, 체력소모에 따른 집중력 저하 등으로 생산성 높게 일하기 어렵다(조명아, 2020). 둘째, 돌봄으로 인해 대인관계에도 문제가 생긴다. 물리적인 시간도 없을뿐더러 우울한 본인과 돌봄 경험이 없는 친구는 상황이 다르므로 거리감을 느끼게 된다. 게다가 연구 대상자 30, 40대는 1960~1980년대 생으로 형제 수가 평균 2.4명이었는데(일본 기준), 돌봄을 교대해 주거나 돌봄 문제에 대해 상담해 줄 형제가 한정되어 있다는 점도 크게 작용하였다. 마지막으로 결혼할 의사가 있더라도 돌봄으로 인해 적극적으로 결혼을 추진하기 어려우며, 나아가 결혼을 했더라도 출산도 쉽게 결정할 수 없다. 한편으로는 아픈 가족을 돌보는 와중에 연애를 하더라도 눈치가 보이거나 이런 자신의 상황을 이해해줄 수 있는 상대방을 찾는 것도 쉽지 않다(야마무라, 2015).

이상에서 살펴본 돌봄의 어려움들은 대개 돌봄을 하는 과정에서 발생된다. 그럼 돌봄이 종료되면 이러한 문제들이 해결될까. 어머니를 홀로 돌보는 비혼의 남성인 인터뷰 참여자는 "제가 가진 것도 없고, 능력 있는 것도 아니고, 엄마가 만약에 10년을 더 사신다고 하면 제 나이가 50이 넘잖아요. 그때 사회에 나가서 제가 뭘 할 수 있는데요? 할 수 있는 게 없잖아요. 제가 지금부터 공부해서 공시 봐가지고 공무원을 하고 있어요, 뭘 하겠어요. 50 넘어서 어디 회사 들어간다고 하면 그 회사에서 좋다고 하겠어요? 아니잖아요"라며 돌봄이 끝난 뒤에 자신의 삶에 대해 비관적인 태도를 보였다. 일본은 이러한 경우를 '돌봄(개호)파산'(結城, 2017)이라고 하는데, 돌봄을 하느라 부모의 연금과 자신의 재산을 모두 투입해 버리고 난 뒤, 돌봄이 종료되면 더 이상 삶을 영위할 수 있는 돈이 없는 상황을 의미한다. 참여자처럼 돌봄으로 인해 자신의 삶을 차선으로 두고 다시 돌봄이 종료된 뒤에 자신의 삶을 이어나가려고 해도 이미 경제적으로든 정신적으로든 재기하기 어렵다. 경력도 마찬가지다. 참여자의 말처럼 돌봄으로 인해 직장도 그만두게 되면 경력에 공백이 발생하게 되는데, 그 경우 현실적으로 돌봄이 종료된 이후 재취업을 하기도 어려운 것이 현실이다.

돌봄 종료 이후 상황은 싱글 돌봄자에 국한된 문제는 아니다. 그러나 교차적으로 봤을 때 싱글 돌봄자가 조금 더 취약한 위치에 있다. 원가족이 있으면 돌봄이 종료된 이후에도 그들의 지지나 지원을 통해 재기 가능성을 높일 수 있지만, 싱글 돌봄자는 의존할 수 있는 지지자가 없기 때문이다. 돌봄자에 대한 대부분의 정책이나 제도는 진행형 위주다. 현재 돌봄 중인 이들이 돌봄을 '잘'할 수 있도록 받쳐주는 역할을 하는 것이다. 하지만, 돌봄이 종료된 이들에 대한 지원이나 사회적 관심은 진행형보다 적다. 이 절에서 돌봄 종료 이후의 정책 부재의 문제를 지적하지만, 돌봄자를 대상으로 한 지원정책의 근간에 대한 고민이 필요하다. 즉, 이들이 돌봄을 '잘'하기 위한 지원보다 돌봄제공자가 어떤 경우든 자신의 삶을 지켜나가고 보장받을 수 있는 정책 방향성을 모색해야 한다.

계층: 사회계층과 돌봄의식

계층과 돌봄 부담의 상관관계는 매우 높다. 계층이 낮은 사람, 흔히 말하는 가난하거나 교육 수준이 낮거나 문화 자본이 적은 사람들은 상대적으로 계층이 높은 사람보다 가족을 돌보는 데 더 큰 어려움을 직면한다. 사회 서비스가 빈약하고 공적 영역에서 수행되는 돌봄 서비스가 적을수록, 돌봄 인력 수급이 시장화되어 있을수록 계층과 돌봄의 상관관계는 더욱 뚜렷하게 드러난다. 경제 자본이 적을수록 돌봄을 수행하는데 선택지가 줄어들고 그중에서 어쩔 수 없이 본인이 직접 돌봄을 수행하는 것을 선택하기도 한다. 이러한 맥락이 일반적인 것일지라도 돌봄과 계층의 상관성에 대한 구체적인 현장연구는 그것대로 필요하다. 계층에 따라 돌봄을 어떻게 해결하고 어떤 전략을 사용하는지, 돌봄의 장기화에 따라 계층의 변화가 발생하는지 등이 이에 해당한다. 현재로서는 한국에서 계층에 따른 돌봄 연구는 찾아보기 어려워 해외 문헌을 바탕으로 설명한다.

일본 사회학자 야마토(大和)는 『생애 돌봄자의 탄생』(生涯ケアラーの誕生: 再構築された世代関係, 2008)에서 계층에 따른 돌봄 인식을 알아보기 위해 중산층 남녀를 대상으로 노후 돌봄을 어떻게 해결할 것인지 인식조사를 수행하였다. 우선 야마토는 '중산층을 위한 복지국가 이론'(Gilber, 1983=1995; 후지무라, 藤村, 1998; 야마토, 2008에서 재인용)을 설명한다. 이 이론에 따르면 사회보장, 복지서비스의 보편주의화가 진행됨에 따라서 이 제도의 수익자, 이용자는 저소득층*으로부터 중산층으로 이동하게 되었다고 한다. 그 이유는 문화적인 측면부터 중산층은 저소득층과 비교했을 때, 서비스의 이용정보를 얻기 위한 지식이나 스킬을 더 많이 갖고 있기 때문이다. 또 서비스 이용료를 지불할 때도 중산층이 더 지출하기 쉽다. 따라서 중산층이 공유하는 문화나 커뮤니케이션 스킬이 사회서비스에 접근할 때 간접적으로 유리하

---

* 원서에 따르면, 중산층의 아래 계층을 저소득층으로 지칭하고 있다. 원어의 맥락에 따라 저소득층이라고 표기하겠다.

게 작용하는 경향을 지적할 수 있다. 이 이론을 풀어서 보자면 중산층이 저소득층보다 돌봄에 비교적 수월한 이유는 물론 경제력이 뒷받침한 요인도 있지만, 돌봄 서비스에 대한 정보나 담당자를 대할 때 사용할 수 있는 지식, 커뮤니케이션 방식 등의 문화적 자본에 따라서도 접근성이 높다고 할 수 있다. 이러한 계층에 따른 메커니즘을 분석하고 이해해야만 돌봄 문제의 한 측면을 해결할 수 있기에, 우리는 돌봄과 계층을 편파적인 견해-돈이 많으면 노동시장에 돌봄을 의탁해서 해결할 수 있다-는 지양할 필요가 있다.

야마토(2008)의 연구 결과에서, 계층별 돌봄 인식의 특징을 보면 다음과 같다. 계층과 젠더적 요인까지 상호교차성이 제대로 드러난다. 중산층의 성인 남녀에게 자신의 노후 돌봄에 대해 질문했을 때, 중산층, 특히 학력이 높을수록 자신의 돌봄을 '전문가'(외부 노동시장)에게 맡긴다는 응답이 많았다. 여기서 흥미로운 점을 발견할 수 있는데, 같은 중산층 안에서도 젠더에 따른 격차가 발생했다는 점이다. 여성의 경우는 전문가에게 자신의 돌봄을 맡기겠다는 응답이 높았지만, 남성의 경우는 오히려 '배우자'에게 자신의 돌봄을 맡기겠다고 응답하는 비율이 여성보다 높았다. 이는 남성의 경우 '준(準)제도화된' 여성의 존재가 있어 외부로 자신의 돌봄을 맡기기보다 배우자에게 의존하겠다는 것으로 야마토는 해석하고 있다. 앞서, 남성 노인과 여성 노인의 가족 내 주돌봄자를 비교할 때 여성 노인보다 남성 노인의 주돌봄자가 배우자 비율이 압도적으로 높은 결과와 동일한 맥락이다. 결론적으로 복지국가의 중산층 정도는 지원의 종류(상담, 정보인지, 아니면 돌봄인지)와 그걸 이용하는 사람의 젠더에 따라, 즉 여성의 성역할로 인해 남성과 여성의 차이가 극명하다.

이 절은 돌봄과 계층을 살펴보았으나, 그 속에서 젠더를 배제할 수 없었다. 이 점이 바로 이 장 전체에서 전달하고자 하는 상호교차성을 관통하는 맥락이다. 쉽게 말해, 돌봄에 대한 인식을 계층으로 국한해서 납작하게 접근하기보다 성별, 연령, 계층 등 다양한 변수들이 복합적, 교차적으로 작동하고 있음을 인지하고, 이러한 관점으로 돌봄 문제에 접근해야 근원적인 해결책을 제시할 수 있다. 나아가 돌봄과 계층의 관계를 명확하게 밝힐 후속 연구가 필요하다. 계층이 높을수록, 일반적인 표현을 쓰자면 '돈이 많을수록' 돌봄하기 편하다는 명제로 단순화시키기보다 이들이 왜 수월하게 돌봄을 할 수 있는지 작동 구조를 분석한다면, 돌봄 문제의 근원을 좀 더 깊이 이해하게 될 것이다.

돌봄 문제의 새로운 국면을 향하여

돌봄 문제는 이제 우리 사회의 핵심 의제로 부각되고 있다. 이 장에서는 돌봄 문제에 상호교차성의 관점으로 접근하여, 젠더를 비롯한 다양한 돌봄자들을 살펴보았다. 한국에서는 지난 20여 년 동안 노인돌봄에 대한 인식의 변화와 가족 내 주돌봄자의 변화가 있었다. 돌봄의 책임을 사적 영역에서 해결하기보다 공적 영역으로, 아들 중심의 부양과 그의 배우자에 따른 돌봄보다 친자녀 모두 공평하게 돌봄을 부담하는 쪽으로 변화가 이루어졌다. 한편, 노인돌봄 중에서 배우자의 돌봄은 여전히 여성에 치우쳐져 젠더 불평등을 보이고 있었으며, 친자녀 중에서도 아들보다 딸이 돌봄에 집중적인 경향도 남아 있어 완전한 돌봄의 탈젠더화가 실현되었다고 보기는 어려웠다.

젠더를 비롯한 다양한 돌봄자의 교차성에 대해서도 살펴보았다. 돌봄을 둘러싼 다양한 변수, 성별, 가족의 형태, 계층, 연령 등에 해당하는 남성 돌봄자, 싱글 돌봄자, 비/중산계층의 돌봄, 영 케어러까지 모두 보편적인 돌봄자인 '돌봄의 헤게모니'와 거리가 있는 존재다. 사회에서도 이들에 대한 주목도는 크지 않다. 그럼에도 우리가 이들에 주목하고 더불어 돌봄의 상호교차성에 관심이 필요한 이유는 이들을 통해 사회적으로 통용되는 돌봄의 문제를 근본적으로 확인할 수 있기 때문이다. 또 지속적으로 돌봄의 헤게모니와 정반대편에 있는 존재들을 비춰줘야 오히려 관습적인 이상적인 돌봄자 이데올로기를 와해시킬 수 있다.

이 글은 상호교차성에 따라 개별적으로 돌봄제공자의 상황을 살펴보았기 때문에 이들이 마치, 각각의 개별적인 존재처럼 보일 수 있다. 하지만, 가족돌봄을 수행하는 사람들을 살펴보면 단편적일 수 없다. 계층이 낮은 동시에 싱글 돌봄자일 수 있고, 싱글 남성의 돌봄자, 낮은 계층의 어린 돌봄자일 수도 있다. 어느 한 부분이 아니라 여러 변수와 연결되어 복합적인 위치에서 돌봄을 수행하고 있다는 점을 간과하지 말아야 한다. 돌봄자를 납작하게 바라보는 것이 아니라 입체적으로 인식하고, 돌봄자의 '돌봄'에 초점을 두는 것이 아닌 '돌봄자' 그 자체를 바라봐야 한다. 따라서 사회는 이들의 다양성을 인정하고 현재 수행하고 있는 돌봄에 한정하여 지원하기보다 향후 이들의 삶까지를 보장해 줄 수 있는 서비스와 지원이 필요하다는 것을 강조하고 싶다.

가치로서의 돌봄

―자본주의 가치 법칙으로부터 돌봄 해방시키기

김미정

오늘날 '돌봄'의 자리

코로나 팬데믹 상황을 지나면서 한국사회에서 돌봄은 특정 영역의 주제가 아니라 전 사회적인 화두가 된 것 같다. 전통적으로 페미니즘이나 사회학 연구의 영역으로 여겨지던 '돌봄'은 최근 2~3년간 다양한 분과의 심포지움 주제로도 다뤄지고 있고, 언론이나 출판계에서도 주요 키워드를 점하고 있다. 문화예술계에서도 돌봄은 새롭게 쟁점화되었고, 개인적으로 강의실에서 만나는 학생들과도 돌봄을 주제화하여 이야기를 나누는 상황이 이전보다 훨씬 자연스러워졌다. 특히 가사, 육아, 간병, 감정서비스 같은 특수한 상황에만 국한되어 이해되던 '돌봄'은, 넓은 의미에서 이 세계 전반의 필수적 활동으로 받아들여지고 있다. 확실히 지금 많은 이들이 돌봄을 말하고 있고 그에 대한 대중적 관심도 높아졌다.

그럼에도 '돌봄'에 대해 생각하면 할수록 그것이 놓여 있는 현실적 곤경 역시 분명한 현상이다. 가령 오늘날 우리는 돌봄의 가치를 잘 알고 그것을 강조하면서도 한편으로는 그 돌봄을 주고받는 상황 자체를 되도록 만들고 싶지 않아 한다. 돌봄이 필요없는 자립적이고 능동적인 삶이 의심의 여지없는 인간의 목표이자 이상적인 상태로 통용된다. 또한 돌봄을 수행하는 측의 노고가 사회적 의제로 공론화되었으나 한편으로 그것은 여전히 기피되거나 폄하되기도 한다. 돌봄을 주고받는 일이 위화감 없이 자본주의 시장 안의 상품 거래처럼 다루어진다. 더구나 개인의 책임이 강조되는 신자유주의의 기조는 사회적 의제라고 하여 비껴갈 수 있는 것이 아니어서, 돌봄의 문제는 오늘날 아이러니하게도 다시, 시장 안 개인 대 개인의 관계로 환원된 측면도 커 보인다. 이러한 곤경에 대해 깊게 생각하게 된 계기도 잠시 이야기해야 할 것 같다. 그것은 돌봄이 재현된 여러 소설들을 읽고 학생들과 이야기 나누며 깊어진 것이었는데, 최근 2~3년간 한국 문학계에서도 '돌봄'은 새롭게 쟁점화되어 온 주제의 하나이다. 코로나 팬데믹을 겪으면서 전사회적으로 증폭, 확산된 돌봄에의 상상과 그 서사화는 한국의 소설계에서 두드러졌다.[*] 오

---

[*] 다음 작품들도 약간의 참고는 될 듯하다. 이주혜, 『자두』, 창비, 2020 ; 박서련, 『당신 엄마가 당신보다 잘하는 게임』, 민음사, 2022 ; 김유담, 『돌보는 마음』, 민음사, 2022.

늘날 가사, 양육, 간병 등이 여전히 가족 내 여성 혹은 외주화된 노동의 몫이 된 것, 그것이 대물림되는 것, 그리고 공공의 시스템이 부재한 상황 등, 돌봄 관련의 총체적 곤경을 엿볼 수 있었다. 거기에서 종종 남성은 배후에 숨어 있거나 부재한다. 이때 그것의 구조와 여성 간 불화가 선명하게 부각된다. 비슷한 상황에 놓여 있다는 것은 종종 유대, 연대의 조건인데 오히려 이 여성들은 주어진 링 안에서 서로 갈등하는 모습을 보인다. 그러하니 여성 간 연대는 매우 요원하다. 세계의 구조 자체가 그 구성원들을 분열시키고 있다. 돌봄이 처한 곤경이나 그 안의 갈등 양상은 이 세계 시스템과 밀접하게 관련되는 것이었다.

즉, 최근 돌봄 관련 소설들은 공통적으로 가부장×정상가족 이데올로기×자본×국가 등, 그동안 이 세계 시스템의 기초가 되어 온 축들을 복잡하게 환기시켰다. 여성의 사회 진출이 늘어나고 사회적 지위가 향상되었다고 하지만, 그럼에도 여전히 가족 내 돌봄은 여성이 전담하는 경향이 두드러지게 그려진다. 더구나 가족 내 돌봄이 외주화된 양상, 즉 돌봄 서비스 사용자와 제공자 사이의 갈등도 현저하다. 이제까지 서사화되지 않아 왔던 영역, 즉 돌봄 시장 안에서 돌봄노동을 둘러싼 여성들끼리의 갈등과 신경전도 생생하게 전개된다. 나아가 산후조리원, 요양병원(요양원) 같은 기관과 그 안에서의 계층·계급 배치도 및 개인의 출생에서 죽음에 이르기까지의 전 과정에 어떻게 자본주의적 가치가 가로지르는지 신랄하게 폭로된다. 이에 따라, 소설들에서 일별할 수 있는 돌봄 현장은 다음과 같은 식이었다.

우선 돌봄의 책임은 여전히 가족의 굴레를 벗어나지 못하고 있다. 둘째, 그와 관련하여 돌봄 수행의 여성 젠더 편향성은 지금도 지속되고 있다. 셋째, 돌봄의 외주화는 자연스러워졌다. 각종 도움 서비스는 이미 커다란 시장, 산업의 영역 속에 놓이게 되어 버렸다. 이때 돌봄은 저렴한 노동력 상품으로 통용되며 그 행위 자체가 폄하되는 악순환 속에 놓이게 되었다. 그런 까닭에 돌봄을 수행하는 일은 여전히 기피되거나 폄하되는 일을 벗어나지 못한다. 넷째, 지금까지와는 조금 다른 이야기지만 돌봄이 그것을 수행하는 측의 입장 위주로 사유되다 보니, 돌봄의 또다른 주체인 돌봄 받는 측은 시야에서 사라지고, 돌봄이 관계적이며 정동적인 활동이라는 점도 망각된다.

우리의 내밀한 감각 속 돌봄×노동

소설들에서 엿보게 된 이 세계 돌봄의 구조를 이렇게 요약하는 것은 상당히 거칠고 편파적일 수 있다. 하지만 이것이 현실에서의 돌봄을 둘러싼 상황과 크게 다르지 않을 것이라고 생각한다. 분명 돌봄의 갈등과 곤경에는 이 세계 구조가 반영되고 있었다. 소설을 함께 읽는 학생들도 돌봄은 중요하지만 나와는 당장 관련되지 않는다고 여기는 경향이 컸다. 돌봄을 둘러싼 담론과 현실 사이에는 이질적이고 모순적인 감각이 분명 공존하고 있었다. 이와 관련하여 소설 이야기를 조금만 더 해보려 한다. 이것은 돌봄과 관련된 시대의 무의식이 어떻게 내밀한 신체의 감각과 사유에까지 들어와 있는지에 대한 이야기일 것이다. 잠시 한 소설 속 주인공의 내적 갈등 상황을 소개한다.[*]

　어느 모임의 일원인 주인공은 회비를 낼 수 없는 형편의 자기처지를 비관하고 있다. 하지만 모임은 오히려 소득 및 노동 여부와 무관하게 모든 이에게 열려 있다. 내규에 따르면 그녀는 어떤 부채감도 없이 그저 모임의 구성원으로 존재하기만 하면 된다. "일하지 않은 자, 먹기만 하라!"는 재치 있는 내규의 문장이 단적으로 이 모임의 분위기를 잘 보여준다. 하지만 이런 무조건적인 환대의 상황에서 주인공의 마음은 편치 않다. 설거지라도 돕고 싶지만 그 역시 내규에 따라 공평하게 이루어진다. 그녀가 할 수 있는 일이라고는 모임에서 소외되고 있는 신참자

---

[*] 이미상, 「여자가 지하철 할 때」, 『웹진 문장』, 2020.9.

에게 말을 걸어주고 챙기는 일이다.

사실 여기까지만 보면 여느 크고 작은 공동체의 분위기와 크게 다르지 않다. 하지만 주인공은 계속 기브앤테이크를 생각하고 있다. 가령 이런 식으로 말이다. "세상에 공짜는 없어. 나는 처지 노동 중이야. 존재 노동 중이야. 내 덕에 저 사람들, 단차를 느낄 수 있어. 베풀 수 있어. 언제나 베푸는 쪽 기분이 나은 법이지. 베풂 당하는 쪽보다. 나는 절대 고마워하지 않을 거야…. 그러나 감사는 감정이고, 감정은 마음대로 되지 않는다. 자꾸 고마워져 버리는 것이다. 그리고 고마움은, 염치는 때로 사람에게 가장 헐하고 험한 일을 시킨다."

즉, 지금 주인공은 돌봄을 행하는 측의 입장이지만 그것이 스스로 못마땅하고 괴롭다. 누군가에게 무상으로 받는 것들에 응답할 수 없는 스스로가 답답하다. 회비를 못 내는 대신 몸으로 할 수 있는 다른 일이라도 하고 싶지만 그 역시 할 수 없다. 그러니 남몰래 신참자를 챙기는 일이라도 하게 된다. 주인공의 마음 속에는 구성원에 대한 고마움과 미안함이 뒤섞이고 있을 것이다. 실제 한 사회가 원활하게 유지되는 데에는 선물, 증여 등이 늘 필수라고 여긴다. 그리고 그것이 실은 무상의 자발적인 것이 아니라 일종의 타산적 성격을 띠는 교환과 계약이라는 점을 인류학의 고전은 말해 왔다. 그러하니 지금 이 주인공이 의식·무의식적으로 기브앤테이크의 감각을 셈하는 것도 이상한 일은 아니다. 이 주인공의 고민은 정당하다는 말이다.

하지만 그럼에도 환대나 돌봄의 마음조차 기브앤테이크의 감각으로 셈하는 것은 어딘지 이상하게 읽힌다. 공동체의 보이지 않는 원리로서 교환을 이야기하는 것과 그것을 의식하며 관계를 맺는 것은 엄연히 다르지 않을까. 또한 주인공의 고민 중 '처지 노동' '존재 노동'이라는 말에도 계속 눈길이 머물렀다. 그것은 우선은 이 말들에 깃든 자학, 자괴감 때문이었다. 그리고 이 말들이 환대나 돌봄을 가장 허드렛일처럼 여기는 세상의 감각을 반영한 듯해서였다. 여기에서는 돈(회비) 〉 몸(설거지) 〉 마음(신참자 돌봄) 순으로 가치와 등급이 셈해지는 이 세계 사고가 반영되어 있다. 그런데 그 사고를 그대로 승인하는 듯한 체념과 무력감이 어딘지 징후적이라고 여겨졌다. 소설 속 주인공의 감각은 분명 지금 시대의 감수성과도 무관치 않은 것이다.*

돌봄은 반드시 간병, 가사, 양육, 감정 서비스 등의 특수한 활동이 아니더라도 일상에서 늘 부지불식중 주고받아야 하는 필

---

* 이에 대해서는 다음 글들이 자세히 다루고 있다. 박서양, 「공정과 인정, 그리고 감정─이미상 소설을 중심으로」, 『문장웹진』, 2021.7. ; 박서양, 「비평연재실험」, 『웹진 비유』, 2021.10.

수 활동이다. 널리 알려진 속담이지만 '한 사람을 키우는 데는 마을 하나가 필요하다'고도 한다. 그럼에도 돌봄, 혹은 관계를 돌보고 마음 쓰는 일이란 다른 어떤 일보다 평가절하되거나 기피된다. 이것은 물론 그렇게 여기는 사람들의 마음이 문제이기 이전에, 이 세계가 지향하는 압도적 가치체계 하에서의 일일 것이다. 그런데 이러한 가치 법칙이 우리의 마음과 몸의 내밀한 감각에까지 스며 있다는 것, 그리고 돌봄이 놓인 자리와 관련된다는 것이 조금 문제적으로 여겨졌다.

요컨대 지금 이 글의 질문은 이런 것이다. 무엇이 우리로 하여금 여전히 돌봄 상황을 기피하게 만드는가. 또한 무엇이 오늘날 돌봄의 가치를 규정하는가. 나아가 돌봄의 곤경과 관련하여 근본적으로 질문해야 할 것은 무엇일까.

돌봄이 노동이 되기까지
—1970년대 가사노동 임금운동의 사례를 중심으로

이 글의 계기에 앞에서 이야기한 '존재 노동' '처지 노동' 등의 말이 놓여 있는 만큼, 돌봄과 노동의 관계를 잠시 생각해 보려고 한다. 이것은 곧 돌봄이 사회적 의제가 되어 온 과정에 대한 이야기이기도 하다.

돌봄이 지금처럼 공론장의 논의 대상이 된 것을 상징적으로 보여주는 계기는, 돌봄 영역에 노동이라는 말이 결합한 일이다. 이는 잘 알려져 있듯 1970년대 초 서구에서 전개된 '가사노동 임금운동'의 확산과 관련하여 이야기할 수 있다.* 이 운동의 대표적인 논자이자 활동가인 실비아 페데리치는 1970년에 발표된 마리아로사 달라 꼬스따의 글 「여성과 공동체 전복」**을 읽고 큰 영향을 받았다고 한다. 그리고 이탈리아와 영국에서 조직하고 있던 가사노동에 대한 임금 캠페인에 참여하게 되었고, 1973년 미국에서 이와 연동되는 그룹을 결성하게 된다.

이들의 활동은 처음에는 가사노동 거부에서 시작하여 점차 가사노동의 가치를 인정하자는 주장으로 변화해 간다. 그녀들은, 가사로 상징되는 돌봄이 어떻게 여성=사적인 영역으로 할당되면서 공적 영역에서 배제되어 왔는지, 그리고 자본주의 하에서 '사랑'이라는 말에 의해 어떻게 여성의 재생산 활동이 부불노동으로 축출되어 왔는지 등을 폭로했다. 이에, 여성의 막대한 무급 가사노동을 비롯한 재생산 활동이 우리의 삶과 노동을 매

---

* 본문의 3, 4장 내용은 실비아 페데리치, 『혁명의 영점』(황성원 옮김, 갈무리, 2013)에 바탕을 두고 있다. 인용은 별도의 각주 없이 본문 안에 페이지만 병기했다.
** 마리아로사 달라 꼬스타, 『페미니즘의 투쟁』, 이영주 · 김현지 옮김, 갈무리, 2020.

일같이 재구성할 수 있게 해주는 관계와 활동의 복합체라는 사실이 밝혀진다. 또한 재생산 노동이 모든 경제, 정치 시스템의 기초이며 인간 세계의 필수노동이라는 점도 널리 알려진다.

예컨대 집을 나서는 노동자의 옷을 세탁하고 아침 식사를 차려주는 일은 작업장의 공정을 거치는 생산물과 같은 것을 발생시키지는 않는다. 하지만 무언가를 생산하기 위해 출근하는 노동자의 삶 자체를 재생산하도록 하는 일이란 비가시적이고 비물질적인 것이지만 엄연히 무언가의 생산 이면의 보이지 않는 활동이고, 그것은 대부분 누군가의 무상 활동으로 지지되어 왔다. 이것이 사랑이나 희생 등의 이름으로 가정 내의 여성에게 할당되고 무상으로 제공하는 일, 활동으로 자리 잡는 것은, 근대 공/사 영역의 분할과 함께 이루어졌다.

'가사노동 임금운동' 그룹은 당시 여성 운동 입장 중에서도 가장 논쟁적이고 또 가장 적대시된 입장이었다고 한다. 이들의 논의는 기존 마르크스주의 정치경제학의 통념에도 반하는 주장이었기 때문이다. 단적으로 기존 정치경제학에서의 노동은 산업·대공장 중심성에 근거했고, 이때의 노동 표상은 공적 영역, 남성 젠더의 육체노동에 할당되어 있었다. 가사로 상징되는 돌봄, 재생산 활동은 이러한 노동 표상의 규범성, 임금체계에 속하지 않는 일이었고, 가정으로 상징되는 여성=사적 영역은 자본주의 노동 시스템 바깥에 존재한다고 간주되며 남성 노동자의 휴식을 담당하던 장소였다. 그런데 페데리치 및 이들 활동가들은 사실상 재생산 활동이 자본주의 바깥에 존재하던 것이 아니라, 이미 자본주의 생산 시스템을 보이지 않게 지지해 오며 그 안의 하부구조로서, 남성 젠더화된 노동을 보이지 않게 지지하고 있었음을 설파했다.

이들의 논의는, 여성이 자본주의 관계에서 배제되었기 때문에 여성 억압이 발생했다는 기존 통념에 반대되는 것이기도 했다. 특히 20세기 중반 전쟁과 그 이후 사회 재건 과정에서는 언어, 문화권의 차이를 불문하고 공/사 영역의 성별 할당이 그 이전보다 공고해진다. 즉, 가정은 사랑과 돌봄의 장소이자 노동조합과 마찬가지로 노동자를 보호해주는 장소였다. 하지만 그녀들의 주장은 노동계 내에서는 가사노동 임금운동이 기존 노동계급과의 관계를 단절시킨다고 우려하는 것이었다. 공/사의 영역과 그 젠더 역할이 흔들리는 것에 사람들은 어떤 위기감을 느낀 것이다.

또한, 가사노동의 성격 자체에 대한 비아냥도 많았다. 가령 사람들은 가사노동은 임금노동과 달리 분업이나 협업 혹은 전문화를 거의 필요로 하지 않는다고 여겼다. 가사는 상품이 아니기 때문에 그 가치를 산출하지 않고는 잉여가치의 근원이 될 수 없다고도 여겼다. 대표적으로, 가사노동 임금운동은 단지 보수를 요구하는 것에 불과하다는 방식의 평가절하도 그런 비판의 하나였다. 오늘날에도 무언가가 '노동'임을 주장하는 측에 대해 그것은 임금(wage)에 대한 요구가 아니라 보수(pay), 보상일 뿐이라고 일축하는 사람들이 있다. 이때 임금을 주장하는 측은 함께 폄하된다. 이것이 오늘날 노동 혐오나 탄압의 현장에서도 낯설지 않은 수사임은 말할 것도 없을 것이다. 이미 자본주의적 노동으로 간주, 활용되고 있으나 그 사실을 은폐함으로써 이득을 얻어 온 측이 누구인지 생각하면 임금을 보수로 격하시키며 비판하는 의도는 다소 선명하다.

그 밖에도 가사노동에 임금을 주기 위해서는 다른 노동자의 임금을 낮춰야 한다거나, 공식적 감독관이 있어야 한다는 식의 구체적 비판도 적지 않았다. 하지만 가사노동 임금운동의 주장은 실제로 임금에 대한 요구이기에 앞서 그 주장의 상징성에 목적이 있었다. 오늘날 예술노동, 임상노동, 성노동, 데이터노동 등 새롭게 노동으로 명명되는 것은 구체적 임금 요구에 대한 것 이전에 각 활동의 의제화를 위해 필요한 일이었다. 무언가가 이미 자본주의 생산 체제 내에서 노동으로 활용되고 있는데, 그것을 노동이 아니라고 말하는 것은 이상한 일이다. 또한 오늘날 노동 대신 근로(勤勞) 같은 말을 선호하는 측에 맞서는 전략으로서도 노동의 성격을 드러내는 일은 필요한 것이다.

하지만 가사노동 임금운동 측에 대한 이러한 비판들도 시대를 거스를 수는 없었다. 1970년대 내내 서구에서 북미로 확산되어간 가사노동 임금운동의 의의는 뚜렷해졌다. 우선, 여성 본성과 사적 영역(가사)의 분리가 가속화했다. 이들은, 사랑이나 희생의 수사(rhetoric)에 결박된 돌봄을 탈신비화하는 데 크게 기여했다.* 본질주의에 기초해 온 여성/남성의 범주가 본격적으로 질문되기 시작한 당시 페미니즘의 성과(제2물결 페미니즘)도 이에 영향을 주었다. 또한 이 운동은 단지 여성들이 가사를 거부하는(파업) 것에서 멈추지 않았고, 그것의 가치를 인정해야 한다는 주장으로 노선을 이행해 갔다. 여기에서 근거가 된 것이 바로 앞서 언급한 재생산 노동의 성격과 그 의미였다. 자본이 임금을 통해 노동을 통제해 온 방식을 총체적으로 환기시킨 것이다.

---

* 이와 관련하여 생태주의 맑시스트 제이슨 W. 무어도 이와 비슷한 이야기를 한다. 그는, 자본주의 가치 법칙 하에서 유상 일보다 무상 일에서 도덕적인 논리가 부각되는 경우가 많았다고 말한다. (제이슨 W. 무어, 『생명의 그물 속 자본주의』, 김효진 옮김, 갈무리, 2020) 그의 분석은, 돌봄이 늘 사랑과 희생의 언어로 이야기되며 여러 불평등이 감추어진 역사를 연상시키기도 한다. 즉, 자본주의는 도덕을 전경화하면서 어떤 활동들을 무상으로 혹은 저렴하게 사용해 왔다. 그 과정에서 일의 성격 자체도 저렴한 위치에 자리매김한다. 이러한 악순환 속에서 도덕의 언어는 당의정으로 사용될 때가 많았고, 자본은 저렴한 노동을 통해 잉여가치를 극대화하고자 했으며, 이러한 자본의 가치 법칙 하에서 많은 존재와 일들이 더욱 저렴하고 폄하되는 위치에 놓이게 된 것은 어쩌면 자본주의하에서 이 세계 전체를 관통하는 원리일지 모른다.

오늘날 잊혀진 것들
─자본주의 거부하기로서의 가사노동 임금운동

그런데 여기에서 오늘날 거의 잊혀진 것, 그러나 지금 강조되어야 할 사실들이 있다. 이들의 주장은 단지 돌봄을 노동의 영역에 편입시키려 한 것이 아니다. 또한 돌봄의 정당한 대가에 대한 요구와 권리 주장에서 멈추지 않았다. 앞서 내내 이야기했듯 자본은 남성 가장의 노동과 임금에 여성 및 가족 구성원을 의존시키는 동시에, 가족 안에서의 여성의 일을 보이지 않는 것으로 만들었다. 가부장-자본의 이 고리를 끊는 첫걸음으로서 돌봄은 '노동'이 될 필요가 있었다. 하지만 이들은 돌봄을 단지 임금체계와 노동으로만 환원시키려 하지 않았다. 이들은 자신들의 운동이 "자본주의 관계에 진입하기 위"한 것이 "아니라는 점을 분명히" 했고, "여성을 대상으로 한 자본의 계획을 분쇄하는 것", "모든 형태의 자본주의를 거부하는 것"(이상 44쪽)에까지 그 목표를 두었다.* 다음은 실비아 페데리치의 주요 주장이다.

---

* 실비아 페데리치, 앞의 책, 44-64쪽.

"돈은 노동을 통제하는 권력임을 기억해 둘 필요가 있다. 따라서 우리 노동의 (우리 어머니와 할머니의 노동의) 결실인 그 돈을 재전유하는 것은 우리에게서 더 많은 노동을 끌어낼 수 있는 자본의 힘을 잠식하는 일이기도 하다. (…) 임금에는 여성성에 대한 환상을 걷어내고 우리의 노동(노동으로서의 여성성)을 가시화하는 힘이 있음을 믿어야 한다. 가사노동에 대한 임금 요구는 우리의 마음, 몸, 감정 모두가 특수한 기능을 위해, 특수한 기능 속에서 왜곡되어 버렸음을, 따라서 만일 우리가 이 사회에서 여성으로 받아들여지고자 한다면 모두가 순응해야 하는 모델에 스스로를 끼워 맞추기 위해 부단한 좌절을 감내해야 했음을 드러내는 일이다."(44-45쪽)

이 대목에서 알 수 있듯 그들은 당시 여성 및 여성성에 대한 환상을 걷어내고 노동의 젠더를 밝히고자 했다. 그런데 여기에서 그 핵심과 별개로 와 닿는 것은 바로 "우리의 마음과 몸과 감정 모두가 특수한 기능 속에서 왜곡되어 버렸다"고 말하는 부분이다. 이것은 여성, 남성의 젠더에 대한 이야기만이 아니다. 자본주의 시스템 속 "특수한 기능"에 의해 존재의 "마음과 몸과 감정" 모두가 "왜곡"되어 버린다는 것은 정확히 지금 시대 모든 곳에서 오버랩하여 생각해 볼 수 있다. 넓은 의미에서 돌봄은, 누군가의 마음과 몸과 감정을 써서 관계를 맺는 것이다. 그런데 이러한 기초적인 관계의 마음들조차 제로섬 혹은 기브앤테이크로 셈하게 만드는 것은 무엇이었겠는가. 이 핵심이 점점 망각되어 온 결과가 지금의 돌봄을 둘러싼 곤경이 아닐까.

한편 다음과 같은 구절은 페데리치 및 활동가들이 왜 '임금' 관계에 초점을 맞추었는지 잘 보여준다.

"자본주의하에서 모든 노동자는 조작과 착취를 당하고 그리고 노동자가 자본과 맺는 관계는 그 실체가 제대로 드러나지 않는다. 임금은 마치 공정한 거래라고 하는 인상을 주지만 실제 일을 하고 돈을 받았으니 고용자 피고용자는 서로 빚을 갚았다고 생각하기 쉽다. 하지만 현실에서 임금은 노동에 대한 지불이 아니라 이윤으로 전환된 모든 부분 노동을 감춰버린다. 또 하지만 임금은 최소한 당신이 노동자임을 그리고 임금과 노동의 조건과 양에 대해 협상하고 투쟁할 수 있음을 인정한다."(38쪽)

페데리치의 말대로 임금은 곧 자본주의 관계에 진입하기 위한 수단이 아니라, 이미 자본주의 관계 안에서 착취되어 온 부불노동에 대한 정당한 요구다. 게다가 여기에서 새삼 강조하고 싶은 것은 임금의 은폐된 성격이다. 임금은 "공정한 거래"가 아니라 노동에 의해 이윤으로 전환된 노동을 은폐한다는 것, 그럼에도 그러한 임금이야말로 노동자가 협상하고 투쟁할 수 있는 최소한의 무기라는 것. 즉, 노동자가 임금을 위해 투쟁하는 것은 그들의 사리사욕을 취하기 위함이 아니라 정당한 절차다. 여기에서 임금을 보상으로 폄하하거나, 이들이 자본주의 관계 속으로 들어가기를 원한다는 식의 비판은 무엇을 위한 비판이겠는가.

이들이 재생산노동을 주장하면서도 "우리의 삶을 자본주의 노동시장의 요구와 가치로 재단하지 않을 필요가 언제나 상정" 되어야 한다고 말한 것은 그저 주의주장이 아니라, 정확히 이러한 전략과 전술의 토대하에서 이루어진 것이었다. 더 나아가 페데리치는 이렇게 말하기도 했다.

"가정에서 수행하는 노동이 자본주의적 생산이라고 주장한다고 해서 생산력의 일부로서 합당한 인정을 받겠다는 소망을 표현하는 것이 아니다. 자본주의적 관점에서의 생산성은 도덕적인 미덕이다. 그렇지만 노동계급 관점에서의 생산성은 단지 착취를 의미할 뿐이다. 마르크스가 말했듯 생산적인 노동자가 되는 것은 일말의 행운이 아니라 불운이다."(67쪽)

"생산성"이라는 것이 자본주의 관점에서는 "도덕적인 미덕"

이지만 노동계급 관점에서는 그저 "착취"를 의미할 뿐이라는 이 촌철살인 역시 오늘날 시사하는 바가 많다. 생산, 발전, 성취, 성과, 성장 같은 말들이 거느리는 가치가 무엇인지는 명확하다. 오랫동안 이것은 근대 자본주의 세계에서의 의심할 여지 없는 덕목들이었다. 지금도 이러한 말들은 지향하고 추구되는 가치다. 우리 스스로도 반드시 자본주의 생산 관계 속에 있지 않더라도 삶 자체를 이렇게 살아야 한다는 강박에 익숙하다. 그런데 이것이 결국 본래적인 삶과 얼마나 가까울까. 스스로를 착취에 가깝게 추동시키는 것이 누구·무엇을 위한 삶인가. 지금 페데리치와 가사노동 임금운동의 잊혀진 주장들은 정확히 이러한 질문을 던졌던 것이다.

비·반(非·反)자본주의적 존재론을 상상하며

앞서 인용한 "생산적인 노동자가 되는 것은 일말의 행운이 아니라 불운이다"라는 말을 좀 더 곰곰이 생각해 본다. 이른바 서구의 전후(戰後) 재건 과정에서 가정과 일체화한 어머니들의 딸인 페데리치는 스스로가 어머니처럼 살고 싶지 않았다고 하면서도 한편으로는 어머니들이 투쟁하고 있었을지 모른다고 생각한다. 또한 그녀들의 노동에 얼마나 많은 사랑이 깃들어 있었는지에 대해 깨닫기도 한다. 페데리치는 근대적 의미의 노동 자체를 예찬한 사람이 아니다. 그녀의 노동관은 "욕망을 충족시키는 관계와 활동들"을 "노동으로 전환하는 것만큼 우리의 삶을 질식"시키는 것도 없다는 입장이다. 그럼에도 집안에서의 돌봄이 노동이었음을 밝히는 것은, 그것이 공장제의 타자가 아니라 그 기초였다는 사실이 은폐되어 왔기 때문이었다.

그녀의 이러한 입장은 결코 모순이 아니다. 실비아 페데리치가 영향받은 이른바 자율주의(아우토노미아)의 노동에 대한 관점이 그러했고, 마르크스 역시 근대적 노동 예찬주의자가 아니었다. 자본주의 관계가 나의 활력과 우리의 관계를 속박시키는 형태로서 노동을 운용하고 있을 때, 거기에서 열심히 일한다는 것이 결국 누구·무엇에게 기여하는 것인지는 명백하다. 그래서 자본으로부터의 노동 해방도 중요하지만 궁극적으로는 노동 자체로부터의 해방까지도 상상될 수 있어야 한다고 많은 이들이 말해 왔다.

가사노동 임금운동 측의 노동에 대한 근본적 관점은 지금 생각할 때 시사하는 바가 크다. 일하고 싶어도 일할 수 없는 사람들은 늘 다양한 이유에서 존재해 왔다. 또한 일할 수 있는 몸이란 근대적 시민권의 징표처럼 간주되기도 했다. 앞서 말한 대로 이때의 일, 노동한다는 것은 공적 영역, 특히 산업·공장노동 중심성에 근거해 왔기 때문에 그것에 속하지 않는다고 여겨진 활동은 폄하되거나 무시되어 왔다. 그러하니 돌봄 역시 이러한 노동의 자리에 초대받지 못한 대표적인 활동이기도 했다. 즉, 노동의 표상에는 지금도 '사람 구실을 한다' '자기 몫을 한다' 식의 사유가 들러붙어 있다. 사람 구실을 하지 못하거나 자기 몫을 하지 못하는 이들은 금치산자로 취급되기도 한다. 오늘날 이른바 어엿한 노동을 하지 못하는 경우는 다양하다. 특히 사회구조적인 고용문제와 직결된 경우도 많고, 또한 결정적으로는 일할 수 없는 심신으로 인할 때도 많다.

즉, 페데리치가 가사노동을 주장하면서도 그것이 궁극적으로 자본주의 가치체계로부터 벗어나야 한다고 반복적으로 말하는 것에는, 사람 구실을 하거나 자기 몫을 하며 사회에 기여해야 한다는 노동의 전제를 폭로하는 것이기도 하다. 서구 자유주의 사상, 또는 근대 시민권의 기초를 이루는 것은 독립적이고 자율적인 존재로서의 개체·개인(individual)이다. 이 말의 어원에는 '더 이상 나뉠 수 없는' 차이가 함축되어 있다. 즉, 존재는 원리적으로 '차이'를 통해 스스로를 주장하는 셈이고, 여기에서 타인과의 공통성 같은 것은 중요치 않다.

근대 이래의 세계에서 우리는 태어나자마자 가령 고유의 번호를 부여받는 개인으로 살아가다가 세상을 떠난다. 개인 주체의 사고와 판단과 행위와 책임은 모든 근대적 법과 제도의 근간을 이룬다. 언어교육(언어학)은 수동형의 표현보다 능동형의 표현을 써야 한다고 권장한다. 인간은 자립적이고 능동적인 개인으로 자기 몫을 하고 공동체에 기여하는 존재여야 한다는 것은 언어·문화권을 불문하고 암묵적으로 공유된다. 그러하니 이 현실 속 우리는 실제로 개체로서 존재함을 부정할 수는 없다.

하지만 내내 이야기했듯 이것은 '근대적'인 존재론을 전제로 한 담론일 따름이다. 근대 이전의 존재에 대한 이야기를 우리는 지금 거의 알지 못한다. 레오나르도 다 빈치의 인체도로 상징되는 근대적 인간의 이미지란 심신 건강하고(비장애) 안정되고 균형 잡힌 존재이며, 백인 성인 남성 개체의 형상이다. 근대가 상정한 인간은 취약하거나 어딘가 아프거나 비남성이거나 나이들거나 불안정한 존재들까지 포함하지는 않았다는 말이다. 독립적이고 자율적인 개체, 능동적이고 주체적인 개체의 이념은 이러한 인체도의 표상 속에 자연스레 스며있었고, 그것은 지금도 인간의 삶이 마땅히 지향해야 할 기본값으로 통용된다.

그러하니 이것은 단지 노동에서의 차등만을 발생시킬 뿐 아니라, 이 세계 존재 자체에 대한 차별 구조를 발생시키는 원리가 되기도 한다. 정상성=보편성에 준거하는 이러한 관점은 공동체에서의 배제와 포함을 늘 동시에 진행시켜 왔다. 즉 젠더, 섹슈

얼리티, 장애나 질병 여부, 인종, 계급, 연령 등등에 따라 근대의 정상인간=보편인간은 암묵적으로 설정되어 왔고 그에 따라 보이지 않는 이등시민, 삼등시민 등이 존재해 왔다. '만인은 평등하다'라는 근대적 이념의 역설은 단지 정치철학이나 역사학의 문제가 아니라,* 자본주의하에서 무엇이 가치 있고 가치 없게 여겨져 왔는지의 과정과도 관련되는 것이다.

자본주의 가치 법칙으로부터 돌봄 해방시키기

'돌봄' 자체로 다시 돌아와 본다. 돌봄을 총체적으로 생각할 때에도, 노동할 수 있는 존재로 상징되던 심신 건강한 자립적 개체의 인간을 전제로 삼는 것은 별로 적절하지 않다. 이 글에서도 이제까지 주로 돌봄을 하는 측 입장에서 이야기해 왔지만, 실제 돌봄에는 언제나 취약하고 누군가의 도움을 필요로 하는 존재가 먼저 상정되어 있다. 돌봄을 행하는 측과 돌봄을 받는 측

---

* 이른바 성원권, 시민권이 보편적 인권의 이념을 배반하는 논리와 현상에 대해 정치철학자 에티엔 발리바르가 이른바 인권 패러독스라고 일컬었고, 이는 일찍이 한나 아렌트가 난민이나 무국적자 등의 존재를 통해 사유해 온 바의 연장선상에 놓이는 이야기다.(졸고, 「인간의 조건, 존재의 재구성」, 『뉴래디컬리뷰』, 2021, 가을.) 또한 이것은 흥미롭게도 여성 젠더화되어 있던 돌봄 활동이 폄하되어 온 것과도 관련된다. (캐서린 린치 외, 『정동적 평등: 누가 돌봄을 수행하는가』, 김순원 옮김, 한울, 2016.)

의 '관계' 자체가 돌봄의 문제를 구성하지만, 오늘날 우리는 그 둘을 별개로 사유하는 경향이 많다. 돌봄 수행/수혜, 돌봄 베풂/의존 식의 구도는 결코 일방적인 관계가 아니다. 예를 들어 '돌봄 수행자는 능동적이고 존경받을 만한 존재 vs 수혜자는 약하고 수동적인 존재' 식의 이미지는 흔히 볼 수 있다. 돌봄을 주고받는 관계에 이미 힘의 차이(권력)가 내재해 있는 듯 보이기도 한다. 하지만 이 관계는 결코 일방적일 리 없다. 명확히 구획되는 관계도 아니다. 심지어는 둘만의 관계만도 아니라 많은 보이지 않는 행위소들이 함께 작동하는 관계다.

그럼에도 돌봄 받는 측의 의존성, 취약함, 비독립성 등은 그저 불가피한 것일 뿐 부정적 이미지를 벗지 못하고 있다. 청춘, 성장, 발전, 자립 등의 가치를 전경화해 온 근대 내내 약함, 의존, 늙음, 소멸 등의 가치는 부정적인, 혹은 되도록 유예시켜야 할 것으로 비가시화되어 왔다. 하지만 어쩌면 인간 존재의 기본값은 취약함에 놓여 있지 않은가. 태어나면서부터 세상을 떠날 때까지 두 발로 온전히 서 있을 수 있는 시간이 곧 생애 전체는 아니다. 인간은 언제나 지팡이가 필요한 존재다. 이는 각 언어권마다 '사람'을 지칭하는 단어의 어원에 거의 깃들어 있다. 이것은 단지 자립과 성장 등을 부정하고 약함과 의존을 대체시켜 부상시키자는 이야기가 아니다. 약함과 의존의 상태 자체가 모든 인간의 기본값이라고 인정할 때, 그것은 우리를 겸손하게 만든다.

따라서 돌봄의 현실 문제를 타개하기 위해 우리는 근대 세계의 표준적 인간형, 자본주의 가치 법칙 등에 따른 전술을 택하지만, 그러나 궁극적으로는 그것이 곧 관계의 문제임을 생각해야 한다. 소위 사회에 기여할 수 있는지, 생산할 수 있는지 여부에 따라 어떤 존재들을 쓸모없게 여기거나 비가시화하는 항간의 감각에도 동의하지 않을 수 있어야 한다. 존재의 결핍이나 핸디캡으로 여겨 온 통념은 세계의 전제가 달라졌을 때 아예 그 관념도 달라진다. 전제를 근본적으로 재질문해야 한다. 이 세계의 근대적 인간관, 자본주의적 가치 법칙 등을 과감히 질문할 수 있어야 한다.

이 글은 '처지 노동' '존재 노동' 같은 말들로부터, 오늘날 돌봄이 놓인 자리를 생각해보며 시작했다. 자본주의의 가치 법칙을 반영하는 오늘날의 기브앤테이크의 감각을 다르게 상상해보고 싶었다. '오늘날 사람들이 세계의 멸망을 상상하는 것보다 자본주의의 멸망을 상상하는 것을 더 어려워한다'는 말들은(슬라보예 지젝, 프레드릭 제임슨) 꽤 오랫동안 세계를 풍미했다. 그런데 지금 그러한 상상력의 제약 자체를 질문해야 할 때 아닐까. 견고하고 자연화한 것일수록 그것은 큰 이야기가 아니라, 내 신체의 내밀한 감각까지 스며 있을 가능성이 높다. 오늘날 돌봄을 둘러싼 곤경의 궁극적 배후로서의 내 안의 인간관, 가치 법칙 등을 질문하는 것. 그것을 위해 이 글은 1970년대 가사노동 임금운동 측의 주장을 재독해했고, 궁극적으로는 돌봄을 '관계'로서 사유하기 위한 전제를 다시 생각해 보았다. 부족한 문제의식이었을지라도 돌봄 자체가 이 세계를 근본적으로 다시 상상할 수 있을 자원이* 될 수 있기를 소망해 본다. 마지막으로 이 글을 쓰는 내 내 머릿속에 맴돌던 말을 잠시 인용하며 마무리지으려 한다.

> "그것(돌봄: 인용자)은 내 개인적 도덕성, 개인적 성향 안에 있는 나 자신이 어떤 태도를 정립해 찾아내는 문제가 아니다. 그것은 내가 처음부터 타자의 삶에 연루되어 있기 때문에 나는 이미 사회적일 수밖에 없고, 그에 따라 언제나 구성적 사회성을 상정하면서 행동이나 반성을 시작할 수 있다."**

---

* 돌봄 자체를 보편적 가치로 급진화하자는 논의도 있다. 이에 대해서는 다음을 참조. 황정아, 「가치로서의 돌봄」, 『개념과 소통』 28호, 2021.
** 주디스 버틀러, 아테나 아타나시오우, 『박탈: 정치적인 것에 있어서의 수행성에 관한 대화』, 김응산 옮김, 자음과모음, 2016, 179쪽.

돌봄의
시간들

근대사회는 돌봄을

취약계층과 신체적 돌봄이 필요한 대상으로 제한하여

중앙에서 관리하거나, 소득이 높은 사람들이 선택할 수 있는

값비싼 돌봄(셀프케어) 상품으로 시장에 내놓고 있다.

돌봄당사자와 돌봄제공자 관계가 일방적이고,

돌봄 대상과 범위가 제한적일 수밖에 없다.

지역의 돌봄은 제한적(부분적) 돌봄을 포함해서 생활 전체를 포괄하는 서로돌봄으로

주민은 돌봄당사자와 돌봄제공자 이중의 역할을 한다.

또 복지 및 셀프케어와 함께 호혜적 돌봄으로 구성된다.

역설적으로 돌봄의 범위는 포괄적인 돌봄을 위해

전국 단위가 아니라 관계의 강렬도와 밀도가 높은 지역 단위가 될 수밖에 없다.

지역은 이렇게 다양성에 기초해 개별적인 돌봄을 제공하면서도

누구도 소외되지 않고 모두가 연결되어

전일적인 삶이 가능한 포괄적 돌봄을 특징으로 한다.

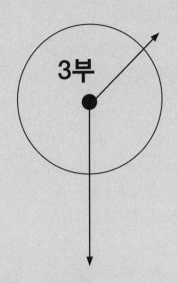

3부

지역과 가정,
커먼즈에서의
돌봄

지역과 돌봄
―지역과 돌봄 생활

이무열

아기돌봄, 노인돌봄, 건강돌봄 상품들로 구성된 셀프케어(Self care) 시장 성장과 함께 일상적 돌봄은 개인적인 일이거나 취약 계층이나 건강상 독립이 어려운 이들을 대상으로 한다는 생각 이 더 굳어지고 있다.

하지만 집에서 키우던 반려동물을 잠시 맡기거나 아이의 점 심을 부탁하는 등의 일상적 돌봄은 모두에게 필요하다. 지역은 제한 없는 '관계돌봄'의 장이 돼야 한다.

그러기 위해서 지역에서 공유할 수 있는 자원과 시간을 나누 는 돌봄 네트워크를 만들어 가야 한다. 돌봄 회복으로 촘촘한 그물망 공동체가 재구성되면 얼마나 좋을까?

고령화와 청년 1인 가구, 고립과 불평등, 실업률과 인플레이 션. 귀에 익숙한 정책으로 신문이나 뉴스에서 자주 통계 지표로 등장하는 단어들이다. 관련 정책 담당자들을 비롯해 연구자들 에게 이 단어 하나하나는 사회가 안정적인 궤도에서 벗어나고 있다는 적신호이고 시급히 해결해야 할 문제들이다. 행정과 관련기관들이 문제를 풀기 위해 여러 정책을 펼치고 있지만 이 문제들은 단순하지 않아서 개별 정책만으로는 쉽게 풀리지 않고 풀릴 수도 없다. 그래서 고령화시대에 대응하는 노인수당과 노인돌봄 서비스를 제공하면서 건강보험료 재정을 걱정하고 있다. 혼자 사는 비혼(미혼) 청년 1인 가구를 위해서는 신혼부부 주택공급 등의 결혼장려정책을 내놓고 1%도 채 안 되는 출산율을 높이기 위해서는 출산장려금과 교통비를 지원하는 등 안간힘을 쓰고 있지만, 비혼 선호율은 늘어가고 출산율은 개선될 기미가 없다. 여기까지는 그나마 성장과 복지라는 레토릭으로 눈에 보이는 정책을 내놓고 있다. 하지만 고립과 불평등은 신자유시장을 지탱하는, 만족하기 어려운 욕망하는 부의 그림자로, 체제 내에서는 해결할 수 없는 이중구속 상황에 갇혀 있다. 게다가 실업률과 인플레이션은 인간의 노동을 소외시키는 인공지능과 사물인터넷 기술 등장, 기후 재난 상황에서 실물경기의 위기로 해결의 실마리를 찾기조차 어렵다.

단선적인 정책에서 벗어나서 근본적인 생명 활동의 관점에서 보면 고령화와 청년 1인 가구, 고립과 불평등, 실업률과 인플레이션 모두 생명 활동을 위태롭게 하는 취약한 사회적 고리들이다. 정부와 함께 민간에서 이 문제 해결에 적극적으로 나서야 할 이유가 여기에 있다.

습관적으로 생각하면 눈에 보이는 사회활동이 전부인 것 같지만, 눈에 보이지 않는 사회활동이 더 구체적으로 생활과 연결되어 있다. 우리는 이해할 수 없을 만큼 복잡하게 연결되어서 살아가는 중이다. 예를 들어 가정에서 돌봐야 할 노인이 있는 경우 노인을 돌봐야 하는 가족들을 넘어서 노인돌봄이 사회적으로 어떤 상황을 만들어내는지 요사이 주요한 돌봄 의제가 된 영 케어러(Young Carer)의 사례만 봐도 알 수 있다. 거동이 불편하고 인지장애가 있는 노인이 있는 가정에서 정부의 지원 정책은 도움은 될지언정 해결책이 될 수 없다. 요양사가 방문하거나 데이케어센터에 계신 동안을 제외한 나머지 시간과 생활은 오롯이 가족들의 몫이 된다. 이 부담은 요사이 기혼자보다는 미혼 자녀들의 몫으로 돌아가는데, 돌봐야 할 자녀들이 학교에 다니거나 사회생활을 시작한 청년들일 경우 이들은 학업이나 취업, 직장생활, 교우관계 등 경제활동이나 사회활동에 제한을 받을 수밖에 없다. 제한적 상황이 결혼과 취업이라는 다른 취약한 사회적 문제들로 연결된다.

근대 산업사회 돌봄과 지역 돌봄 생활의 차이

돌봄의 문제가 복잡한 만큼 해법도 융합적일 수밖에 없다.(여기서 융합은 다양한 문제를 재구성해서 새로운 해결 방안을 창출하는 방식이다.) 정부도 시장도 가정도 누구 하나 돌봄의 문제를 전적으로 해결할 수 없다. 지역의 이웃돌봄은 정부-시장-가정으로 이어진 돌봄 체계에서 복지와 돌봄상품에 가려져 보이지 않고 잊혀진 것처럼 보이지만 끊어지지 않고 호혜적 관계 돌봄의 역할을 하고 있는 중이다. 복지와 돌봄상품으로 기울어진 돌봄 체계를 재구성해야 한다.

지역에서 개인의 생활 전체를 돌보지 않으면 돌봄의 문제는 풍선효과처럼 다른 돌봄제공자(정부, 시장, 가정)에게 더 많이 의존할 수밖에 없다. 호혜적 돌봄 없이 지금과 같이 정부에 의존하고 다른 가족 구성원들에게 의존하는 관습적인 의존은 스스로의 존엄함을 잃을 뿐 아니라 모두에게 상처만 남기는 결말까지 예상할 수 있다.

문제가 복잡할 때는 근본으로 돌아가서 주어진 문제부터 다시 생각해 봐야 한다. 기존에 돌봄 안에서 문제를 해결할 수 없으니 문제를 다시 구성할 수밖에 없다. 돌봄의 재구성은 돌봄 체계 안으로 지역의 호혜적 이웃 돌봄을 다시 찾아오는 것부터가 시작이다.

지역에서의 돌봄 생활은 부지불식간에 규범적으로 알고 있는 돌봄의 정의를 해체하고 근본에서부터 돌봄을 재구성하는 파상적인 방식이다. 포괄적 돌봄을 주장하는 연구자 그룹 더 케이 컬렉티브의 『돌봄 선언-상호의존의 정치학』(니케북스, 2021)도 이 러한 문제의식에서부터 시작한다. 이러할 때 파상적 돌봄의 의 미나 정의를 가능하게 할 실현지는 호혜적 돌봄에 필요한 정동 (affective)의 강렬도와 밀도가 높은 지역이 될 수밖에 없다. 지역 의 호혜적 돌봄은 한편으로 근대 산업사회를 위해 기능하는 돌 봄을 해체하고 개인의 생활 전체를 지역 안에서 포괄하는 돌봄 을 회복하는 일이다. 이 둘 사이는 돌봄 배경과 역할에서부터 차이가 난다.

근대 산업사회에서의 돌봄은 정부 관리 하에 생산과 성장의 국가 시스템을 유지하는 필요한 만큼의 역할을 하고 있다. 정부 로부터 관리되는 이외의 돌봄은 경쟁과 자립이라는 신자유시 장주의 질서에 따라 시장에서 선택적으로 구매할 수 있다. 재지 역화한 돌봄은 근본적인 생명 활동 전체를 아우르는 포괄적 돌 봄이다. 개인의 상황에 따라 필요한 돌봄을 제공받을 수 있으며 호혜적 관계에 기반한 지역의 돌봄은 증여되고 순환된다. 그렇 다고 지역의 돌봄이 정부와 시장의 돌봄을 배제하지는 않는다.

호혜적 돌봄의 장(場)이 되는 지역

지역은 단순히 공간적 범위에 한정되는 것은 아니다. 지역은 오랜 시간에 걸쳐 지금까지 오는 관계 안에서 구성된 장소감(Sense of Place)과 장소애(Topophilia)와 같은 문화를 공유하는 활동범위이다. 조한혜정 교수는 문화로서의 지역의 중요성을 "나를 둘러싸고 있는 구체적인 공간이며, 시간이자, 나를 구성해 온 것이자, 내가 만들어 갈 무엇"이라고 한다. 이렇게 나의 생활과 지역은 연결되어 작동하고 과거의 시간과 미래의 시간이 겹쳐지는 현재의 운동성으로 지역은 구성된다. 구성원들의 관계 안에서 생성된 장소감(Sense of Place)과 장소애(Topophilia)는 단순히 지역에서 거주하는 것과는 다른 관습, 예술, 도덕, 지식 등 관계 안에서 습득된 공유감이다. 공유감은 '이것은 무엇이다'와 같이 정의되어 의미로 남는 것이 아니라 살아 있는 행위자들의 배치에 따라 계속해서 지역을 지역답게 생성한다. 공유감으로 생성되고 다시 공유감으로 수렴되는 지역의 구성요소들을 다양성, 관용, 생태환경, 일, 교육, 자산, 예술문화의 일곱 가지로 설명할 수 있는데 이 구성요소들은 지역 안에서 연결되어 있다. 공유감은 돌봄의 호혜적 관계를 만드는 강렬한 에너지이다.

〈돌봄 배경과 역할〉

    처음으로 돌아가서 생각해 보자. 돌봄 없이 살 수 있을까? 돌봄 없이 사회가 지속될 수 있을까? 자기 스스로를 돌보고 서로 돌보는 관계를 회복시키지 못하는 무늬뿐인 돌봄(Care Washing)이 제공하는 최소한의 복지 정책과 시장에서 최대 이윤을 위해 판매되는 보험, 건강보조식품, 상조서비스 등 셀프케어(Self Care)상품을 내려놓고 잠시만 생각해보자. 그러면 누구도 서로 돌봄 없이는 식의주(食衣住)와 같이 나를 살아가게 하는 생활을 혼자서 해결할 수 없다는 것을, 또 공기, 물, 나무 등 자연의 돌봄 없이도 살아갈 수 없다는 것을 경험으로 알고 있다. 이렇게 인간을 포함해 생명과 비생명은 상호의존적으로 엮여 있고 협동적으로 생존하는 중이다. 돌봄은 모두를 서로 보살피는 활동이다.

위기 상황에 다시 주목받는 돌봄

시장상품으로 왜곡되고 사회적으로 규범 지어진 지금의 돌봄
은 중앙 집중적인 관리와 효율, 상품시장 확대를 위한 분리와 경
쟁을 특징으로 작동하는 근대사회와 신자유시장을 위해 활동한
다. 어린아이부터 성인까지 국가와 기업은 시민들에게 독립적이
고 자율적인 존재로 혼자 살아가기를 강요하고 있다. 도움받기
를 청하는 의존적인 태도는 수치스러운 일이 되고 돌봄은 능력
없는 나약한 사람들에게나 필요한 시혜적인 복지 활동으로 대상
과 범위가 제한되었다. 한편으로는 돌봄이 아기돌봄, 노인돌봄,
건강돌봄 등 개인들이 값비싸게 구매해야 할 셀프케어 상품으로
등장하면서 가난한 사람들을 돌봄에서 배제시켜 나간다.

승자독식의 신자유시장의 확장은 사회의 지속가능성을 위협
할 정도로 불평등을 구조화하고 있다. 이러한 이유로 2차 세계
대전 당시 영국이 국가적인 위기 해결책으로 경제학자 윌리엄
베버리지(William Beveridge)가 작성한 보고서에 따라 사회보장제
도인 복지를 채택한 것처럼 21세기 사회적인 위기 상황에서 돌
봄이 다시 주목받고 있다.

하지만 시혜적으로 제공되는 정책과 시장에서 교환되는 상품
으로는 불평등의 해소도 사회의 지속가능성을 보장하는 돌봄의

회복도 기대할 수 없다. 상호의존해서 살아가는 지속가능한 사회 시스템으로 돌봄을 회복하기 위해서는 먼저 시혜적인 복지 및 시장에서 교환되는 돌봄과 자발적이고 호혜적인 돌봄을 구분하고, 돌봄에 대한 몇 가지 오해를 바로잡는 일과 함께 회복 방향을 분명히 해야 한다.

돌봄에 대한 몇 가지 오해와 회복 방향

돌봄에 대한 첫 번째 오해는 돌봄이 여성적인 일이며 나약한 사람들에게 제공되는 것이라는 관습적인 인식과 태도이다. 오래된 가부장제 관습에서 돌봄은 가정에서 아이를 돌보고 식사를 준비하는 등의 집안일이 되어 여성의 성역할로 강요되었다. 여성의 역할이 된 돌봄은 사회활동에서 중요하지 않은 부차적인 일이면서 공동체도 정부도 관여하지 말아야 할 사적이고 개인적인 영역으로 치부된다.

여성의 사회활동이 활발한 지금까지도 아이를 키우고 식사를 준비하는 등 전통적으로 여성이 도맡아 온 생명살림 가치는 제대로 인정받지 못하고 있다. 그러한 가운데 여성들은 중요한 살림을 외면할 수도 혼자서 감당할 수도 없는, 이중으로 구속된 상황에서 벗어나지 못하고 있다. 여성의 일이자 사적인 활동으로 잘못 이해되고 있는 돌봄을 이제는 성역할에서 벗어날 수 있도록 해야 한다. 그것이 돌봄의 사회적인 가치를 회복하고 상호역할로 작동되는 제대로 된 돌봄의 시작이다.

두 번째 오해는 자신도 모르는 사이 정상과 비정상, 우성과 열성으로 분별하는 이분법적 사고를 배경으로 한다. 능력 있고 건강한 인간은 돌봄이 필요없으며, 돌봄은 취약계층이나 건강상의 도움이 필요하고 독립 능력이 없는 나약한 인간들에게 필요한 것이라는 관습적인 인식과 태도이다. 돌봄을 받는다는 것은 누군가에게 의존하는 무능력함을 드러내는 수치스러운 일이면서 사회적으로도 곱지 않은 시선과 손가락질을 받는 대상이 됨을 뜻한다는 인식이다. 이렇게 돌봄은 사회에서 외면당한다. 이 생각이 아직까지 돌봄을 노인이나 아이와 같은 특정 세대, 그리고 소득과 부의 편차에 따른 계층을 분리하여 시혜적 돌봄을 받는 대상과 비 대상을 나누는 선별적 복지의 배경이 된다.

돌봄 받는 것을 나약하게 보고 독립적인 생활을 강조하는 것은 생명활동의 순환성, 다양성, 관계성, 영성을 알지 못하는 것에서 비롯된다. 전체화, 획일화, 개체화된 사고에 묶여 상호취약성과 상호연결성으로 살아가는 생명활동의 원리를 이해하지 못하는 것이다. 이럴 때 돌봄은 소득이 있고 없고에 따라 돌봄이 필요하거나 필요하지 않은 최소한의 시혜적 활동에 국한된다. 서로 다름을 인정하고 끊임없이 서로가 연결되어 살아가고 있다는 사실을 인지하면 누군가와 연결되지 않은 자립은 거짓이라는 것을 금방 알 수 있다. 코로나19 팬데믹이 전국적으로 확산되고, 경제력에 의한 국가 간의 백신 불평등이 새로운 변종을 탄생시키며, 소득 불평등이 소비를 위축시키고 경제위기를 가져온다는 것을 보더라도 서로를 돌보지 않으면 안 된다는 상호연결성의 불가분 관계를 경험적으로 느낄 수 있다.

세 번째 오해는 생활 전체적으로 연결되고 순환되는 돌봄이 파편화되어 신체를 직접 돌보는 활동에만 국한된다는 관습적인 인식과 태도이다. 신체를 건강하게 돌보기 위해서도 신체와 연결된 생활 전체를 돌봐야 한다. 사회경제 활동, 기후재난 등에서 비롯된 엄청난 정신적인 스트레스를 온몸으로 받는 청년 세대에게 주거지원, 생활비 지원 등 신체적 돌봄만으로 건강한 생활을 해나가기를 바랄 수는 없다.

상호의존적이고 협동적인 생활의 범위는 소소한 활동에서부터 먹거리와 교육까지, 눈에 보이는 것과 보이지 않는 것까지 제한할 수 없고 복잡하게 연결되어 있다. 잠깐 집을 비운 사이 반려견을 이웃에게 돌봐달라고 부탁하거나 힘들 때 이야기를 들어줄 친구가 있다거나, 필요한 책을 동네 선배에게 빌리거나, 농촌에서 수확한 작물을 도시민이 이용하는 것처럼 생활 하나하나는 그물망과 같이 연결되어 작동된다. 파편화된 돌봄은 시장에서 쇼핑하듯이 살 수 있는, 기업들이 만든 돌봄 상품일 뿐이다. 돌봄은 생활 전체를 포괄한다.

네 번째 오해는 자기돌봄에서 상대돌봄으로 이어지는 돌봄을 외부적인 상대돌봄으로만 제한하는 관습적 인식과 태도이다. 자기 스스로를 돌보지 않고는 건강하게 상대를 돌볼 수는 없다. 자기 스스로를 돌본다는 것은 자기의 자질과 능력을 계발하고 타자와 자신을 비교하지 않으면서 스스로의 가치를 인정하는 일이다. 때에 따라서 스스로를 위로하고 건강한 생활을 위해 적절한 휴식과 운동으로 몸을 살피는 일이기도 하다. 이런 내부적 자기돌봄이 있어야 상대를 기쁘게 돌볼 수 있다. 자기돌봄 없이 사회적인 의미만을 가지고 상대를 돌보는 일은 자신을 소진하고 어느 순간 스스로를 돌봄 생활에서 이탈하게 만든다. 일방적인 희생은 결코 아름답지도 숭고하지도 않다. 외부로 연결되어 상대를 돌보는 일이 횡적이라면 자기돌봄은 종적인 돌봄이다. 이 둘의 관계는 격자무늬처럼 짜여 상호 영향을 주고받는다. 횡적인 상대돌봄 없이 종적인 자기돌봄이 깊어질 수 없다. 종적인 자기돌봄 없이 횡적인 상대돌봄이 계속될 수 없다. 지금 많은 사람들은 '자아'와 '취향'이란 이름으로 자신에게 감사하면서 자기를 돌보고 있다.

돌봄의 특징과 지역에서 돌봄이 작동하는 힘

이제부터라도 돌봄에 대한 오해를 바로잡고 돌봄의 새로운 기준을 만들어야 한다. 그러지 않는다면 점점 심각해지는 기후 위기와 불평등, 고령화, 1인 가구의 증가, 일자리 부족, 지역소멸 등의 사회문제를 정부와 시장만으로는 감당할 수 없다. 순환성, 중층성, 양면성(교차성), 탄력성, 증여성을 특징으로 하는 돌봄 없이는 신자유시장이 가져온 복합적인 문제를 해결할 수 없다.

(1) 순환성: 코로나19 팬데믹으로 자연을 파괴하는 인간의 활동이 결국 인간에게 돌아오는 것을 확인했다. 노인을 돌보는 것은 내가 노인이 되었을 때 돌봄을 받는 것과 같다.

(2) 중층성: 돌봄은 파편적이지 않다. 아이를 돌보는 일부터 일자리 제공까지 다양하게 중층적으로 중첩되어 있고 전체를 포괄한다.

(3) 양면성(교차성): 누구도 돌봄을 받을 수만 없고 돌볼 수만도 없다. 내가 옆집 아이를 돌보는 것은 이웃이 우리 집 아이를 돌보는 것으로 되갚아지고, 자연의 도움으로 농부가 농사지어 곡식을 기르는 일은 먹거리로 사람들을 돌보는 것이고, 사람들이 쌀을 사고 배추를 사는 일은 농사를 짓는 사람을 돌보는 것이다.

(4) 탄력성: 가까운 가족을 넘어 또 눈에 보이는 돌봄을 넘어 돌봄은 보이지 않는 것들을 연결하며 사건처럼 횡단한다. 갑작스럽게 재난지역을 돌보는 일이나 야근하는 이웃을 위해 이웃집 반려견을 돌보는 일은 계획에 없던 돌봄이다. 이러한 돌발적인 사건 속에서도 탄력적으로 돌봄이 제공될 수 있어야 한다.

(5) 증여성: 등가교환이 아니라 호혜적으로 선물되는 돌봄으로 누구도 돌봄에서 소외당하지 않을 수 있다.

돌봄의 다섯 가지 특징을 가로질러 돌봄이 작동되도록 하는 힘은 호혜적 관계다. 정부와 시장의 무늬만 돌봄과, 생활에 필요한 모든 것을 서로 의존하는 돌봄은 관계의 밀도로 구분할 수 있다. 관계는 공감과 공명과 같은 정서적인 친밀감이 형성될 때 증폭되기 때문에 공감과 공명의 장(場)이 되는 지역은 돌봄의 강렬도와 밀도를 높이는 중요한 인프라가 된다. 아이와 같은 학교에 다니는 아이 친구를 돌봐주듯이 관계에서 돌봄이 만들어지고 역으로 돌봄으로 관계가 만들어지는 유기적으로 연결된 DNA 구조와 같은 상호돌봄 과정이 지역에서 일어난다. 돌봄 연구자와 활동가가 지향하는 보편적 돌봄은 지역 안에서의 관계 돌봄을 중심으로 정부의 복지와 시장의 셀프케어 상품으로 보완되고 풍부해질 수 있다.

지역 안에서의 관계 돌봄과 포괄적 돌봄

지역은 관계돌봄(무늬뿐인 돌봄과 구분할 수 있는)의 장(場)이 제한되어 있기 때문에 역설적으로 공감과 공명을 높여 서로의 밀도 있는 관계를 만들 수 있다. 문화인류학에서는 공동의 장소감(Sense of Place)과 장소애(Topophilia)를 배경으로 서로 연대하고 공경하는 생활 범위를 50가구 정도로 보고, 지역학자 샤프트 (Shaftoe. H)는 휴먼 스케일의 크기를 인구 5,000명 이하 지름 1킬로미터 이하의 크기가 독자적인 정체성을 가질 수 있는 정도라고 했다. 그렇다고 제한된 지역으로 돌봄이 한정되지는 않는다. 나무뿌리의 프랙탈(Fractal) 구조처럼 돌봄은 지구적으로 확장되고 전체가 하나로 수렴된다. 지역에서 생성된 돌봄이 지역에 국한되지 않고 국경을 넘어 생활이 어려운 남반구 국가까지 지구 전체로 반복적으로 확장되고 수렴되는 창조적 반복이다. 여기서 수렴은 일방적이지 않고 교차적인 돌봄의 성격을 뜻한다. 아프리카 사막화를 방지하고 브라질 밀림을 보호하는 일은 멀리 떨어진 우리에게 좀 더 나은 지구환경을 제공하고 그들의 지혜가 우리의 삶을 더 풍요롭게 하는 일이다.

공동의 자원과 시간을 나눌 수 있는 지역 안에서 관계돌봄의 마음이 생기고 행위의 네트워크가 생성된다. 지역의 자원으로 내발적 발전을 실천하는 협동조합은 주민들을 채용하면서 주민들을 돌보고 주민들은 조합원으로 협동조합과 지역을 돌보는 행위를 한다. 중고마켓은 제품 구매 없이도 서로에게 필요한 물건을 제공하여 욕구를 충족시키며 소유하지 않고 지역에서 함께 살아가는 생활을 가능하게 한다. 급한 일이 생겼을 때 아이는 멀리 있는 친척보다 이웃들이 돌봐줄 수 있다. 지역 단위의 타임뱅크는 각자가 가진 재능과 여분의 시간을 나누며 서로를 돌볼 수 있다. 이렇게 지역 안에서 이루어지는 다양한 돌봄 활동들이 중고마켓, 타임뱅크, 공동육아, 자원봉사 등 각자의 이름과 필요를 가지고 활동 중이다.

춘천시의 '선한이웃 프로젝트'는 관계돌봄을 잘 보여주는 사례이다. 이 프로젝트는 행정복지 전달 체계 개편에도 계속해서 복지 사각지대가 증가하고 저출산, 고령화, 삶의 만족도 하락 등이 심각해지는 사회적 위험에 대응하기 위해서 지역 기반의 관계돌봄을 이웃끼리 만들어갈 수 있게 하는 행정의 시도였다. 프로젝트는 생활권역에 함께 사는 주민 주도 마을돌봄 활성화를 목표로 단계별로 세 가지 추진전략(마을돌봄 인프라 구축, 마을돌봄 공공서비스 강화, 생활권역 마을돌봄 실행)이 세워져 있다. 단계별이라고 하지만 이 계획은 마을돌봄 인프라와 민과 관의 역할과 협력이 조화된 집합적 계획으로 이 사업을 연결하고 활동하는 주체는 주민들이다. 특히 '춘천형 마을복지 플랫폼'은 관내 25개 읍면동과 8개 거점 사회복지관을 연결하고 보건, 복지, 자치, 사회적경제, 문화 등 다양한 기관·단체 등과 협력하여 같은 마을에 사는 선한 이웃들의 힘을 모으고 도와가며 살고 싶은 마을을 만드는 활동이다.

마포사회적경제네트워크도 신체 또는 취약계층 돌봄사업에서 지역을 생활돌봄이 가능한 돌봄공동체로 전환하는 포괄적돌봄을 계획하고 있다. 3단계로 계획된 돌봄공동체 계획은 단체 역량과 지역 상황에 따라 먼저 신체 및 취약계층을 돌보는 마포 돌봄사회적협동조합의 커뮤니티케어를 시작으로 지역 사회적경제 제품 및 서비스로 생활 전체를 포괄하는 가치교환과 증여가 결합된 생활돌봄, 자율적으로 자기돌봄과 서로돌봄이 연결되는 돌봄 플랫폼까지를 구상하고 있다.

앞에서 계속 이야기되었듯이 돌봄은 제한적(부분적) 돌봄과 포괄적 돌봄으로 구분할 수 있다. 근대사회는 돌봄을 취약계층과 신체적 돌봄이 필요한 대상으로 제한하여 중앙에서 관리하거나, 소득이 높은 사람들이 선택할 수 있는 값비싼 돌봄(셀프케어) 상품으로 시장에 내놓고 있다. 돌봄당사자와 돌봄제공자 관계가 일방적이고, 돌봄 대상과 범위가 제한적일 수밖에 없다. 지역의 돌봄은 제한적(부분적) 돌봄을 포함해서 생활 전체를 포괄하는 서로돌봄으로 주민은 돌봄당사자와 돌봄제공자 이중의 역할을 한다. 또 복지 및 셀프케어와 함께 호혜적 돌봄으로 구성된다. 역설적으로 돌봄의 범위는 포괄적인 돌봄을 위해 전국 단위가 아니라 관계의 강렬도와 밀도가 높은 지역 단위가 될 수밖에 없다. 지역은 이렇게 다양성에 기초해 개별적인 돌봄을 제공하면서도 누구도 소외되지 않고 모두가 연결되어 전일적인 삶이 가능한 포괄적 돌봄을 특징으로 한다.

제한적	포괄적
광역	지역
정부	정부 · 자치
복지 · 시장	호혜 · 복지 · 시장
신체	전일적 생활(생명활동)

코로나19 팬데믹에 속수무책으로 대응하는 미국과 영국 등의 서방국가를 보면서 시장화되고 중앙 집중적으로 관리되는 복지 프로그램이 얼마나 형편없는지를 알 수 있다. 더 큰 기후재난과 사회재난이 벌어지는 혼란스러운 상황 속에서 돌봄의 전환이 시급하다. 경제학자들은 사회적 돌봄을 개인들의 관계 안에서 생성되는 관계재라고 부른다. 결국 지역 안에서 순환성, 중

증성, 양면성(교차성), 탄력성, 증여성으로 더 작고 더 넓은 돌봄의 실천을 촘촘한 그물망처럼 연결해 이웃이 있어 안심하고 살아갈 수 있는 지역을 발명해야 한다.

커먼즈와 돌봄

—생태 위기와 돌봄의 조건*

권범철

* 이 글은 권범철, 「생태위기와 돌봄의 조건」, 『문화/과학』 109호, 2022,
73-92를 수정·보완한 글이다.

오늘날의 생태 위기는 주체성의 위기다. 무엇보다 그 위기를 다룰 수 있는 주체가 부재하다는 점에서 그렇다. 국가가 큰 역할을 할 수 있겠지만 현실은 그와 거리가 멀다. 2021년 11월 막을 내린 제26차 유엔기후변화협약 당사국 총회(COP26)에서 우리가 확인한 건 각국 정부가 여전히 생태 위기를 외면하거나 무기력한 상태에 빠져 있다는 것뿐이다. 그러면 이 위기에 큰 책임이 있는 기업은 어떤가? 국가뿐 아니라 기업들도 탄소중립을 선언하면서 생태 문제에 관심을 두는 것처럼 보이고 스스로는 그렇다고 주장한 지 이미 오래되었다. 그러나 여기서 자연이 사유화되고 거래할 수 있는 단위로 개념화되고 계산되는 방식에 주목해야 한다. 그러니까 탄소중립은 참으로 기이한데 한 곳에서는 여전히 오염물질을 배출하여 생태계를 훼손하면서도, 오염시킬 권리(배출권)를 구매하거나 다른 어딘가에 (자연자본화된) 나무를 심어 탄소배출 제로를 이룰 수 있다는 분열증적 판타지를 기업에 선사하기 때문이다.*

이 판타지에서 자연은 계산 가능한 대상으로 치환되어 적절한 연산을 통해 관리될 수 있는 것으로 여겨진다. 이것은 기업이 늘 하던 회계 장부 관리와 별반 다르지 않다. 우리는 정말 이러한 덧셈과 뺄셈으로 오늘날의 위기를 타개할 수 있을까? 당연한 말이지만 불가능하다. 회계 장부 속 잘 정리된 표의 숫자들은 각각의 칸 안에 갇혀 있다. 여기서는 어디선가 모자란 부분을 다른 곳에서 채우는 것이 가능해 보인다. 그러나 생태계를 회계 장부로 환원할 때 지워지는 것은 각 칸 속의 (오염물질 배출 정도를 나타내는) 숫자들이 칸 안에 머무르는 것이 아니라 서로 영향을 주고받고 각각의 숫자(특정한 오염물질 배출)가 이후 재귀적으로 표 전체(생태계 작동)에 영향을 줄 수 있다는 사실이다. 생태계는 생명력의 상호작용으로 구성되어 있지만 회계 장부의 표는 거기에서 힘의 작동을 걸러낸다. 그리고 위기가 심화될수록 각종 힘들의 부정적인 상호작용은 더욱 심해져 정확한 예측과 관리는 불가능하게 된다. 다시 말해서 말끔하게 정리된 표는 아

* 자연을 거래할 수 있는 단위로 개념화하는 '자연의 금융화'와 분열 충동에 대해 다음 글을 참고하라. Sian Sullivan, "Reading 'Earth Incorporated' through Caliban and the Witch," in Camille Barbagallo, Nicholas Beuret and David Harvie, eds., *Commoning: with George Caffentzis and Silvia Federici* (London: Pluto Press, 2019).

무런 의미가 없다.

이처럼 국가도 기업도 이 위기에 무관심하거나 무기력하거나 사태를 왜곡한다. 그래서 우리가 점점 더 자주 듣게 되는 말은 '우리가 함께 나서야 합니다' 같은 공허한 슬로건이다. 그 슬로건이 공허한 것은 우선 그 '우리'가 함께 협력하여 힘을 행사하는 집합적 주체라기보다 '환경을 아끼는 소비자'로 언급되는 경우가 많기 때문이다. 그러니까 쓰레기를 분리수거하고 텀블러를 쓰고 '친환경' 제품을 사고…. 이것은 우리에게 쉽고 편리한 해결책을 제시한다(그리고 기업에게는 '친환경' '에코' 등으로 브랜드화되는 새로운 고부가가치 시장을 열어 준다). 즉 소비자의 본분을 다할 것을 요구한다. 그러나 우리가 각자의 본분을 다하더라도 생태 문제는 해결되지 않는다. 그러니 마크 피셔의 말처럼,

각 개인 모두가 기후 변화에 책임이 있으며 우리가 각자의 본분을 다해야 한다고 말하는 대신에 아무도 책임이 없으며 그것이 바로 문제라고 말하는 편이 더 나을 것이다. 생태 재앙의 원인은 어떤 비인격적인 구조다. 그 구조는 온갖 방식의 효과를 만들어 낼 수 있지만 정확히 말해 책임을 질 수 있는 주체는 아니다. 우리에게 필요한 주체, 즉 집합적인 주체는 존재하

지 않는다.*

여기서 위 슬로건이 공허한 두 번째 이유를 찾을 수 있다. 피셔의 말처럼 전 지구적인 생태 위기에 대처할 수 있는 전 지구적인 '우리'란 존재하지 않는다. 그러니까 그러한 슬로건은 발송되었지만 수신자 불명으로 떠돌다 흩어질 목소리다. 수신자의 부재로 인해 '우리가 나서야 한다'는 말은 무게감을 잃고 그에 따라 쉽게 발화되는 표현이 된다. 어차피 닿을 곳 없는 목소리를 던지는 일은 어렵지 않기 때문이다. 정치인부터 전문가, 팝스타까지 많은 사람들이 이미 숱하게 '우리가 나서야 한다'고 이야기해 왔다.

하지만 생태 재앙의 원인인 그 "비인격적인 구조"를 바꾸기 위해 우리에겐 '우리'가 필요하다. 그러니 중요한 문제는 이것이다. '우리'를 어떻게 만들 것인가? 이를 위해 우선 우리를 '우리'가 되지 못하게 하는 조건을 생각해 보자.

* 마크 피셔, 『자본주의 리얼리즘: 대안은 없는가』, 박진철 옮김, 리시올, 2018.

일을 강제하는 사회

생태 재앙의 원인인 그 구조가 비인격적이라 하더라도 그것은 우리가 만드는 것이다. 우리가 어떤 가치를 지향하든 그 연루에서 벗어나기란 쉽지 않다. 우리는 많은 면에서 자본주의적 인간으로 남아 있기 때문이다. 주지하다시피 우리가 입는 옷, 먹는 음식, 그 외 수많은 상품들을 저렴하게 누리기 위해 우리는 생산지에서의 착취에 의존해야 하고, 지구 어딘가에서 생산된 그 상품들을 우리와 연결해 주는 전 지구적 공급 사슬은 그 자체로 폭력의 공간이다.* 그러나 우리에게 필요한 건 그 비인격적인 구조와의 연루에서 결백해지는 일이라기보다 그 구조를 바꾸는 일이다. 그에 따라 다시 '우리'의 필요라는 문제로 돌아온다. 우리를 '우리'가 되지 못하게 하는 조건은 무엇인가.

나는 다른 글에서 현재의 집-가족이 '우리'의 한계선으로 남아 있는 문제를 다룬 바 있다.** 집-가족이 다른 식으로도 분출될 수 있었던 우리의 에너지를 집과 가족만을 (경쟁적이고 배타적인 방식

---

* 데보라 코웬은 전 지구적 공급사슬이 전쟁의 수행에 기원을 둘 뿐 아니라 그 두 가지가 서로 깊이 얽혀 있다고 주장한다. 다음을 보라. 데보라 코웬, 『로지스틱스 — 전지구적 물류의 치명적 폭력과 죽음의 삶』, 권범철 옮김, 갈무리, 2017.
** 권범철, 「집-가족을 공통화하기」, 『문화/과학』 106호, 2021.

으로) 돌보는 것에, 그에 따라 열심히 일하는 것에 가둔다는 것이었다. 여기서 일은 우리의 모든 에너지를 흡수하는 장치로 나타난다. 실제로 우리는 나(와 가족)를 넘어 연결되기엔, '우리'를 이루기엔 너무 바쁜 사람들이다. 우리는 하루 대부분의 시간 동안 일터에 매여 있는 탓에 다른 활동을 할 여유가 없다. 임금 노동자가 아닌 경우라도 대부분 일자리를 얻기 위한 일(학업, 각종 시험과 자격증 준비, 직접적인 구직 활동 등)이나 집안에 갇혀 가사일(결국 '일터'에 내보낼 노동력을 생산하고 재생산하는 일)을 하며, 이 경우 역시 다른 활동을 할 여유가 없긴 마찬가지다. 결국 우리의 하루하루는 일을 중심으로 돌아간다. 이런 상황에서 일이란 우리가 마땅히 해야 하는 것, 즉 본분이다. 그러나 우리 각자에게 주어진 그 본분들의 얽힘이 결국 문제의 "비인격적인 구조"를 형성한다는 점에서 본분을 지키는 삶이란 그 구조를, 다시 말해 생태 재앙의 원인을 계속해서 만들어내는 삶과 다름없다.

해리 클리버는 많은 마르크스주의자들이 자본에 대한 노동의 가치가 이윤 창출뿐이라고 주장하지만 그 이윤 창출은 "우리에게 일을 부과하여 우리를 통제한다는 사회적 목적을 이루기 위한 자본주의적 수단에 불과하다"고 말한다. 그러니까 자본에게 노동의 사회적 사용가치는 "사회를 조직하고 지배하기 위한 자본의 근본적인 수단"이다. 자본주의 이전에도 물론 지배 계급은 노예나 농노에게 일을 부과했지만 그 잉여노동-피지배 계급이 생계를 위해 해야 하는 노동을 넘어서는 일-의 양은 주로 특정한 구체적 사안으로 제한되었다. 사원이나 성을 짓는 일, 성벽을 쌓는 일 등이 그렇다. 그러나 이와 달리 자본주의에서 새롭게 발명된 것은 "노동의 **끝없는** 부과"다.[*] 즉 자본주의란 무엇보다 우리에게 일을 강제하는 시스템, 우리를 끝없이 일하게 함으로써 자신의 지배력을 유지하는 시스템이다. 달리 말하면 자본주의는 우리가 각자의 본분을 지킬 때-열심히 일할 때-번성하는 시스템이다.

이러한 맥락에서 데이비드 그레이버가 말하는 불쉿 잡(bullshit job), 즉 무의미한 일자리를 살펴보자. 그의 정의에 따르면 불쉿 잡이란 "유급 고용직으로 그 업무가 너무나 철저하게 무의미하고 불필요하고 해로워서, 그 직업의 종사자조차도 그것이 존재해야 할 정당한 이유를 찾지 못하는 직업 형태"이다.[**] 이러한 사례는 너무나 많아 일일이 나열하기 어렵지만 몇 가지 예를 들면, 큰 비용을 들였지만 파일에 철해져 보관된 다음 누구도 보지 않

---

[*] Harry Cleaver, *Rupturing the Dialectic: The Struggle against Work, Money, and Financialization*, (Chico, CA: AK Press, 2017), 83(강조는 원문의 것).

[**] 데이비드 그레이버, 『불쉿 잡: 왜 무의미한 일자리가 계속 유지되는가?』, 김병화 옮김, 민음사, 2021, 44.

는 보고서를 생산하는 일("주민들의 삶은 전혀 달라지지 않지만, 직원의 시간은 많이 잡아먹었다.")*, 판매부수 인증을 위해 아무도 읽지 않는 신문을 찍어내는 일, 누군가가 위계적인 조직에서 높은 자리에 있음을 널리 인식시키기 위해 혹은 당사자가 그런 기분을 느끼기 위해 동원되는 의례, 관료화된 행정 시스템 자체를 유지하기 위해서만 필요한 일 등이 있다. 그러한 일자리에 종사하는 이들은 자신이 별달리 할 일이 없더라도 '늘 바쁘게 일하고 있다'는 인상을 상사에게 남겨야 한다고 느낀다. 이렇게 열심히 일하는 모습을 전시해야 한다는 의무감을 느끼는 노동자는 자기 감시를 수행하는 판옵티콘 속 재소자와 별다른 차이가 없다. 그리고 불쉿 잡의 수행도 감옥 속 노동과 유사하다. 푸코의 말에 따르면,

> 그것(감옥에서의 노동)이 본질적으로 유용한 것은 생산활동으로서가 **아니라** 사람의 육체적 · 정신적 구조에 대해 발휘하는 효과에 의해서이다. 그것은 질서와 규칙성의 원리이고, 그것에 고유한 요구사항들을 통해 엄격한 권력의 형태들을 암암리에

---

* 같은 책, 104.

전달하고, 육체를 규칙적인 움직임에 따르게 하고, 흥분상태와 부주의를 없애 주고, … 수형자의 행동에 위계질서와 감시가 새겨지도록 한다. … 형벌상의 노동은 기계장치와 같은 것으로 이해해야 한다. 그것은 거칠고 난폭하고 지각없는 수감자를 완벽하고 규칙적으로 자신의 역할을 수행하는 하나의 부품으로 변화시키는 것이기 때문이다. 감옥은 작업장이 아니라, 기계이며, 그 안에서 수감자-노동자는 톱니장치임과 동시에 **생산물**이 되어야 한다.[*]

형벌의 노동이 갖는 효용성이란 무엇인가? 그것은 이윤도 아니고 유익한 능력의 양성도 아니다. 그것은 권력 관계, 계산되지 않는 경제적 양식, 개인의 복종과 생산 도구에의 적응에 관한 도식을 만드는 일이다.[**]

그레이버가 말하는 불쉿 잡, 즉 쓸데없는 일자리의 존재 이유는 감옥 속 노동의 기능에서 찾을 수 있다. 그것의 목적은 경제적 효과라기보다 일을 시키고 일을 하는 관계를 그저 유지하는

---

[*] 미셸 푸코, 『감시와 처벌』, 오생근 옮김, 나남, 2020, 434-5(강조는 인용자의 것).
[**] 같은 책, 437.

것, 그리하여 그 관계에 매몰된 인간을 생산하는 것이다. "노동은 도둑을 순종적 노동자로 재규정하게 만드는 방법"이며, 그에 따라 "노동은 감옥의 종교"로 나타난다.* 푸코가 알려주듯, 감옥을 그저 고립된 공간이 아니라 사회에 동형적으로 확산된 메커니즘으로 이해할 때 감옥에서 노동의 기능은 사회에서 노동의 기능과 다르지 않다. 그러므로 불쉿 잡의 확산은 일하는 것(처럼 보이는 일) 자체를 목적으로 하는 일의 확산이며, 이것은 앞서 언급한 자본에 대한 노동의 가치-끝없이 일을 부과하여 사회에 대한 지배력을 확보하는 것-라는 맥락에서 잘 이해할 수 있다.

그 결과 우리가 맞닥뜨리는 것은 일이 표준이 된 삶, 아무도 일하고 싶지는 않지만 그래야만 한다고 느끼는, 심지어는 근면을 칭송하는 기이한 사회다. 일에 소진된 우리는 다른 무언가를 할 여력이 없다. 그럴 때 우리는 자신만을, 가족만을 돌본다. 타인을, 세계를 돌보려고 들면 자신도 가족도 돌보기 어렵다. 그래서 우리 공동의 역량은 우리가 아니라 시스템에 봉사한다. 즉 비인격적인 구조를 재생산한다.

그러므로 우리에겐 노동을, 특히 무의미한 일을 거부할 혹은

---

* 같은 책, 436.

문제화할 역량이 필요하다. 마리오 트론티는 "자본과 싸우기 위해 노동계급은 자본으로서의 자신과 싸워야 한다"고 썼다. 그는 자본가에게 모순으로 나타나는 이 싸움을 확대하고 조직하면 자본주의적 체계는 더 이상 기능할 수 없다고 주장했다. 따라서 우리에게 필요한 건 "노동에 맞선 노동계급의 투쟁, 임금노동자라는 자신의 조건에 맞선 노동자의 투쟁, 노동이 되는 것에 대한 노동력의 거부, 노동력의 이용에 대한 노동계급의 집단적 거부"다.[*]

> 오늘날 노동계급이 자본을 이해하기 위해 할 일은 자신을 들여다보는 것뿐이다. 자본을 파괴하기 위해 필요한 것은 자신과 싸우는 일뿐이다. 노동계급은 자신을 정치적 힘으로 인식해야 하고 생산력으로서의 자신을 부정해야 한다. 이것을 증명하려면 투쟁 자체의 순간을 살피기만 하면 된다. 파업 중에 '생산자'는 즉각 계급의 적으로 취급된다.[**]

---

[*] Mario Tronti, "The Struggle Against Work!" in *Workers and Capital*, trans. David Border, (London: Verso, 2019), e-book.
[**] *ibid.*

하지만 현실은 오히려 반대인 것처럼 보인다. 모든 사람들이 일을 거부하기는커녕 하지 못해 안달인 것처럼 보이기 때문이다. 취업을 위한 엄청난 경주는 익숙한 풍경이 되었다. '공장으로 돌아가자!'는 구호는 어떤가. 특히 1997년 이후 가속화된 신자유주의 흐름 속에서 '안정적인 직장'은 모두의 소원이 되었다. 그러면 그 모든 경주와 구호와 소원은 우리가 그 일을 너무나도 원하기 때문인가? 그럴 리 없다. 사실 우리는 모두 놀고 싶은 사람들이다(아닌가?). 겉으로 보이는 일에 대한 집착은 불안이 지배하는 사회에서 나타나는 강박에 불과하다. 불안한 사회에서 안정에 대한 욕망이 (정기적으로 임금을 주는) 일에 대한 갈망으로 왜곡되어 나타나는 것이다. 우리가 실제로 원하는 건 '안정적인 직장'이 아니라 안정적인 삶이다. 그럼에도 우리가 그토록 일에 매달리는 것은 일 자체가 큰 의미가 있어서라기보다-많은 경우 그 반대다-다른 삶의 토대가 없기 때문이다. 그리고 일이 본분으로 주어지는 것은 그것이 도덕적 명령으로도 기능한다는 것을 보여 준다. 우리는 일-임금을 받는 일-을 해야 진짜 사람으로 취급받는다. 그에 따라 결국 우리는-어떻게든-일을 하고 삶을 포기한다. 하루 종일 일에 매인 삶을 우리는 얼마나 원한다고 말할 수 있을까? 이러한 삶의 노동으로의 종속이 낳는 효과는 결국 문제의 "비인격적인 구조"의 재생산이다. 우리가 지금과 같은 노동을 거부하거나 문제화하지 않는 한 그 구조를 만드는 일을 멈출 수 없다.

요컨대 우리가 노동을 거부하거나 문제화하지 못하는 이유가 다른 삶의 토대가 없기 때문이라면 그것을 새롭게 만들어야 한다. 우리는 현재의 노동을-이 노동이 무의미한 일이 아닐지라도-삶의 유일한 토대가 아니라 여러 선택지 중 하나로 그 위상을 떨어뜨려야 한다. 오늘날 그러한 시도는 대체로 개인적이고 경쟁적인 형식-각종 '투자'-으로만 나타난다. 그것은 비록 노동 거부의 한 형태일지라도 오늘날의 위기 상황에서 어떤 의미도 지니지 못하는 부패한 방식에 불과하다. 우리가 서로를 밀어내는 방식이 아니라 서로 연결되며 공생공락하는 다른 토대를 만들 수는 없을까?

오늘날 많은 이들이 커먼즈(commons)를 그러한 대안적인 토대로 이야기한다. 특히 이 글의 맥락에서 중요한 것은 우리의 일상의 토대가 될 수 있는 커먼즈, 즉 재생산 커먼즈다. 만일 기후 위기가 가속화되면 우리가 지금 누리고 있는 사회적 인프라는 더 이상 기능하지 못할 것이며, 그에 따라 우리는 완전히 다른 사회를 살아가야 할 것이다. 예를 들어 식량 문제의 경우 기후 변화에 따라 동물의 먹이가 되는 곡물 생산이 급격하게 줄어든다. 그러면 식품 가격의 급등으로-특히 한국처럼 먹거리를 수

입에 의존하는 경우에는 더욱더-불평등이 심화되고 사회 혼란은 더욱 커질 것이다. 이것은 미래의 일이 아니라 이미 진행 중인 일이다(기후 변화로 인한 식량 문제는 시리아 내전의 한 원인이다). 따라서 위기에 대응하기 위해서도 그에 따라 예상되는 고난에 적응하기 위해서도 돌봄과 재생산의 재구성은 필수적이다.

돌봄을 전유하는 사회

우선 오늘날 돌봄의 위상을 살펴보는 것에서 시작해 보자. 기능적 분화가 심화된 오늘날 사회에는 다양한 일자리가 있고 그것의 임금, 노동 시간, 사회적 지위, 가치 등도 그만큼 다양하다. 그런데 그러한 차이에도 불구하고 어떤 하나의 경향을 파악할 수 있는데, 그것은 바로 직업의 유용성과 보수 사이에 반비례 관계가 있다는 것이다. 그레이버는 앞서 언급한 책에서 이러한 주장을 뒷받침하기 위해 흥미로운 두 연구를 인용한다. 첫 번째는 미국의 경제학자 벤저민 록우드와 찰스 네이선슨 그리고 에릭 글렌 웨일이 2017년에 발표한 연구다. 이들은 각 직업별로 보수와 사회적 가치의 관계를 연구했는데, 그에 따르면 사회적 가치가 가장 큰 노동자는 의학 연구자로 이들은 보수 1달러를 받을 때마다 9달러어치의 사회적 가치를 생성한다(+9). 그다음 직종들을 보면 학교 교사는 +1, 엔지니어는 +0.2, 컨설턴트와 IT 전문가는 0, 변호사는 -0.2, 광고와 마케팅 전문가는 -0.3, 관리자는 -0.8, 금융 부문 종사자는 -1.5다. 아마도 이 중에서 급여가 가장 낮을 교사가 보수 1달러를 받을 때 1달러어치의 사회적 기여를 한다면 아마도 이 중 가장 급여가 높을 금융 부문 종사자는 오히려 1.5달러어치의 사회적 가치를 감소시킨다.[*] 두 번째 연구는 영국의 〈신경제재단〉(New Economic Foundation)이 수행한 연구다. 이 연구는 대표적인 직업 여섯 가지(고소득 셋, 저소득 셋)를 검토한다. 그 결과는 아래와 같다.

은행가: 연봉 500만 파운드, 보수 1파운드당 7파운드어치의 사회적 가치가 파괴되는 것으로 평가됨.

광고 책임자: 연봉 50만 파운드, 보수 1파운드당 사회적 가치 11.5파운드 파괴.

세무사: 연봉 12만 5000파운드, 보수 1파운드당 사회적 가치 11.2파운드 파괴.

병원 청소부: 연봉 1만 3000파운드(시급 6.26파운드), 보수 1파운드

---

[*] 데이비드 그레이버, 앞의 책, 344-5.

당 10파운드어치의 사회적 가치를 발생시키는 것으로 평가됨.

재활용품 처리 노동자: 연봉 1만 2500파운드(시급 6.10파운드),
보수 1파운드당 사회적 가치 12파운드 발생

유아원 근무자: 연봉 1만 1500파운드, 보수 1파운드당 사회적
가치 7파운드 발생[*]

이 연구에서도 사회적 가치 기여와 보수의 반비례 관계가 확인된다. 특히 주목할 점은 여기서 낮은 임금과 높은 사회적 가치를 특징으로 하는 일자리들이 흔히 돌봄노동으로 부를 수 있는 직종이라는 점이다.

돌봄은 소위 '좋은 일'로 여겨지지만 대가가 거의 없거나 없다. 여기서 '좋은 일'이란 사회적으로 가치 있는 일을 말한다. 물론 어떤 일이 사회적으로 가치가 있는지 쉽게 말하긴 어렵지만 코로나19 시대에 필수 노동이라는 말로 부각된 일은 대체로 그에 부합한다. 영유아 교사, 택배 노동자, 청소부, 간병인, 간호사, 의사 등이 그렇다. 음악이나 미술, 시, 소설, 영화가 없는 삶이 끔찍하게 느껴진다면 예술가 역시 우리는 '좋은 일'을 하는

* 같은 책, 345-6.

노동자로 포함할 수 있다. 이 직종들의 공통적인 특징은 해당 종사자들이 우리에게 꼭 필요한 일을 하지만 돈을 잘 벌지 못한다는 것이다(의사는 거의 유일한 예외다). 이들이 사라지면 우리의 삶은 치명타를 맞는다(그러나 위에서 언급된 고소득 직종들은 뭔가 중요한 일을 하는 것 같지만 어느 날 갑자기 사라지더라도 별로 상관없을 것이다). 코로나19 상황은 이를 수년째 증거하는 중이다. 하지만 그들의 보수는 형편없다. 어떻게 이런 일이 가능할 수 있을까?

"미덕은 그 자체가 보상"*이라는 에픽테토스의 말처럼 돌봄 노동은 보람 있는 노동을 한다는 이유로 저임금과 장시간 노동을 강요당한다. 그들은 '좋은 일'을 하는 '의로운' 사람들이므로 돈 따위에 연연해서는 안 되며, 열악한 노동 조건은 꿋꿋이 이겨내야 하는 것이다. 힘들어도 이겨내고 열심히 일해야 한다. 그것이 사람들이 바라고 강요하는 상이며 또한 오늘날 의지하고 있는 상이다. 그래서 우리는 코로나19 시대의 의료 노동자들에게 (노동 조건의 개선 대신) '박수'를 보낸다. 이러한 점에서 돌봄 노동자는 집안의 여성과 비슷한 상황에 있다. 여성이 집에서 수행하는 재생산 노동은 '사랑'에서 비롯된 신성한 행위이므로 돈 따

---

* 같은 책, 340에서 인용.

위를 바라서도 지불해서도 안 되는 것이다. 힘들고 고독해도 홀로 집안에서 다른 가족을 돌보아야 한다. 그것이 우리가 강요하고 의지하는 상이다. 그래서 우리는 '어머니'라는 말에 온갖 수식어를 갖다붙이지만 그것으로 그칠 것이다.

이렇게 돌봄이 사회화될 때에도 비가시성과 저임금(혹은 비임금)이라는 조건은 유지된다. 그러므로 우리는 어릴 때 들었던 '훌륭한 사람이 되라'는 그런 어른들의 말씀을 지키기는 어려울 것이다. 결국 조금 자라면 우리에게 요구되는 건 더 많은 임금을 받을 수 있는 능력이고, 그것은 결국 위에서 인용한 연구들이 보여주다시피 사회적 가치에 무관심할 수 있는 능력, 다시 말해 타자-인간 자연과 비인간 자연을 포함한-를 돌보지 않을 수 있는 능력에서 나오기 때문이다. 그러한 능력을 가진 이들이 문제의 "비인격적인 구조"에 더욱 큰 책임이 있다는 것은 덧붙일 필요도 없다.

요컨대 우리의 세계는 돌봄 컬렉티브의 말처럼 "비돌봄이 군림하는 세계"이면서 돌봄을 무상으로 혹은 저렴하게 흡수하는 세계다. 하지만 이러한 세계의 취약함은 오늘날 팬데믹 사태에서 여실히 드러나고 있다. 코로나19 팬데믹은 이미 진행 중인 생태 위기의 한 국면이며, 앞으로 다가올 위기는 더욱 고도화하고 파괴적으로 다가올 가능성이 크다. 지금의 사태를 일종의 예행연습으로 여기고, 미래 위기에 대응하고 적응할 수 있는 단초를 현 상황에서 발견하고 발명하는 것이 중요하다. 현 상황에서 두드러지는 점은 위기의 시대에 돌봄의 역할이 뚜렷하게 부각되지만 그것을 수행할 수 있는 사회적 역량은 취약하다는 점이다. 위기를 맞이한 사회는 돌봄 노동자를 극한으로 몰고 가며, 사회의 특정 부문을 희생시켜 겨우 유지되고 있다. 이것은 그 자체로 부정의할 뿐 아니라 현재의 위기를 극복하기에 역부족이다. 앞으로 예상되는 심화된 위기에서는 말할 것도 없다. 그렇다면 자본에 저렴하게 흡수되는 것이 아니라 서로를 돌보는 사회적 돌봄을 어떻게 개발할 수 있을까?

돌봄의 재구성

돌봄 컬렉티브는 돌봄을, 타인을 직접 보살피는 일뿐 아니라 "삶의 안녕과 번영에 필요한 모든 것의 보살핌을 포함하는 사회적 능력과 활동"으로 정의한다.* 또한 주윤정은 돌봄을 "타자와 인간 너머의 존재들과 관계를 맺는 하나의 방식"으로 정의하면

---

* 더 케어 컬렉티브, 『돌봄 선언』, 정소영 옮김, 니케북스, 2021, 17.

서 돌봄의 무대를 비인간 자연으로 좀 더 분명히 확장한다.* 그러니까 돌봄은 우리가 서로의 안녕을 보살피기 위해 형성하는 관계이자 활동이며 그 영역은 인간 자연뿐 아니라 비인간 자연으로까지 확장되어야 한다. 그러므로 돌봄은 '우리'를 만드는 일이며, 따라서 커먼즈를 만드는 일이기도 하다. 그런데 지금의 사회는 우리에게 돌봄이 아니라 일을 강제하는 사회다. 이 사회는 서로를 돌보기보다 밀어내기를 요구한다. 그러므로 돌봄은 자신의 장애물인 그 질서와의 싸움이기도 하다. 그저 타인을 받들고 섬기는 봉사가 아닌 것이다. 그러므로 돌봄 컬렉티브의 주장처럼 모든 수준에서 돌봄을 우선순위에 두는 것은-그들은 이것을 "보편적 돌봄"이라고 부른다-우리에게 주어진 본분과 싸우는 일이기도 하며, 이를 위해 우리에겐 기댈 무언가가 필요하다. 그 무언가는 여러 가지일 수 있지만 그 핵심에는 다시 돌봄이 있다. 한마디로 돌봄을 위해선 돌봄이 필요하다.

단식의 농성장에서 단식자들은 돌봄을 받는다. (그들은) 농성장에서의 상호작용을 통해 물질적 관계성을 다양하게 깨달았다

---

* 주윤정, 「경이와 돌봄의 정동: 천성산과 제주의 여성 지킴이들」, 『젠더와 문화』 제13권 2호, 2020, 86.

고 한다. 엄문희 등 여성 활동가들의 단식은 지역의 다른 여성들에 의해 지지받았다. 강정의 해녀 친구는 "아이를 봐줄 테니, 끝까지 하고 싶은 것을 다해라."라고 말하며 실제로 엄문희가 단식을 위해 농성장에 있는 동안 그녀의 자녀들을 돌보아주기도 했다고 한다. 엄문희가 단식하는 것은 개인적 행위만이 아니라 돌봄 관계망의 확장을 통해 가능했다. 여성 단식자들은 … 또한 단식을 하면서 아이의 겨울방학, 봄방학 날짜를 계산하고 학교 가게 될 시기에 대해서도 계산을 했다고 한다.[*]

엄문희는 제주 제2공항 반대운동을 하면서 42일간 단식했다. 그의 이러한 자연 돌봄은 동료들의 돌봄을 바탕으로, "돌봄 관계망의 확장을 통해" 가능한 것이었다. 그러니까 엄문희의 운동은 자연을 돌보기 위한 것이면서, 동시에 재생산의 집합적인 재구성이었다. 다시 말해서 이 운동은 무언가에 반대하는 것만이 아니라 새로운 것-집합적 재생산-을 만들어 낸다. 엄문희는 이러한 운동을 돌보는 운동에 주목한다.

[*] 같은 글, 96.

직접 와 보기 전, 그(엄문희)에게 강정은 문정현 신부 같은 의로운 성직자들이 있는 곳이었다. 매일 오전 11시 해군기지 반대 미사에 함께하다 보니, 음향을 준비하고, 비옷을 나눠 주고, 경찰의 채증에 맞서 카메라를 들거나 커피를 끓여 주는 사람들이 눈에 들어왔다.*

이것은 운동을 돌보는 운동, 돌봄의 돌봄이다. 엄문희는 이렇게 말한다. "처음엔 사제나 수도자들이 보였는데, 직접 와서 보니 강정을 지키는 이들 중에는 여자가 많더라. 군사주의와 대비되는 여성의 힘이 보였다. 군사주의에 저항하는 방법으로 강정의 여성 이야기를 하고 싶다."** 엄문희가 주고받은 돌봄의 사례는 페데리치가 기록하는 재생산 커먼즈와 매우 유사한 모습을 보인다. 페데리치는 2016년 미국 노스다코타주 스탠딩 락(Standing Rock) 원주민 보호구역에서 대형 송유관 건설을 반대하며 형성된 커먼즈가 주로 스스로를 "물 수호자"라 칭하는 원주민 여성들에 의해 만들어졌다고 이야기한다. 미국에서 가장 추

---

* 「"군사주의에 저항하는 여성의 힘 기록하고 싶어"」, 『위클리서울』, 2016.10.11, https://www.weeklyseoul.net/news/articleView.html?idxno=34820
** 같은 글.

운 곳 중 하나인 그곳에서 7천 명이 넘는 사람들이 수개월 동안 야영할 수 있게 해 준 것은 그 여성들이었다는 것이다. 그들은 부엌을 운영하고 아이들을 위한 학교를 열고 식량과 옷을 공급했다.* 여기서도 확인할 수 있는 것은 돌봄의 바탕이 되는 돌봄과 그 과정에서 새롭게 형성되는 재생산 커먼즈다.

이렇게 돌봄을 삶의 한가운데에 두는 것은 "우리의 상호의존성을 인식하고 받아들이는 것"이다.** 그 말은 우리가 서로에게 더욱 의지해야 한다는 것이다. 이상하게도 사회에는 이른바 '독립적인' 인간-이것은 가능한 일인가?-을 찬양하는 분위기가 만연한 것 같지만 우리에게 필요한 건 더욱 잘 의지하는 기술, 돌봄을 주고받는 능력이다. 후지이 다케시는 일본의 〈푸른 잔디 모임〉이라는 뇌성마비자 단체가 생각했던 '폐를 끼치는 삶'에 대해

---

* Silvia Federici, "Introduction," in *Re-enchanting the World: Feminism and the Politics of the Commons* (Oakland, CA: PM Press, 2019), 4. 실비아 페데리치는 쿠바의 사회과학 연구자 이사벨 라우베르(Isabel Rauber)의 말을 빌려 "신자유주의가 사람들의 자급 수단에 대량학살 공격을 촉발하면서 여성들이 투쟁에서 수행하는 역할이 좀 더 핵심적이게" 되며, "그 공격에 맞선 투쟁은 우리의 삶을 재생산하는 활동에 뿌리를 두어야 한다"고 주장한다. 라우베르는 어느 활동가의 말을 빌려 이렇게 말한다. "모든 것은 우리의 일상생활에서 시작하고 그런 다음 정치적 용어로 번역된다. 일상생활이 없으면 조직이 없고, 조직이 없으면 정치가 없다."(Silvia Federici, "Women's Struggle for Land and the Common Good in Latin America," in *Re-enchanting the World: Feminism and the Politics of the Commons* (Oakland, CA: PM Press, 2019), 142.)
** 더 케어 컬렉티브, 앞의 책, 17.

이야기한다. 그 단체는 기차역 등에 엘리베이터를 설치하는 것을 반대했는데, 그 이유는 그러면 장애인들이 혼자서도 이동할 수 있게 된다는 것이었다. 그들이 이렇게 얼핏 이해하기 어려운 주장을 한 이유는 그 기계가 장애인과 비장애인의 마주침을 지울 수 있다고 생각했기 때문이었다. 그들은 "'정상인'과 장애인이 함께 산다는 것은 휠체어를 들고 계단을 함께 올라가는 것을 통해 가능해진다고" 여겼다.* 우리는 흔히 무엇이든 홀로 척척 해내는 인간을 '어른'이라고 칭송하지만 그러한 '독립'을 추구할수록 우리는 고독에 빠지는 것은 아닐까? 서로 다른 우리가 함께한다는 것은 적극적인 '폐 끼치기'를 통해 가능해지는 것이다.

요컨대 세계를 돌보기 위해서는 서로를 돌보는 커먼즈가 필요하다. 오늘날의 일은 우리를 타자에 무감각한 인간으로, 각자의 본분에 최선을 다하는 인간으로 만든다. 그것의 효과가 생태위기의 원인인 비인격적인 구조의 재생산이라면 우리는 일을 거부하거나 문제화해야 한다. 그것은 결국 세계를 돌보는 일이다. 이를 위해 필요한 힘은 서로를 돌보는 커먼즈에서 나오며, 이것은 우리가 서로 더욱 잘 의지하는 기술을 필요로 한다.

---

* 후지이 다케시, 「폐를 끼치며 살기」, 『무명의 말들』, 포도밭출판사, 2018, 71-2.

재난 행동주의를 위해

우리가 돌봄을 삶의 중심에 두려면 우리는 더 적게 일해야 한다. 그러나 자본주의는 우리에게 더 많은 일을 부과하는 것을, 노동 강제를 근간으로 하는 시스템이다. 과로사회에 대한 이야기를 이제 진부하다고 느낄 정도로 말이다. AI 등 각종 기술의 발달로 점점 많은 일이 사라질 것처럼 많은 사람들이 떠드는 데도 왜 우리는 아직 이렇게 오래 일하는가? 이 물음에 명확하게 답하긴 어렵지만 어쨌든 그것의 효과가 일에 매몰된 인간, 따라서 자신(과 가족)을 돌보는데 지쳐 타자에 무관심한 인간의 생산이라는 점은 분명해 보인다. 다시 말하자면, "우리는 이미 어렵지 않게 여가를 누리는 사회를 만들 수 있고, 주 20시간 노동을 제도화할 수 있다. 주 15시간 노동도 가능하다. 그런데도 그렇게 하지 않고 사람들이 거의 모든 시간을 직장에서 보내도록, 하든 말든 세상에는 아무 영향도 없다고 느끼는 그런 일을 하도록 만드는 사회에 살고 있는 것이다."[*]

사실 우리가 이렇게 오래 일할 필요는 전혀 없다. 우리는 무의

---

[*] 데이비드 그레이버, 앞의 책, 69.

미한 일을 거부하고 문제화하여 노동 시간을 획기적으로 줄여야 한다. 이것은 우리가 서로를 돌보는 시간과 에너지를 확보하는 데 기여할 수 있다.[*] 그리고 노동 시간 단축은 그 자체로 생태 위기에 대응하는 하나의 방법이다. 우리가 생산에 시간을 덜 쓸수록 탄소 감축에 기여할 수 있는 것은 당연한 일이다. 영국 환경단체 〈플랫폼 런던〉은 2021년에 발표한 보고서에서 영국이 주 4일 근무제로 전환하면 2025년까지 연간 1억 2700만 톤의 온실가스 배출을 줄일 수 있다고 주장했다. 이는 영국 전체 온실가스 배출의 21.3%에 해당하고, 스위스의 한해 온실가스 배출량과 맞먹는 양이다.[**] 이렇듯 기후 비상사태 상황에서 노동 시간 단축은 필수적이다.[***]

---

[*] 현재 노동의 과도함은 타자를 돌보기는커녕 자신조차 파괴하는 방향으로 작동한다. 이것은 노동자를 돌보지 않는 기업에 의해 장려되기도 한다. 예를 들어 콜센터 회사는 여성 상담사들의 노동조건을 개선하기보다 흡연으로 간단하게 스트레스를 해소하도록 독려한다. "실장 D는 상담사가 업무 중 빠른 시간 안에 스트레스를 해소하는 것이 중요함을 강조하며, 이런 측면에서 흡연이 유용하게 이용될 수 있다고 말했다." 그리고 "2012년 금천구청에서 실시한 가산디지털단지 여성 노동자 건강실태조사에서 여성 상담사의 흡연율(26%)은 다른 여섯개 서비스 직종군의 흡연율에 비해 가장 높았다."(김관욱, 『사람입니다, 고객님: 콜센터의 인류학』, 창비, 2022, 77, 58-60)

[**] 「기후변화 또다른 해결사는 주4일 근무제」, 『한겨레』, 2021.12.28, https://www.hani.co.kr/arti/science/science_general/997224.html

[***] 다음 기사를 참고하라. "Much shorter working weeks needed to tackle climate crisis –study," Guardian, 2019.5.22, https://www.theguardian.com/environment/2019/may/22/working-fewer-hours-could-help-tackle-climate-crisis-study

누군가는 노동에 종속된 삶에 대해 삶은 원래 버티는 것이라고 말한다. 그것은 본래 기쁨이 아니라 고난을 안길 뿐이라는 것이다. 그러나 삶이 그런 역경일 뿐이라면 그런 삶을 만들어내는 사회를 위기에서 구하려 굳이 애쓸 필요가 있을까. 우리가 오늘날의 위기를 타개하려 하는 것은 고작 버티는 삶을 위한 것이 아니다. 우리는 우리가 원하는 방식으로 이 위기를 극복할 필요가 있다. 이것은 자본이 위기를 빌미 삼아 예전부터 그들이 원하던 것을 추구하는 재난 자본주의(disaster capitalism)를 뒤집는 것이다. 재난 행동주의라 이름 붙일 수 있는 이 방식은 위기 상황에서 본래 우리가 원하던 것-축소된 노동, 더 많은 자유시간-을 밀어붙이는 것이다. 이 두 가지는 큰 차이가 있는데 전자가 위기를 더욱 심화시킬 뿐이라면, 후자는 그 반대의 결과를 가져올 수 있다.

재난 행동주의의 가능성은 어디에서 찾을 수 있을까? 삶이 노동에 종속된 상황에서도 그에 대한 거부는 다양한 형태를 띠면서 나타난다. 가령 수업을 빼먹고 놀러 가는 일,* 업무 시간에 소

---

* "학교에 가는 것, 학생이 되는 것은 노동"이며 "모든 자본주의적 제도들처럼 학교는 공장이다."(The Wages for Students Students, *Wages for Students*, 1975, http://zerowork. org/WagesForStudents.html).

셜 미디어에 빠져들거나 다른 일을 하는 것 등이 개인적인 일탈에 가깝다면, 친구들과 함께 토론 모임을 만드는 일, 공장에서의 파업 등은 좀 더 조직적이고 집합적인 형태다. 좀 더 비가시적이고 왜곡된 형태의 거부도 있다. 부동산과 주식에 대한 '투자' 열풍은 열심히 일해도 불안한 사회에서 더 이상 노동만으로 나의 미래를 설계할 수 없다-이것은 분명 사실이다-는 자각 혹은 하지 않겠다는 의지의 표현이다. 그 '투자' 자체는 분명 부패한 것이라 하더라도 말이다. 그러한 투기를 비난하고 '성실하게 일하는' 노동자를 드높이는 건 결국 또 다른 노동력=자본으로서의 삶을 찬양하는 일에 불과하다. 그러므로 중요한 것은 그 '투자자'들을 비난하는 일이 아니라* 그 '투자' 이면에 있는 욕망, 노동 거부를 향한 열망을 읽어내는 일이다. 개인적인 혹은 집합적인, 심지어는 왜곡된, 그 상이한 노동 거부 양식들이 서로 얽혀 새로운 "비인격적인 구조"를 형성할 수 있을까.** 어쨌든 그 상이한 양식들은 우리가 어떤 지점에서 '우리'로 연결될 수 있을지 알려 준다. 그것은 바로 현재의 노동을 거부/문제화하는 것이다.

---

* 이 말은 그들을 투자자로 만드는 사회가 아무런 문제가 없다는 뜻이 아니다. 투자자들에 대한 비난과 그들을 투자자로 만드는 구조에 대한 비판은 전혀 다른 일이다.
** Stevphen Shukaitis, "Learning Not to Labor," *Rethinking Marxism*, vol. 26, no. 2, (2014), 193.

어떤 사람들은 이렇게 물을 것이다. 현재의 노동 구조에 대한 '대안'이 있냐고. 임금을 보전하면서도 획기적으로 노동 시간을 줄이는 일이 가능하냐고. 이러한 물음에 대해서는 핵발전소의 대안이 무엇이냐는 물음에 대한 김종철의 대답을 참고할 수 있다. 그는 그러한 물음이 "지나치게 한가로운, 우둔한 물음"이라면서 "대안이 있든 없든 핵발전은 시급히 중지해야 한다"고 말했다.* 핵발전의 중단은 대안이 있어서 할 수 있는 것이 아니다. 오히려 대안이 없기 때문에 해야 한다. 대안 없는 그 구조가 멈춰 섰을 때 우리는 진정한 대안을 만들어낼 것이다. 지금은 상상할 수 없는 방식으로. 현재의 구조는 우리 상상력의 한계이기도 하다. 그때문에 대안이 없는 듯한 구조가 작동하고 있는 한 우리가 마련하는 대안이란 그 구조의 작동을 다른 방식으로 보장하는 데 그치고 만다. 결국 문제의 "비인격적인 구조"는 살아남는 것이다. 그러니 그야말로 시급한 이 위기 상황에 우리가 할 일은 대안을 마련하는 것이 아니라, 대안이 없(어 보이)는 질서를 찾아 멈추는 것이다. 모든 새로운 것은 그 이후에 온다.

---

* 김종철, 「핵이라는 괴물을 어떻게 할 것인가」, 『근대문명에서 생태문명으로』, 366(오창은, 「'원자력의 광기'를 넘는 '깊은 민주주의'의 희망으로: 녹색생태사상가 김종철 선생의 1주기를 맞이하며」, 『문화/과학』 106호, 2021, 259에서 재인용).

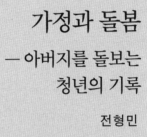

가정과 돌봄

─ 아버지를 돌보는
청년의 기록

전형민

아버지를 돌보는 '돌봄청년'이라는 자격을 지금의 나는 상실했으므로, 어쩌면 이 글을 쓸 자격 역시 상실했을지 모른다. 엄밀하게 보면 나는 법에서 정한 '청년'이 아니게 되었고, 그 전에 산업재해로 장애인이 된 아버지를 돌봤던 시간이나 역할 또한 비교적 제한적이었기 때문이다. 물론 돌봄 수행 범위를 어떻게 설정하느냐에 따라 "아버지를 돌보고 있다"고 말할 수 있겠지만 적어도 지금의 내게 '아버지 돌봄'은 현실이기보다 돌아보고 기억하고 기록해 내야 하는 과거의 경험에 더 가까워졌다.

예고된 가족돌봄청년, 한부모가족

며칠 전, 동생에게 전화가 왔다. 어머니에게 전화가 왔단다. 무려 22년 만에. 그러니까 어머니는 2000년 여름 무렵 집을 나갔다. 내가 16살, 동생이 9살 때의 일이다. 아버지와 나와 동생, 세 명의 남자를 남겨놓고 집을 나갔다. 그런 어머니에게 전화가 왔단다. 그와 함께 보낸 시간보다 없는 채로 보낸 시간이 더 길다. 낯선 존재다. 내게도, 동생에게도, 어쩌면 병원에 있는 아버지에게도. 종종 그 낯선 존재의 이름이 현실에 소환될 때가 있다. 가족관계증명서를 뗄 때다. 아버지와 어머니는 여전히 혼인 상태다. 어머니의 가출 이후 실종신고도 하고 실종선고 심판청구도 했으나 법적 이혼 상태는 아닌 것이다. 다시 말해 엄밀한 의미에서 동생과 나는 한부모가족이 아니었다. 가족관계증명서에 엄연히 적혀있는 그의 이름은 '한부모가족'이라는 자격 역시 얻지 못하게 했다.

실질적인 한부모가족인 내게 아버지는 불안한 존재였다. 아마 죽음에 대한 인식을 처음 갖게 한 장본인쯤 되겠다. 광진구 구의동의 방 두 칸짜리 반지하에 살던 고등학생 시절, 만취 상태로 겨우 귀가한 아버지는 숨소리도 내지 않고 좁은 부엌에 뻗곤 했다. 불안해하며 아버지를 기다리던 나는 혹여 그가 죽진 않았나 코에 손을 갖다 대보았다. 그럴 때마다 아버지의 죽음을, 그 이후의 내 삶을 가끔 상상했던 것 같다. 그가 죽으면 나와 동생은 어떻게 살게 될 것인지, 그의 장례식은 또 어떻게 치를 것인지 따위의 생각들을. 어머니의 가출 후 수년 동안 아버지가 밤늦게까지 귀가하지 않고 연락도 닿지 않을 때면 그 초조한 기다림 속에 그의 죽음을 상상하곤 했다. 조금은 바랐던 것도 같다.

그렇게 되면 더 이상 초조하게 기다릴 일은 없을 테니.

어머니가 집을 나간 때부터, 혹은 그보다 오래전, 아버지가 형틀 목수로 일할 때부터 예고된 돌봄 상황은 그러나 실제론 예고도 없이 찾아왔다. 2016년 5월 4일에, 그토록 불안해 했던 어린 시절 철없이 바라기도 했던 아버지의 죽음 상황이 발생한 것이다. 물론 의학적으로 그는 죽지 않았지만 그를 이루는 어떤 부분은 죽었다. 그날, 그에겐 도대체 무슨 일이 벌어졌던 걸까? 나는 앞으로 그를 이루는 어떤 부분, 사라진 그의 일부를 어떻게 애도할 수 있을까?

사고 발생일로부터 불과 한 달 전인 4월 초에 그는 급성 장염으로 제대로 먹지도 못한 채 홀로 끙끙 앓고 있었다. 뒤늦게 이를 안 나는 곧장 아버지 홀로 사는 순천 시골집으로 내려가 그와 함께 병원에 가서 진료를 받게 하고 약을 타 왔다. 그는 거동도 힘들 만큼 삐쩍 메말라 있었다. 그렇게 앙상한 아버지를 본 것은 처음이었다. 그리고 그것이 사고 전에 본 아버지의 마지막 모습이었다. 한 달 새 얼마나 회복되었기에 일을 나갔는지 모르겠다. 그 앙상한 몸에 얼마나 살과 근육이 붙었기에 일을 나간 것일까. 도대체 얼마나 벌겠다고 기어이. 곁에 있었으면 말렸을 텐데, 돌봤을 텐데. 6년이 지난 지금도 아쉬움이 남는다.

2016년 5월 4일 저녁, 막 사무실을 나서 퇴근하려던 내 휴대폰에 "아버지"란 이름으로 전화가 왔다. 받기도 전에 뭔가 '쎄한' 느낌. 직관은 빗나가지 않았다. 전라남도 여수시의 한 빌딩 건축 현장에서 형틀 목수로 일하던 전○○ 씨가 콘크리트 바닥으로 떨어져 머리를 크게 다쳤다며 뇌수술이 시급하니 수술 동의를 해 달라는 의사의 전화였다. 두려움과 위기감에 사로잡힌 나는 상황 파악도 제대로 못 한 채 뇌수술에 동의했다.

통화가 끝나고 잠시 멍해졌다. 다시 정신을 차리고 일단 내려가야 했다. 동생에게 아버지 소식을 전하고, 바로 기차표를 예매하려 했으나 매진이다. 다음날인 목요일은 어린이날로 징검다리 연휴였던 것이다. 택시라도 타고 가면 될 것을, 미련하게 겨우 심야버스 표를 구해 동생과 버스에 올라탔다. 지금에 와 그때를 돌아보면 그 전화 통화 이후 내내 합리적인 사고를 할 수 없었던 것 같다. 물론 기차든 버스든 택시든 서울에서 순천에 있는 병원까지는 족히 4시간 이상은 걸릴 터이다. '수술 전에 아버지의 말 한마디라도 들어야 할 텐데······.'

내려가는 버스 안에서 순천에 사는 동생 친구에게 연락했다. 수술실 들어가기 전 아버지를 한 번이라도 봐줄 수 없겠냐며, 그와 통화라도 할 수 있었으면 싶었다. 다행히 수술 전 도착한 동생 친구 덕에 아버지와 통화할 수 있었다. 아버지는 동생에게 버럭 화를 냈단다. 의식이 혼미해지는 와중에도 자식들에게 폐

끼치기 싫었던 것인지 내려오지 말라며. 저 지랄 맞은 성격을 어찌할까. 그래도 수술실 들어가기 전 목소리라도 들을 수 있어 다행이었다. 그 통화 이후 당신의 모난 성격과 입에 달고 살던 욕지거리마저 그리워지게 될 줄이야. 도착했을 때 그는 의식이 없었다. 머리에 붕대를 칭칭 동여맨 채로 호흡기에 의지해 숨을 쉬면서 퉁퉁 부은 얼굴로 누워 있었다. 2016년 5월 5일 어린이날, 그는 정말 어린이가 된 것만 같았다.

외상성 경막하 출혈, 그의 최초 진단명이다. 첫 번째 뇌수술을 받고 얼마 못 가 그는 다시 머리를 열고 수술을 받아야 했다. 뇌압이 높아져 또 출혈이 발생했기 때문이다. 그렇게 두 번의 뇌수술을 받고도 한 달 넘게 의식 없는 채로 누워 있었다. 중환자실에 있는 동안 하루 두 번 면회 때마다 의식 없는 아버지에게 간절한 마음 담은 기도와 힘내시라는 응원을 귓전에 속삭이는 것 말고는 할 수 있는 게 없었다. 언제까지 기다리고만 있어야 하는 걸까? 텅 빈 시골집과 병원을 오가며 장기전을 대비해야 했다. 한 달여가 지나자 그는 자가 호흡을 하고 조금씩 의식을 되찾았다. 적어도 일방적 전달로만 그치지 않을 정도로 나의 말에 어떤 반응을 보였다. 반사적 반응이 어떤 의미를 담은 불완전한 메시지가 되기까지는 또 한참의 시간이 흐른 뒤다. 돌봄의 장기화는 그렇게 시작되었고, 나와 동생은 놀라고 당황하고 어찌할 줄 모르고 슬프다가 억울했다가 기뻤다가 온갖 감정들을 헤집으며 '한부모가족'에서 '돌봄청년'이 되었다.

아픈 가족을 돌본다는 것

중환자실에서 일반 병실로 옮긴 아버지는 당장은 입으로 식사할 수 없었고 숨 쉬는 것도 호흡기에 의지해야 했다. 걸을 수 없었고, 대소변을 보기 전에 의사 표현을 제때 하지 못했다. 말도 뭉개졌다. 못 알아들을 발음으로 겨우 목소리를 낼 뿐이다. 과연 나아질까? 다치기 전 그 지랄 맞던 아버지로 돌아올 수 있을까? 의사는 "뇌를 다친 환자들은 대체로 신체적·정신적으로 후유장해가 뚜렷이 남으며, 아버지의 경우 우측 편마비, 연하곤란, 인지장애, 언어장애 등이 예상된다."고 한다. 장애가 남는다는 말은 다치기 전 모습으로 돌아갈 수 없다는 말이다. 자신에게 일어난 일을 기억은 하고 있을지, 어떤 통증을 느끼고 있고 표현할 의지와 수단을 잃어버린 것은 아닌지 알 수 없는 채로 그는, 당신은, 아버지는 장애인이 되었다. 나와 동생은 돌봄청년이 되었고 당분간 일반 병실에서 지내게 될 아버지를 돌봐야 했다. 그러나 병원에 남아 직접 돌보기는 어려웠다. 동생은 당장 생활비를 벌기 위해 아르바이트를 구하고 있었고, 나는 직장을 그만둘지 말지를 놓고 고민 중이었다. 결국 그만두긴 했지만 사실은 그보다 아버지를 직접 돌볼 자신이 없었다. 끝이 보이지 않는 병원에서의 숙식과 간병 생활에 덜컥 겁을 먹은 것이다. 그렇다고 아버지의 형제들 중에 돌볼 사람을 기대하기도 어려웠다. 각자 가족과 생계가 있으니 결국 직업 간병인을 고용해야 했다. 보통 입원 병실이 있는 병원들은 지역 내 특정 간병인협회와 모종의 관계를 맺고 있어서 환자 가족들을 연결해 주곤 한다. 나 역시 병원으로부터 간병인협회 연락처를 받고 간병인을 불렀다. 50대 이상으로 보이는 중년 여성이 왔다. 간단히 소개를 하고선 아버지에게 다가가 자못 친절한 태도로 인사하더니 걱정 말라며 나와 동생을 안심시킨다.

이제 나는 나대로 병원비부터 산재 승인 신청, 보험금 청구, 또 그가 일하던 현장에 가서 동료들에게 아버지가 다쳤던 당시의 애기를 듣는 등 관련한 일들을 처리해야 했다.

먼저 그가 형틀 목수로 일하던 3층 규모의 상가 건축 현장에 가 보았다. 그가 타고 다니던 포터 트럭을 몰고 현장에 도착했다. 바로 다가가지 않고 잠시 조금 떨어져 지켜보며 어떻게 작업을 하고 있는지, 관리감독자는 어떻게 안전관리를 하는지 같은 것들을 살폈다. 형틀 목수들이 2층 높이의 비계 위에 아슬아슬하게 서서 형틀을 이어 붙이고 있었다. 관리감독자는 없었다.

현장사무실에도 없었다. 어딜 간 걸까? 그러다 현장에 있던 아버지를 아는 누군가를 만났고 사고 당시의 이야기를 들었다. 안타깝게도 구체적인 목격담도, 속 시원한 해명도 듣질 못했다. 영 찜찜하다. 아버지는 무엇을 하다 어떻게, 왜 다친 걸까? 동료들은 왜 119를 부르지 않은 걸까? 자가용에 아버지를 옮겨 실어 병원으로 나른 이유는 무엇일까? 여러 의문과 함께 원망도 일어난다. 6년이 지난 지금도 해소되지 않은 의문과 원망이다. 그나마 산업재해로 승인은 되었다. 다행이라 생각했다가 당연한 것이라 생각을 고친다. 이제 그는 장애인이 되었고, 나는 그를 기약 없이 직간접으로 돌봐야 한다는 사실엔 변함이 없다.

아버진 처음에 입원한 전남 순천의 병원에서 한 달 반을 더 있다가 경기도 김포에 있는 재활병원으로 옮겨졌다. 나 역시 서울의 반지하 자취방에서 나와 아버지를 돌보기 위해 김포로 이사했다. 다니던 직장도 곧 그만두게 됐다. 김포엔 그의 막내 여동생(내겐 고모)이 살고 있었고 멀지 않은 곳에 그의 어머니, 그러니까 할머니가 임대아파트에 홀로 살고 있었다. 또 그 옆 동 아파트엔 아버지 바로 위의 형인 둘째 큰아버지가 혼자 살았는데, 그 역시 몇 년 전에 건설노동자로 일하다 낙상사고로 머리를 다친 산업재해 당사자이자 장애인이었다. 졸지에 아버지와 큰아버지, 할머니까지 돌봄이 필요한 세 사람이 김포에 모여 살게 된 것이다. 김포에서 지내는 동안 나는 고모에게 의존했고 의지할 수밖에 없었다. 모은 돈은 없었고, 어머니는 실종 상태였으며, 가족이라곤 군 입대를 앞둔 동생밖에 없었다. 산재 승인이 되었기에 경제적으로는 고모에게 의존할 필요가 없었지만, 믿고 의지할 어른이라 생각했고, 또 아버지를 모시고 큰 병원이나 근로복지공단, 보험사, 은행 등에 방문할 일이 생겼을 때 동행하고 대변해 줄 수 있는 사람이라 생각했다.

물론 처음엔 고모의 존재가 무척 힘이 되었고 가까운 곳에 있어 도움도 되었지만, 얼마 안 가 관계는 불편해졌고 심지어 불쾌해지기도 했다.

아버지가 가입한 실비 보험에서 후유장해에 따라 1억 원 상당의 보험금이 나오자 고모는 김포에 있는 농지 300평을 사서 아버지 모시고 외출(소풍)도 하고 언젠가 농가 주택도 짓자 했고 나는 그 말만 믿고 덜컥 땅을 사 버렸다. 얼마 되지도 않는 땅이지만 내겐 부담스럽고 영 찜찜한 결정이었다. 아니나 다를까 부동산에 함께 가서 내 명의로 계약을 한 것으로 알았는데 얼마 안 가 고모의 아들과 내가 공동 명의로 매입한 것으로 되어 있다는 사실을 알게 되었다. 사전에 일언반구도 없었고 한참 후에야 이러저러한 사정으로 공동 명의로 계약을 했다고 얘기했다. 엄연한 사기였다. 결국 아버지의 보험금은 땅에 묶여 버렸다. 그것도 내 이름 반, 고모 아들 이름 반으로. 의존과 의지인 줄 알았던 고모와의 관계는 아버지 돌봄으로 인한 정서적 취약 상태에서 점차 종속적인 관계로 변했고, 이는 내가 원치 않은 관계였다.

그 사이 동생은 군에 입대했다. 격주 주말마다 그리고 설, 추석 명절 때마다 간병인을 대신해 나 혼자 아버지를 돌봐야 했다. 아니 그동안 나 대신 간병인이 아버지를 돌봐왔던 것이라면 원래의 내 자리로 복귀한 것일지 모르겠다. 고작 한 달에 4일, 명절 연휴 포함 1년에 약 60일을 아버지 곁 좁은 보호자 침상에서 먹고 자는 것으로 죄책감을 잠시 덜어내곤 했다.

어느 해인가 추석 연휴 때 복통을 겪었다. 아버지에게 투정 부리듯 배가 아프다 했지만 별 반응이 없다. 괜히 속상하다. 참다 못해 간호사에게 배가 아픈데 처방받을 수 있는 약이 없냐 했지만 재활병원이기도 하고 규정상 그럴 수 없단다. 인근의 약국을 검색해 보았지만 모두 문을 닫았고 자리를 오래 비울 수가 없어 멀리 있는 약국까지 갈 수도 없었다. 그 당시는 아버지 곁을 오래 비우면 혹 큰일이 생길까 노심초사했을 때였다. 급기야 고모를 호출했다. 당장 도움을 요청할 수 있는 유일한 사람이었기에 부탁했다. 다행히 약을 들고 왔고 먹고 나니 좀 안정이 된 것만 같았다. 복통이 잦아들자 그제야 한산해진 병원이 눈에 들어온다. 지금과 달리 당시엔 환자 상태에 따라 외출, 외박이 자유로

왔기에 명절 연휴 때면 환자들은 집에서 가족들과 연휴를 보내 곤 했다. 한편 나는 좁은 원룸에 살고 있었고 아버지와 함께 병원 밖에서 숙식을 하는 게 상당히 조심스러웠다. 삼킴장애(연하곤란)도 있고 컨디션이 좋지 않을 땐 발작(뇌전증 증상)을 일으키기도 해서 단순히 간병만 필요한 상황이 아니었다. 갑작스러운 상황이 발생했을 때 언제라도 의료적 지원이 가능한 환경에 있어야 한다고 판단했다.

지나고 보니 다소의 위험 부담을 안고서라도, 연휴 때만은 집에서 가족들과 시간을 보내면 어땠을까 후회되기도 한다. 위험에 취약한 신체적 조건이라 해도 예방할 수 있는 환경을 미리 갖춰 놓았더라면…. 그러지 못했던 데에는 심리적 부담도 이유가 됐다. '병원에 있으면 덜 신경 써도 되니까.' 내가 편하고 싶은 그 마음엔 죄책감 역시 따라온다.

2016년 8월부터 2018년 8월까지 김포에 살며 수시로 아버지를 찾아가 간병인 대신 아버지를 돌봤다. 흡인성 폐렴에 걸려 컨디션이 안 좋아질 때면 큰 병원에 모셔 가고, 호전되면 재활병원에 다시 모셔 오길 반복했다. 또 근로복지공단에서 심사받으러 오라 하면 아버지를 모시고 심사장소로 찾아가 의사들 앞에서 그의 상태를 입증해야 했다. 그럼에도 심사 결과는 말도 안되게 부당하여 공인노무사를 찾아가 상담을 받고 산업재해보상

보험법을 공부하고 공단 측에 정보공개를 청구했다. 게다가 대학병원에서 아버지 상태에 대한 의학적 근거 자료들을 확보해야 했다. 이처럼 직접 간병 외의 일들로 아버지와 나의 시간과 체력, 돈을 써 가며 닥친 문제들을 해결하거나 유보하거나 타협했다.

그 2년 동안 나는 아르바이트를 하거나 주 3~4일 출근하는 반상근 형태의 일을 하며 생활비 일부를 벌었다. 부족한 생활비는 아버지의 산재 보상금이나 휴업 급여로 충당했다. 아버지 돈을 쓰는 것에는 죄책감과 스스로에 대한 무기력감이 따라붙었다. 그러나 당장 내가 번 것보다 더 많은 산재 보상금과 휴업 급여가 아버지의 통장에 들어오자 죄책감보다 든든한 마음이 들기도 했다. 아버지를 돌보는 데 들인 시간과 노력에 대한 보상이라는 생각과 함께 한편으론, 나와 같이 졸업했던 청년들, 친구들, 직장 동료였던 그들의 삶이 어른거리고 부럽고 박탈감을 느꼈다. 억울하고 원망스럽기까지 했다. 온갖 감정의 홍수 속에서도 선연한 감정은 슬픔이다. 지랄 같던 성미의 아버지마저 그리워지는 슬픔. 하지만 여전히 그는 살아있기에 그리움만으로, 슬픔만으로 그를 돌볼 순 없다. 알 수 없는 노릇이지만 아버지 역시 외롭고 두렵고 걱정하고 슬퍼하겠지. 그의 몸을 돌보고 그의 감정을 살핀다.

어느새 2년이 지나 동생이 전역하고 김포의 임대아파트에 살던 할머니와 같이 지내게 되었다. 동생은 사실 원치 않았지만 고모의 권유였다. 할머니를 집에서, 곁에서 돌볼 사람이 필요했던 것이고 동생도 마침 전역해 지낼 곳도 필요하니 잘 됐다 싶었던 것이다. 요양보호사, 간병인이 자리를 비울 때 동생은 할머니를 집에서, 나는 아버지를 병원에서 돌봐야 하는 가족 간병인이 되었다. 전문성도, 자격증도, 경험도 없는 그냥 가족일 뿐인.

2018년 9월, 새로운 가족이 생겼다. 1년 간 교제하던 애인과 혼인했다. 모아둔 돈도 마땅한 직업도 없었는데 용케 함께 살게 됐다. 혼인 후 나는 김포에서 군포로 이사했다. 언제든 걸어서 찾아갈 수 있던 거리에서 차로 1시간 이상 떨어진 곳으로 멀어졌다. 거리가 멀어지고 얼마 동안은 아버지가 꿈에 자주 등장했다. 반나절 일정은 비워 놔야 갈 수 있는 거리로 멀어지니 아무래도 심적 부담이 있었나 보다. 그 부담만큼이나 자주 찾아뵈려 노력했다. 그렇게 3년이 되고, 4년이 되고, 5년, 6년, 2023년 올해로 7년째다. 변한 건 재활병원이 요양병원이 되었고, 코로나19로 더는 아무 때나 볼 수 없게 되었다는 것이다. 그의 외출과 외박은, 그리고 당신이 그렇게 바라던 고향 집 방문은 더 요원한 일이 되어 버렸는지 모른다.

돌봄과 노동의 커리어

아내와 함께 살게 되면서 1인 가구에서 2인 가구가 되었고, 김포에서 군포로 거처를 옮긴 나는 '직주근접'에 '반상근' 등 조건에 맞는 직장을 구했다. 대안학교를 졸업한 청년들이 만든 협동조합이었다. 저임금이었고 계약직이었으나 조직 문화나 업무 성격이 맞아 근무하는 동안 만족도는 높았다. 아버지가 다치기 전 다니던 직장 역시 임금이나 직업 안정성보다는 신념이나 가치에 따라 선택했던 곳이었다. 조직 문화, 업무 내용, 신념과 가치는 일을 선택함에 있어 내게 주요한 기준들이다.

흔히 돌봄청년이 당면하는 문제 중 하나로 꼽는 것이 학업이나 취업 등 진로 이행의 어려움, 즉 '커리어 단절'이다. 아버지 돌봄을 이유로 상근직을 그만두고 얼마간의 백수 생활, 아르바이트와 반상근을 전전했으므로 '커리어 단절'은 돌봄청년인 내게도 해당되는 문제긴 했으나 지난 6년여의 경험을 되돌아보면 꼭 그렇게 해석하고만 싶지는 않다.

아버지의 산재 직후 노동과 돌봄을 병행할 수 없어 직장을 그만두고 그나마 정기적으로—물론 반상근이었지만—출근했던 첫 번째 직장은 지역 사회(김포)에서 학령기 이후 발달장애인의 자립을 지원하는 사회적협동조합이었다. 그곳에서 처음으로 장애인을 직장 동료로 이웃으로 시민으로 자주 만나게 되었다. 이 경험은 이후 아버지를 돌보는 데에도, 사회를 바라보는 관점과 시선에도 영향을 미쳤다. 시설(요양병원) 아닌 당신의 고향, 원래 살던 동네(순천 황학마을)에서 지내는 아버지의 모습을 상상하게 된 것이다. 물론 현실적 조건과 환경이 갖춰져야 하지만 그런 상상이 가능하게 되었다는 것만으로도 내 일 경험의 맥락은 단절되지 않을 수 있었다. 혼인과 이사를 이유로 비록 1년을 못 채우고 그만두게 되었지만 이 경력과 경험은 앞서 말한 대안학교를 졸업한 청년들이 만든 협동조합으로 이직하는 데 도움이 되었다. 같은 이유로 반상근으로 일할 수밖에 없었지만 그래서 격주 주말과 연휴, 혹은 수시로 호출될 때마다 아버지 돌봄을 지속할 수 있었다.

김포를 오가며 돌봄과 노동을 병행하는 동안 나 역시 돌봄이 필요했다. 군이 분류하면 정서적·관계적·문화적 돌봄이 필요했다. 돌아보면 일터였던 청년협동조합은 임금 외에도 내게 필요했던 그런 돌봄을 제공해 주었다. 나아가 근로계약서에는 없는, 거래가 아닌 방식의 돌봄을 청년협동조합에서 조합원들, 직원들과 주고받았다. 아버지를 돌보는 아들이면서 돌봄이 필요한 청년인 나의 정체성을 '돌봄청년'으로 정의하게 된 일터였다.

돌봄과 노동의 위기1

계약기간 3년의 마지막 해인 2020년, 코로나19 팬데믹이 닥쳐왔다. 때마침 아버지는 「산재보험 보상·재활 서비스」 절차상 치료 및 요양 기간이 종결되었다고 판단, 장해등급심사를 받게 되었다. '장해등급심사'란 더 이상 치료와 요양을 해도 뚜렷하게 나아지지 않을 상태에 이르렀다고 판단되지만(통상 재해 발생 2년 뒤), 그럼에도 신체 등에 장해가 남은 경우 해당 장해의 등급을 결정하기 위한 심사를 말한다. 아버지는 한 차례 요양 기간을 연장하여 거의 4년이 지난 뒤에야 장해등급심사를 받게 되었다. 해당 등급에 따라 장해급여가 달라지므로 긴장할 수밖에 없었다.

아버지의 상태 및 장해는 신체(신경·정신계, 호흡계, 골격계 등)에 여러 형태로 매우 뚜렷하게 남아 있는데, 근로복지공단에서는 과연 어떻게 심의하고 결정할지 예상하기 어려웠다. 장해등급은 1급부터 14급까지 있고 1급에 가까울수록 심각한 장해를 뜻한다. 심사일이 다가오기 전 여러 방면으로 학습과 상담, 병원 진단을 통해 아버지의 장해등급을 합리적 근거로 예상하고 추측해 보았다. 2급은 족히 나와야 하는 상태였다. 혹여 그 이하의 장해등급을 받게 되면 경제적으로 매우 곤란한 상황에 이르게 되기에 심사일이 다가올수록 일이 손에 잡히지 않았다.

설상가상 아버지가 흡인성 폐렴에 걸렸다. 심사일은 다가오고, 코로나19가 한참 확산되고 있는 때에 흡인성 폐렴을 앓고 있는 아버지를 모시고 병원 밖으로 나가 장해등급심사 장소까지 가는 건 여러 모로 위험을 감수해야 하는 일이었다. 공단에 전화해 이런 사정을 알리고 달리 방법이 없느냐 물었지만 돌아온 답은 그런 위험을 감수하고라도 심사를 받아야 한다는 것.

심사 당일, 사설 구급차를 불러 아버지를 모시고 심사 장소에 도착했다. 이미 도착한 다른 재해자들과 함께 아버지와 나는 대기실에서 기다렸다. 드디어 우리 순서가 다가와 자문 의사들이 모여 있는 격실로 들어갔다. 의사들은 대체로 무표정하고 약간은 피곤해 보이는 얼굴로 우리를 맞았다. 사전에 보낸 아버지의 뇌 사진(MRI)과 진료기록지 등을 보더니 몇 가지 질문을 던진다. 더 자세히 설명하고 싶은데 답을 하기가 무섭게 다음 질문으로 넘어가더니 채 5분도 안 돼 끝났다며 나가도 된다고 한다. 아버지의 휠체어를 밀고 격실 밖으로 그렇게 '밀려져' 나왔다.

고압적인 분위기에 위축되고 할 말을 다하지 못한 찜찜함과, 당사자인 아버지의 '말'은 삭제된 현실에 안타까움과 무력감도 느꼈던 것 같다. 약 3개월 뒤 장해등급심사 결과가 나왔다. 3급이었다. "① 사지근력 정도는 우측 상하지 G3, 좌측 상지 G3, 하

280
돌봄의 시간들

지 G4로 전반적인 사지근력 저하가 있어 휠체어로 이동(독립보행 불가)하고, ② 배뇨·배변은 타인의 도움이 필요하나 스스로 식사가 가능하여 수시 간병이 필요한 정도에 미치지는 못하며, ③ 우울감, 인지기능 저하, 퇴행성격변화가 관찰되나 치매, 정의의 장해, 환각망상 다발 등으로 수시로 다른 사람의 감시가 필요한 정도에 미치지는 않는다는 자문의 소견"에 따른 결과라 한다.

황당했고 당황했고 부당하다고 생각했다. 불과 5분도 안 되는 심사로 아버지의 장해 정도를 판단하는 과정도 그랬고 그 결과 역시 수시 간병이 필요한 아버지의 상태 및 장해를 반영하지 못했다. 이의제기를 위해 '심사청구'라는 제도를 이용하기로 했다. 이전에 아버지의 요양기간 연장을 위해 공인노무사와 상담하고, 비슷한 사례를 찾아보고, 「산업재해보상보험법」 등을 공부하며 직접 심사청구서를 작성해 이의제기해 본 경험이 있어, 이번에도 시도해 보려 했다. 그러나 이내 포기했다. 이번엔 군포에서 김포를 오가며 또 아버지를 모시고 대학 병원에서 각종 검사를 받고 증빙자료와 심사청구서까지 작성할 만큼 시간이 넉넉지 않았다. 코로나19는 여전히 유행 중이어서 조심스럽기도 했고. 결국 전문가가 필요하다고 판단, 공인노무사를 선임해 심사청구를 준비하기로 했다. 약 3개월 동안 심사청구를 준비하면서 새로운 세계를 알게 되었다. 공인노무사를 '을'로 두고 나 또는 아버지가 '갑'이 되어 계약서를 작성하지만 실무는 대부분 해당 노무사 소속 법인의 손해사정사가 한다. 즉 노무사는 거의 이름만 빌려주는 셈. 물론 심사청구 후 장해등급 재심사 당일에 공인노무사가 등장하긴 했다.

우여곡절 끝에 아버지의 장해등급은 3급에서 2급이 되었다. 어쩌면 아버지의 상태나 장해와는 별개로, 손해사정사의 실무와 공인노무사의 이름과 아버지의 상태를 진단하고 검사결과지를 작성해 준 대학 병원 전문의들 이름 덕인지도 모르겠다. 결국 권력과 자본의 힘인가. 이렇듯 장해등급심사 제도 자체에 대한 문제점은 차치하고 심사 결과만 놓고 보자면 아버지와 내 입장에선 다행이었고, 당연한 결과였다. 물론 값을 치렀다. 노무사 수임료 2천 3백만 원. 아버지 통장엔 그만한 돈이 없었고 결국 내 이름으로 대출을 받아 부족한 금액을 채워 지불했다. 지금도 갚는 중이다.

심사청구를 준비하던 3개월 동안 일상의 풍경은 변해 갔다. 동생과 함께 김포의 임대아파트에서 지내던 할머니는 2020년 4월에 아버지와 같은 요양병원에 입원했다. 치매 증상이 심해져서이기도 했지만, 한번은 동생이 일을 마치고 집에 돌아왔는데 할머니가 넘어져 있는 상태로 혼자 못 일어나고 있더란다. 주간에는 요양보호사가 할머니를 돌보지만 요양보호사와 동생 모두 없는 시간에 할머니를 혼자 뒀다가 그런 일이 또 발생하지 않으리란 법은 없다. 결국 김포에 사는 고모는 할머니를 아버지와 같은 요양병원에 입원시키기로 했다. 할머니는 아버지가 있는 병실 바로 건너편 병실로 입원했다. 엄마와 아들이 같은 요양병원, 마주한 병실에 각각 입원해 있는 현실. 같은 공간이라 할 만큼 가까이 있지만 자기 힘으로 서로를 보러 갈 수 없었다. 간병인의 도움이 있으면 가능하겠지만 코로나19에 취약한 노인과 환자들이 모여 있는 요양병원에선 그것마저 조심스럽다.

할머니가 요양병원에 입원한 지 한 달이 다 돼 가던 2020년 5월 9일, 어버이날을 맞아 아버지와 할머니를 뵈러 갔다. 체온을 재고 손을 소독하고 일회용 비닐가운과 위생장갑을 착용하고선 병실이 있는 2층으로 올라갔다. 아버지를 만나 몇 마디 주고받고는 건너편 할머니를 뵈러 갔다. 할머니는 거의 의식이 없었고 힘도 없어 보였다. 무슨 말을 걸 수 있을까? 보기조차 어려운데. 그렇게 불편한 혹은 불안한 마음을 안고는 돌아왔다. "할머니, 저 왔어요. 형민이 왔어요. 알아보시겠어요?" 이 한 마디라도 건네 볼 걸.

김포에서 군포로 돌아오는 길, 집에 거의 다다랐을 때 김포에 사는 고모에게 전화가 걸려왔다. 낯설지 않은 '쎄한' 느낌. 고모는 울먹이는 목소리로 할머니의 부고(訃告)를 전했다. 불편하고 불안했던 마음은 불길함이었던 걸까. 졸지에 나는 살아 있는 할머니의 마지막 모습을 본 유일한 가족이 되었다. 말이라도 걸어볼 걸. 그 후로도 아쉬움과 후회는 길게 남았다.

길게 남은 아쉬움과 후회가 또 있다. 할머니의 부고를 아버지에게 바로 전하지 못한 것이다. 장례 준비로 경황이 없던 탓도 있지만 아버지가 당신의 어머니 부고에 어떻게 반응할지 알 수 없어서라는 이유가 컸다. 지금에 와 생각하면 아버지는 거리로도 관계로도 할머니와 가장 가까운 가족이자 아들로서 임종을 지킬 수 있지 않았을까? 떠나기 전 손이라도 잡아주며 당신의 어머니에게 온기라도 전해줄 수 있지 않았을까? 당신 어머니의 부고를 바로 전해들을 권리를 박탈한 것은 아닐까? 장례가 끝나고 며칠 뒤에야 할머니가 돌아가셨다는 얘기를 어렵사리 꺼냈다. 아버지는 흐느끼지도 울먹이지도 않았다. 그저 말없이 눈물만 흘리셨다. 마음껏 아파하지도 슬퍼하지도 애도하지도 못한 아버지에게 나는 아들로서 돌봄자로서 무엇을 어떻게 도울 수 있었을까.

돌봄과 노동의 위기2

2020년 12월 31일부로 청년협동조합에서의 근로 계약이 끝났다. 다른 형태로 더 일할 수 있는 기회를 제안해 주었지만 언제까지고 알 수 없을 아버지 돌봄을 병행하며 반상근으로 그만큼 적은 임금을 받고 일할 순 없겠다고 판단했다. 게다가 이젠 1인 가구가 아니라 2인 가구이며, 모아놓은 돈도 넉넉지 않으니, 경제적 책임을 다하지 못한 자격지심과 아내에 대한 미안한 마음도 있었다. 자연스럽게, 어쩌면 뒤늦게 2인 가구가 살아갈 만큼의 적정 임금을 받을 수 있는 직업을 가져야겠다고 생각했다. 어차피 코로나19 팬데믹으로 격주 주말과 연휴 때 했던 직접 간병은 할 수가 없게 되었다. 그렇다면 무슨 일을 할 수 있을까? 더 이상 '반상근'과 '직주근접'이란 조건으로 일을 찾을 필요가 없으니 선택지는 넓어졌다.

2021년 1월부터 3월까지는 거의 백수로 지냈다. 달리 말하면 진로 탐색기랄까. 안전한 방식으로 사람들을 만나고 강의도 듣고 책도 보고 인터넷으로 일자리 정보를 뒤지며 지냈다. 그러다 아내의 오빠가 강원도에 있는 한옥학교에서 한옥 목수 일을 배워 보면 어떻겠느냐고 제안해 주었다. 같이 일하는 동료 중에 한옥학교 출신이 있는데 일을 잘 하더라며, 혹 목수 일에 관심

있으면 알아보라는 내용이다.

물론 아버지의 직업이었던 형틀 목수와는 다르지만 어쨌든 나무를 다루는, 집을 짓는 목수라, 그것도 한옥을 짓는 목수라니! 일단 뭔가 있어 보였고, 기술이 있고 건강만 하다면 정년 없이 계속 일할 수 있는 분야라 생각했다. 그리고 나의 아버지, 그의 아버지인 할아버지도 목수였으니 삼대째 목수를 직업으로 삼는다면 내가 그렇게도 진로 선택에 있어 추구했던 '신념'과 '가치'라는 기준에도 부합한다 생각했다. 그렇게 4월부터 10월까지 약 6개월간 강원도의 한옥학교에서 한옥 목수 일을 배우게 되었다. 지금까지의 커리어와는 상당히 다른 결의 일이었다. 그야말로 육체노동, 블루 워커다. 비록 짧은 기간의 배움이지만 몸만 쓰는 일은 아니라는 것을 깨달았다. 다분히 기술을 요하는 일이었으므로 몸도, 머리도, 그리고 팀워크도 좋아야 했다.

수료를 앞둔 9월 말, 인스타그램 DM으로 메시지가 왔다. 가끔 인스타그램 개인 계정에 한옥학교에서의 일상을 사진과 글로 남겼는데 그걸 보고선 '한옥 목수 오야지'(이하 오야지)라는 사람이 자기 팀에서 일해 보지 않겠느냐며 제안해 준 것이다. 비교적 젊은 팀이고 지금은 경기도 파주에 있는 문화재 복원 현장에서 일한다고 했다. 난 이미 그의 명성을 들어 알고 있었고 뜻밖의 제안에 한편으론 영광스럽기까지 했다. 수료도 하기 전에 현장과 바로 연결되어 다행이라는 생각과 함께 일단 현장이 경기도 파주에 있다는 게 마음에 들었다. 일하는 동안은 파주와 가까운 김포의 동생네 집에서 지내면 되고, 아버지 역시 김포 요양병원에 계시는 데다가, 비록 주중에는 아내와 떨어져 지내지만 아주 멀어지는 것도 아니니 다닐 만하겠다고 생각했다. 한옥학교 수료 직후 현장을 찾아가 오야지를 만나 현장과 팀 소개를 듣고는 다음 주부터 출근하겠다 했다.

급여는 수습 기간 3개월 동안 일당 9만 원이라고 다른 곳보다 많이 주는 편이라고 한다. 미심쩍기도 했고 사실이 아니란 것도 알고 있었지만 그래도 현장 위치나 오야지의 명성, 팀 분위기 등이 괜찮다고 생각해 받아들였다. 한편으론 근로계약서를 쓰지도 않고 4대 보험 얘기는 꺼내지도 않기에 찜찜했지만, 이 바닥 관행인가 보다 하고 넘겼다. (아니나 다를까 이 찜찜함은 나중에 내게 불이익으로 돌아온다.)

첫 출근 날, 같이 일하게 된 목수들과 인사를 나누고 현장을 둘러보고선 바로 "전 목수"라 불리며 할 일을 지시받는 등 그야말로 하루아침에 목수가 된 것만 같았다. 일은 예상보다 고됐고 날은 추웠다. 긴장하며 밉보이지 않으려 그저 열심히 시키는 일들을 해 나갔다. 그렇게 출근 첫날이 지나고, 둘째 날이 되었다. 그날은 아버지의 고관절 수술이 있는 날이다. 지난 추석 연휴 때 간병인이 아버지를 침상에서 휠체어로 옮기다가 놓치는 바람에 그대로 병실 바닥에 떨어져 고관절이 부러졌던 것이다. 이미 이틀이나 지나 그 소식을 전한 병원 측과 간병인에게 배신감과 괘씸함을 느꼈지만 지금 당장은 아버지 상태가 중요했다. 바로 큰 병원으로 모셨으면 수술을 하지 않았어도 되었을 텐데 시기를 놓쳐 버렸단다. 또 당시엔 흡인성 폐렴을 앓고 열도 있어서 바로 수술할 수 있는 컨디션이 아니라 수술 가능한 상태가 되기까지 기다려야 했다.

그렇게 2주가 지나고 어느 정도 안정을 찾고 나서야 아버지의 골절된 기존 고관절 일부를 제거하고 인공관절을 삽입하는 '고관절 반치환술'을 하게 되었다. 그날이 바로 내가 현장에 출근한 지 이틀째 되는 날인 것이다. 출근 이틀날 휴가를 내는 게 그렇게 눈치가 보였다. 결국 동생이 본인 직장에 사정을 얘기해 어렵게 반차를 내고 수술실 앞을 지켰다. 동생 덕에 안심을 하면서도 불안한 마음 역시 있었다. 한참 무거운 부재를 나르고 있는데 동생에게 전화가 왔다. 다른 목수들과 무거운 부재를 함께 나르고 있었기에 바로 받지 못했다. 그 후로도 동생의 전화가 몇 차례 울렸지만, 이제 현장 2일차여서 정신이 없어 바로 받질 못했다. 일하는 내내 불안했고 당황했다.

애써 침착하기로 마음먹고 일이 어느 정도 끝나고 나서야 동생에게 전화를 걸었다. 동생은 버럭 화를 내며 아버지가 수술 직후 중환자실로 옮겨졌다고 했다. 상태가 좋지 않다고. '고관절 반치환술' 자체는 잘 되었으나 폐렴이 문제였나 보다. 폐에 물이 차고 기흉이 심한 상태인데다 자가 호흡이 안 되어 산소 포화도가 떨어지고 있어 자칫 사망할 수도 있다는 얘기였다. 현장 일이 끝나려면 아직 2시간이나 더 있어야 한다. '이를 어쩌지? 이게 어떻게 된 일이지? 왜 또 이렇게 되어 버린 거지? 안심하고 있었는데 뭐야 이게!?' 연신 속으로 욕을 삼켰다. 당연히 일은 손에 잡히질 않고 맡겨진 일이 어려운 일이 아님에도 불구하고 집중하기 어려웠다.

'일단 침착하자. 퇴근하고 병원에 가 보자. 괜찮으실 거야.' 다시 애써 침착해지기로 하고, 오야지에게 아버지 일로 주말 동안 곁을 지켜야겠다고 말했다. 사실 중환자실에 있는 아버지 곁을 지킬 순 없었다. 비록 같이 있을 순 없으나 마음으로나마 오롯이 아버지 곁을 지키고 싶었던 게다. 일요일, 중환자실에 계신 아버지를 보고 왔다. 다행이다. 폐도 퍼지고 수치들도 점차 안정되어 간단다. 위기를 넘긴 것이다. 아버지와 몇 마디 주고받고는 손을 꼭 잡아드렸다. 힘내시라 사랑한다 말씀드렸다.

'반상근', '직주근접'이 아닌 조건의 할 일을 드디어 시작했건만 출근한 지 겨우 이틀째에 여지없이 돌봄 상황은 찾아왔다.

그렇다고 당장 그만둘 순 없었고, 아버지도 점차 안정되어 다시 요양병원으로 옮기게 되었으니 그 후로도 두 달 간 한옥 목수 일은 계속할 수 있었다.

　그 두 달 동안 나는 추웠고 심지어 아팠다. 워낙 고된 일이니 출근 전 새벽에 근처 공원에 나가 꾸준히 근력운동을 했음에도 언제부턴가 허리가 아프더니 우측 엄지발가락이 저리기 시작한 것이다. 급기야 오야지에게 말해 허리 통증과 발가락 감각 이상 등을 이유로 하루 일을 쉬고 병원에 다녀왔다. 혹시나 했는데 역시나 허리디스크 초기 증상이란다. 지금 생각하면 명백한 산업재해였고 청구하여 치료받으면 될 일을 당시엔 미련하게도 이 파주 현장 일까지는 끝마치고 싶었다. 퇴근하고 한의원으로 직행해 침을 맞고 허리에 파스를 붙이고, 그렇게 통증을 감수하며 결국 다짐대로 파주 현장 일을 끝마쳤다.

　한편으론 스스로 대견하고 뿌듯하기도 했지만 앞으로가 걱정이었다. '나는 지금 이 상태로 이 일을 계속할 수 있을까? 아내와 계속 떨어져 전국에 있는 현장을 전전하며 한옥 목수 일을 해 나갈 수 있을까?' 고민과 물음 끝에 그만두기로 했다. 오야지에게 그만두겠다고 말하는 게 왜 그렇게 어려웠을까? 당연한 권리이자 충분히 언제든 그만둘 수 있는 것을 쩔쩔매다 겨우 그만둔다고 말했다.

물론 아쉬움이 많이 남았다. 내세울 만한 이력은 아니지만 '허세' 정도는 부릴 수 있을만한 '3대째 목수'라는 타이틀도 아쉬웠고, 그나마 조금 배운 기술을 현장에서 더 써먹지 못 하는 것이 아까웠으며, 저임금·고강도·고위험을 감수하고 얼마간 일하면 언젠가 고임금·기술자·오야지가 될 수 있으리라는 꿈같은 희망을 접는 것도 안타까웠다. 그러면서도 근로기준법 미준수가 기본값인 한옥 목수 현장 일을 경험하고 나니, 나 또한 언제고 산업재해로 6년 넘게 요양병원에 있는 아버지처럼 되지 않으리란 보장이 없다는 생각에 아찔하기도 했다.

한편 아버지는 '고관절 반치환술' 후 요양병원에서 다시 지내게 되었다. 그동안 아버지를 몇 년째 돌봤던, 그러나 아버지를 떨어뜨려 고관절 골절을 야기한 간병인에게 더 이상 간병을 맡기긴 어려웠다. 고마운 마음도 있었지만 해당 사고 이후 독립 보행이 더욱 어려워진 아버지의 모습을 보자니 안타까웠고 그렇게 된 원인이 간병인에게 있다는 생각에 미치자 화가 나기도 했다. 서로가 서로에게 미안하고 민망한 상황. 사실 이런 상황은 돌봄 현장에서 자주 일어난다. 결국 다른 간병인에게 아버지를 맡길 수밖에 없었다. 6년 사이 벌써 열 번이 넘는 간병인 교체다. 당사자인 아버지에게 못 할 노릇이라는 생각도 잠시, 간병인과 코로나19 덕에 나는 간병을, 직접 돌봄을 면할 수 있었다. 불편한 죄책감이 들면서도 자유로운 일상에 만족하는 모순된 감정 사이에서 나는 이렇게 노동의 위기를 겪고 돌봄의 위기를 마주하게 된다.

돌봄과 애도 연습

2022년 1월, 또 다시 백수가 되었다. 이건 데자뷔가 아니라 내 역사의 반복이다. 매해 겪게 될까 두려운 반복. 코로나19 팬데믹은 여전하여 예전처럼 어느 때고 아버지를 보러 갈 수 없다. 확산세가 한참 치솟을 때마다 면회·외출·외박이 전면 금지 되곤 했다. 당연히 격주 주말과 연휴 때 역시도 내가 아닌 간병인이 계속 아버지를 돌봤다. 이건 나만 겪는 돌봄과 노동의 위기가 아니란 얘기다. 총체적인, 사회 전체가 겪는 돌봄과 노동의 위기다. 그동안 모른 채 해 왔던 위기. 그런 위기 속에서 나와 비슷한 돌봄 경험, 즉 가족돌봄 경험이 있는 청년들, 이른바 '영 케어러'들을 만나며 위로를 얻곤 했다. 일종의 자조모임이었다. 집에서 할머니를 돌보다 떠나 보낸 청년, 치매에 걸린 아버지를 돌보는 청년, 조현병을 앓고 있는 어머니를 돌보는 청년 등. 함께 돌봄 경험을 말하고 돌봄 관련 책을 읽고 일상을 나누며 자조모임을 이어가고 있었다.

그러던 중 앞서 이야기한 아버지의 고관절 골절 상황과 함께 병원에서 들었던 '속설'을 전해 들었다. "어르신들이 고관절 골절상을 입으면 3년을 못 넘기더라"는 속설. 아버지를 돌보던 간병인과 간호사들의 이야기였다. 비록 직접 내게 말하진 않았지만 엄연히 내가 있는 자리에서 하던 말들이다. 썩 기분이 좋진 않았지만 덜컥 겁을 먹게 됐다. 아버지가 3년 안에 돌아가신다면?

덜컥 먹은 겁만큼 덜컥 아버지의 죽음이 코앞까지 다가온 것만 같았다. 그의 죽음은 언제고 다가올, 피해갈 수 없는 필연이다. 그러므로 겁을 먹을 만한 일도 아니지만 당시 나는 그의 죽음을, 정확히 말하면 그의 죽음에 대한 상상을 언제까지고 유보하고 싶었던 것 같다. 6년 전 돌봄이 내 앞에 덜컥 다가온 것처럼, 그의 죽음도 덜컥 다가오게 될 것이다. 미처 준비하지 못한 상태에서 맞이했던 돌봄 상황이 내게 엄청난 두려움과 상실, 어려움을 안겨 줬지만, 아직 다가오지 않은 그의 죽음은 미리 준비한다면 그때보다는 덜 힘들지 않을까? 잘 애도할 수 있지 않을까?

그 질문은 공명을 일으켰다. 돌봄청년들인 우리는 그 질문에 감응하고 반응하여 〈돌봄과 애도연습〉*이라는 프로젝트를 기획하기에 이른다. 돌봄청년들의 돌봄 종료 후, 즉 돌보던 가족이나 지인의 죽음 후 마주할 신체적·정서적 어려움을 예측하고 이를 혼자가 아닌 가족 너머 비슷한 경험을 공유한 사람들 간의 대화로 이어가길, 나아가 상호돌봄 관계로 이어지기를 기대하며 기획한 것이다. 다섯 명의 돌봄청년이 함께 기획한 〈돌봄과 애도연습〉은 1부 강좌(총 3강)와 2부 워크숍(총 2회차)으로 구성했다. 1부 강좌는 최현숙 작가의 '죽음과 애도, 비판적으로 보기'로 시작했고, 2강 인현진 작가의 '애도하는 사람, 애도하는 마음', 3강 권순국 작가의 '애도를 예술로 기획하다'로 이루어졌다. 2부 워크숍은 인현진 작가의 '돌봄과 애도의 글쓰기', 권순국 작가의 '당신을 위한 애도인형'으로 이루어졌다.

강의도 워크숍도 모두 의미 있는 시간이었고 나눌 만한 이야기들도 많지만, 다섯 번의 모임을 관통하는 돌봄과 애도의 메시지가 있었다. 그것은 우리의 돌봄과 애도가 돌보던 자의 죽음과 이후 치러지는 장례식으로 끝나는 것이 아니라 우리의 삶과 함께 계속 된다는 것이다.

---

* 2022년 인문실험 공모전(시민협업형)에 선정되어 2022년 9월부터 11월까지 진행한 실험 프로젝트. 선정된 프로젝트명은 〈돌봄청년의 애도연습〉.

프로젝트 기간 중이었던 2022년 10월 29일, 이른바 '10·29 참 사'가 일어나 159명이 죽고 200여 명이 부상당하는(2023. 2. 기준) 사고가 발생했다. 그 어느 때보다 '애도'가 반복적으로 언급되고 가득 채워질 때, 우리의 프로젝트는 의도치 않게 최초 기획 의도 와는 다른 무게와 질감을 갖게 되었다. 기획 당시만 해도 언젠 가 찾아올 아버지의 죽음과 상실을 어떻게 감당하고 준비할 수 있을지, 그를 어떻게 기억하고 추모할 수 있을지 같은 지극히 개 인적인 고민에서 시작한 것이기에 산업재해나 사회적 참사 등 은 염두에 두지 않았던 것이다.

처음과는 다른 무게와 질감을 갖게 된 〈돌봄과 애도연습〉은, 그렇다고 함께 기획한 우리의 기대나 전이해(前理解)와 아주 다 르진 않았다. 3개의 강좌와 2개의 워크숍에서는 모두 산 자로서 남은 자로서 진정한 애도는 '슬픔', '세레모니'(장례식/추모식/국가 애도기간 등)로만 한정할 수 없다고 말했다. 물론 개인적 애도와 사회적 애도의 양상은 다를 수 있지만 그 본질은 결국 죽은 자의 삶을 통해 산 자로서 자신과 사회에 무엇을 말하려 하는가에 있 다. 죽은 자의 삶을 통해 자신의 삶, 나아가 사회를 재해석하고 이해하려는 노력 자체가 애도인 것이다.

여기서 나는 돌봄과 애도가 만나는 지점을 발견한다. 그 지점 은 단지 돌보던 아버지의 죽음, 그와 관련한 무엇의 상실이 아니었다. 돌봄-상실-애도가 인과로서 순차적으로 찾아오는 것일지 몰라도, 그것들은 결국 남은 자인 '나'에게서 만난다. 누군가를 돌보는 나, 누군가를 상실한 나, 누군가를 애도하는 나들이 모여 참여했던 〈돌봄과 애도연습〉은 어쩌면 돌보고 상실하고 애도하는 나 스스로를 구원하는 자기구원의 작업 아니었을까. 부재를 받아들이고 나를 사랑하는 것, 안전하지 않은 사회에 문제를 제기하고 책임을 묻는 것 모두 우리의 애도인 것이다.

다시 나의 아버지 돌봄 이야기로 돌아와서, 나는 어떻게 남은 돌봄을 실천하고 새로운 돌봄을 맞이하며 언젠가 다가올 그의 죽음과 상실 앞에 어떤 마음과 책임으로 애도할 수 있을까. 여전히 남는 질문 앞에 〈돌봄과 애도연습〉은 또 다른 질문을 던져 줬다. 남은 자로서, 떠나보낼 자로서 나는 누구인지 오히려 물어온 것이다. 아버지와의 관계, 그가 내게 남길 기억과 관계, 감정들을 나는 어떻게 재구성하고 의미화하며 죄책감 아닌 산 자로서의 책임을 다할 수 있을지 자문하게 되었다. 질문에 질문을 안고서 지금도 나는 돌봄과 애도를 연습하고 있다.

위험과 절망 곁에서 서로를 책임지는 돌봄

2022년 1월, 역시 데자뷔가 아닌 역사의 반복이 맞다. 나는 다시 백수가 되었다. 코로나19 팬데믹 이후 1년 주기로 연초엔 꼭 백수가 되는 것만 같다.

백수가 된 나는 다음 일자리를 알아보고 있었다. 한옥학교에서 배운 기술과 한옥 목수로 일한 짧은 이력마저 아까워 유사 업종에서 일을 구하려던 차였다. 마침 한국문화재재단에서 공모하는 「2022년 문화유산 산업 인턴 지원 사업」을 알게 되어 '문화재 보수' 분야 중 '직주근접'이라는 조건에 맞는 수원 화성행궁 복원사업 현장을 1순위로 해서 지원했다. 다행히 최종 합격하였고 2022년 3월부터 9월까지 인턴으로 일하게 되었다. 주로 현장 사무실에 출근하여 컴퓨터 앞에 앉아 공무(工務)로 일하며 가끔은 현장에 나가 사진을 찍고 안전 점검을 했다. 심지어 여름엔 현장에 무성하게 돋아난 풀들을 제거하기도 했다.

문화재 복원과 더불어 전반적인 한옥 건축 과정을 현장에서 좀 더 배워보고자 했던 기대와는 다른 일이었고 심지어 공교롭게도 내가 인턴으로 근무한 지 한 달 만에 설계 변경 등의 복잡한 이유로 공사가 중지되었다. 그 후로 인턴 기간이 종료되는 9월까지 무려 4개월이 넘는 기간 동안 나는 공사 중지된 현장에서 거의 하는 일 없이, 때론 무의미하거나 내 직무가 아닌 일—여름날 무성한 풀을 제거하고 장마철에 막힌 배수로를 뚫는 일 등—을 하며 출퇴근을 반복했다. '문화재 돌봄'이라는 말로 포장

할 수 있지만 그야말로 '불쉿 잡(bullshit job)*'이었다.

비록 '불쉿 잡'으로 끝났지만 시작은 '문화재 돌봄'이었고 거의 동시에 새로운 돌봄 대상도 찾았다. 한옥 목수를 하던 때와는 달리 집에서 출퇴근을 하기에 평일 저녁과 주말엔 아내와 함께 시간을 보낼 수 있었다. 머지않은 때 지역 이주를 고민하던 우리는 무엇을 준비할 수 있을지 고민하다 농사를 배우기로 했다. 마침 집과 가까운 '대야미'라는 동네에 「자립하는 소농학교」가 있어 그곳에서 한 해 농사를 배울 수 있었다. 우리의 새로운 돌봄 대상은 바로 식물, 먹을 수 있는 작물이다. 「자립하는 소농학교」는 "한 해 동안 생명순환농사와 소농을 실천하며 미래를 준비하는 실습 학교로, 최소한의 농기구를 사용하여 내 몸을 땅과 가까이 하고 이 시대의 대안으로 소농철학을 가슴에 새기는 과정"**이다. 아내와 나 둘 다 농사는 처음이었다. 나는 평일엔 '문화재 돌봄'을, 주말엔 '작물 돌봄'을, 때론 놀 듯 때론 수행하듯 때론 실패하기도 하며 작은 성장에 흐뭇해하기도 했다.

---

* "유급 고용직으로 그 업무가 너무나 철저하게 무의미하고 불필요하고 해로워서, 그 직업의 종사자조차도 그것이 존재해야 할 정당한 이유를 찾지 못하는 직업 형태" 데이비드 그레이버, 『불쉿 잡: 왜 무의미한 일자리가 계속 유지되는가?』, 김병화 옮김, 민음사, 2021, 44쪽.

** http://www.refarm.org/edu/view/618/ 전국귀농운동본부의 「자립하는 소농학교」 소개 글.

나이도 직업도 살아온 환경도 다른 열세 명의 소농학교 동기들은 한 해 동안 작물을 돌보기도 했지만, 함께 보내는 시간이 길어질수록 개개인의 취약성을 알아가고 의존하면서 일시적이나마 서로를 돌보는 관계가 되었다. 돌아보면 지역 이주를 준비하는 과정 중 하나로 농사(소농)를 배울 요량으로 시작했지만 정작 농사법보다는 관계의 철학을 더 많이 배운 것 같다. 어쩌면 삶의 터를 옮긴다는 것, 도시를 벗어나 시골에서 산다는 것은, 농사법보다는 서로를 판단하지 않고 인정하려는 진심과, 나와 자연(환경)의 관계를 인식하고 성찰하는 철학이 더 필요한 일인지도 모르겠다.

사실 지역 이주를 고민하게 된 것은 아버지의 남은 삶에 대한 고민으로부터다. 그에게는 한 사람의 시민으로서 이 나라 헌법이 보장하는 '거주·이전의 자유'가 있다. 언젠가 아버지를 인터뷰하며 물었다. "아버지, 어딜 제일 가고 싶어요?" 희망고문 같은 질문이란 걸 알지만 확인하고 싶었다. 아직은 남은 그의 기억과 의지와 희망을 직접 듣고 발견하고 싶었나 보다. 물론 그의 대답은 "순천 집"이었다. 책임을 느꼈다. 돌보는 자로서, 때론 그로부터 돌봄을 받는 자로서. 언제고 돌아가시기 전에 그를 모시고 당신이 살던 순천 집에 다녀와야겠다고 다짐했고 동생과 당사자인 아버지와 약속까지 했다.

2023년 올해, 일흔을 넘긴 그에게 더 이상 희망고문 같은 질문을 계속 던질 수 없었고, 당장 지역 이주가 아니더라도 날이 따뜻해지면, 코로나19 팬데믹 상황이 나아지면 동생과 함께 아버지를 모시고 다녀올 심산이다. 비록 수년 간 방치된 순천 집에 당신이 살 순 없더라도 방문이라도 한다면 그는 어떤 눈빛, 숨소리, 더듬거림, 손짓, 발짓, 몸짓으로 반응할지 몹시 궁금하다. 그에게 삶의 터를 옮긴다는 것, 시설(요양병원)에서 벗어나 집에서, 동네에서 이웃하며 산다는 것은 어떤 의미일까. 「자립하는 소농학교」에서 농사법보다는 서로를 판단하지 않고 인정하려는 진심과 관계를 인식하고 성찰하는 철학을 배운 것처럼, 그의 곁에 이런 진심과 철학을 공유하는 이웃들과 관계망이 있다면 그는 집에서, 동네에서 살 수 있지 않을까? 꼭 순천 집이 아니더라도 말이다.

'불쉿 잡' 인턴이 끝난 2022년 9월부터 현재(2023년 1월)까지 약 5개월 동안 위와 같은 지역 이주 계획과 아버지 돌봄 사이에서 나는 돌봄과 노동의 위기를 겪는다. 아니 그 전부터 반복적으로 겪던 위기다. 심지어 거기에 관계의 위기까지 보태지면서 삶 자체가 위태로웠다. 내가 자초한 위기도 있고 나와는 상관없이 코로나19 팬데믹이나 취약한 조건으로 발생한 위기도 있었다.

돌봄과 노동과 관계의 위기 속에서 나를 안정시키고 안도하게 한 건 나처럼 위험과 절망을 가진 한 존재였고, 위험과 절망을 가진 이 세계였다. 어쩔 수 없이 누구나 겪게 되는 그 위험과 절망을 끌어안고 곁에서 서로를 책임지며 돌보던 '너'였다. 비록 이 세계가, 사회가 위험과 절망으로 치닫고 있더라도 한 모퉁이에서 서로를 책임지려는 작고 귀여운 '친구들'이었다. 아버지 역시 내 주위의 누구보다 몸과 마음에 위험과 절망이 문신처럼 뚜렷이 새겨져 있는 존재일 것이다. 당신이 속한 사회가 위험과 절망으로 치닫고 있는 것은 모를 테지만, 적어도 곁에는 위험과 절망을 함께 끌어안고서라도 당신을 책임지며 돌보는 누군가가 있음을 알아차리고 느끼길 바란다.

다가올 2023년 설날 연휴, 코로나19 팬데믹 이후 3년 만에 위험과 절망을 끌어안은 아버지와 내가 서로의 곁에 머무르기로 했다. 3년 만에 3박 4일의 병원 내 아버지 돌봄이 서로에게 어떤 시간이 될지 기대하고 있다.

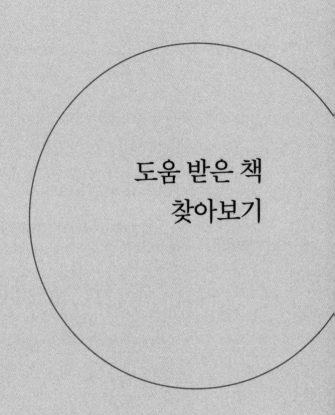

도움 받은 책
찾아보기

도움 받은 책

사건으로서의 돌봄—포기의 가치를 계산하기 / 이준용

강진웅, 「푸코의 권력과 주체-통치성과 윤리적 주체」, 『사회와 역사』 103, 2014.

고은강, 「'위험사회'에서 '자기계발'의 윤리학에 관한 小考」, 『한국학』 34(4), 2011.

김분선, 「자기 배려 윤리의 논점에서 본 '분노'」, 『한국여성철학』 32, 2019.

김유석, 「견유 디오게네스의 수련(askēsis)에 관하여」, 『동서철학연구』 100, 2021.

김주환, 「푸코의 사회이론에서 권력 배치로서 사회적 의례의 문제: 사회적인 것과 저항에 대한 푸코의 논의의 궁지와 사회학적 보완」, 『사회사상과 문화』 22(1), 2019.

김지애, 「청년의 포기의 다양성에 대한 탐구」, 서울대학교 사회학 석사학위논문, 2017.

박민철, 「푸코 사유체계에서 자유의 위상」, 『철학논집』 68, 2022.

우국희, 「자기방임을 이해하는 대안적 관점에 대한 고찰」, 『비판사회정책』 42, 2014.

이수유, 「노환의 민속 문화: 강원도 정선 지역을 중심으로」, 서울대학교 인류학 박사학위논문, 2022.

이승철, 「불가능한 증여, 기생의 사회」, 『비교문화연구』 25(2), 2019.

이현정, 「세월호 참사와 사회적 고통: 표상, 경험, 개입에 관하여」, 『보건과 사회과학』 43, 2016.

임성철, 「디오게네스의 '인간다움'에 나타난 철학적 의미에 대한 고찰」, 『지중해지역연구』 21(3), 2019.

정정훈, 「돌볼 필요가 없는 생명, 살 가치가 없는 생명」, 『문화과학사』 74, 2013.

정정훈, 「헬조선의 N포 세대와 노력의 정의론」, 『문화과학사』 86, 2016.

정헌목, 「증여의 네 번째 의무」, 『비교문화연구』 24(2), 2018.

조성은, and Frédéric Gros, 「푸코에 있어 도덕적 주체와 윤리적 자기」, 『철학과 문화』 22, 2011(2002).

조수경, 「미셸 푸코, 도덕적 주체와 삶의 기술」, 『윤리교육연구』 0(53), 2019.

천선영, 「미셸 푸코의 근대적 죽음론 - '인간의 탄생'과 그의 '죽음', 그리고 '인간적 죽음', 그 사회 이론적 함의」, 『담론』 201 9(3), 2006.

Laidlaw, James, A Free Gift Makes No Friends, The Journal of the Royal Anthropological Institute 6(4), 2000.

Laidlaw, James, For an Anthropology of Ethics and Freedom, The Journal of the Royal Anthropological Institute 8(2), 2002.

Mauss, Marcel & Hubert, Henri, Sacrifice: Its Nature and Function, The University of Chicago Press 1964.

각묵, 『상윳따니까야 2』, 초기불전연구원, 2009.

김내훈, 『급진의 20대』, 서해문집, 2022.

김은희, 『신양반사회』, 생각의힘, 2022.

김은정, 강진경, 강진영 옮김, 『치유라는 이름의 폭력』, 후마니타스, 2022.

김홍중, 『마음의 사회학』, 문학동네, 2009.

김홍중, 『사회학적 파상력』, 문학동네, 2016.

김홍중, 『은둔기계』, 문학동네, 2020.

데번 프라이스, 이현 옮김, 『게으르다는 착각』, 웨일북, 2022.

랜들 콜린스, 김승욱 옮김, 『사회학 본능』, 알마, 2014.

로버트 프랭크, 안세민 옮김, 『경쟁의 종말』, 웅진지식하우스, 2012.

로베르토 에스포지토, 윤병언 옮김, 『임무니타스: 생명의 보호와 부정』, 크리티카, 2022.

메리 더글러스, 유제분, 이훈상 옮김, 『순수와 위험』, 현대미학사, 1997.

미셸 푸코, 김상운 옮김, 『사회를 보호해야 한다』, 난장, 2015.

미셸 푸코, 신은영, 문경자 옮김, 『성의 역사 2: 쾌락의 활용』, 나남, 2018.

미셸 푸코, 이혜숙, 이영목 옮김, 『성의 역사 3: 자기배려』, 나남, 2011.

사사키 시즈카, 원영 옮김, 『출가, 세속의 번뇌를 놓다』, 민족사, 2007.

수불, 『간화심결: 간화선 수행, 어떻게 할 것인가』. 김영사, 2020.

아서 클라인먼, 안종설 옮김, 『사회적 고통』, 그린비, 2002.

앤 헬렌 피터슨, 박다솜 옮김, 『요즘 애들』, 알에이치코리아, 2021.

울리히 벡, 엘리자베트 벡-게른샤임, 강수영, 권기돈, 배은경 옮김, 『사랑은 지독한, 그러나 너무나 정상적인 혼란』, 새물결, 1999.

유영규, 임주형, 이성원, 신융아, 이혜리, 『간병살인, 154인의 고백』, 루아크, 2019.

장-뤽 낭시, 이영선 옮김, 『신 정의 사랑 아름다움』, 갈무리, 2012.

장 아메리, 김희상 옮김, 『자유죽음』, 위즈덤하우스, 2022.

조르조 아감벤, 박진우 옮김, 『호모 사케르- 주권 권력과 벌거벗은 생명』, 새물결, 2008.

조르주 바타유, 조한경 옮김, 『종교이론』, 문예출판사, 2015.

조르주 바타유, 조한경 옮김, 『저주받은 몫』, 문학동네, 2022.

폴 블룸, 이은진 옮김, 『공감의 배신』, 시공사, 2019.

한병철, 이재영 옮김, 『고통 없는 사회』, 김영사, 2021.

한병철, 김태환 옮김, 『투명사회』, 문학과지성사, 2014.

한병철, 김태환 옮김, 『심리정치』, 문학과지성사, 2015.

후루이치 노리토시, 이언숙 옮김, 『절망의 나라에서 행복한 젊은이들』, 민음사, 2014.

후루이치 노리토시, 이언숙 옮김, 『희망난민』, 민음사, 2016.

제도로서의 돌봄—노동과 돌봄 사이에 던지는 질문들 / 조기현

김경민, 《그대와 걷고 싶다》, 부크크, 2022.

김도현, 『장애학의 도전』, 오월의봄, 2019.

리차드 세넷 지음, 김홍식 옮김, 『장인』, arte(아르테), 2021

마리 야호다 외 2인 지음, 유강은 옮김, 『실업자 도시 마리엔탈』, 이매진, 2021.

캐슬린 린치 지음, 강순원 옮김, 『정동적 평등』, 한울, 2016.

파블리나 R. 체르네바 지음, 전용복 옮김, 『일자리보장』, 진인진, 2021.

김기웅 외, 〈치매환자 관리 누락방지를 위한 국가치매관리체계 개선방안 연구〉,《중앙치매센터》, 2017.

김다란, 〈광주시, 시민참여수당 도입 논의 '본격화'〉,《남도일보》, 2022년 10월 23일.

김윤나영, 〈실업자가 없는 세상 향해 전진〉,《경향신문》 2021년 9월 17일.

김향미, 〈팬데믹 이후, 유럽서 일자리보장제·기본소득 실험〉,《경향신문》 2020년 11월 24일.

서동진, 〈제거할 수 없는 정치의 불변항, 노동: 노동의 정치를 되찾자〉, http://homopop.org/log/?p=333

성동장애인자립생활센터 http://knil.org/public_job/3637

〈[이슈 In] '고용 사각지대' 중증장애인, 그들도 일할 권리가 있다〉,《연합뉴스》, 2022년 9월 12일.

이지수 외 5명, 〈대한민국 치매현황 2021〉, 2022년 4월, 중앙치매센터.

이혜정, 〈이윤과 생산력을 넘어서는 아픈 몸들의 노동〉,《아픈 몸 노동권 포럼》, 2022년 12월 20일.

정창조, 〈장애인 노동정책, 30년 전 '직업재활' 이념 그대로?〉,《프레시안》, 2021년 12월 17일.

정회성, 〈광주 광산구 시민수당위원회 출범…"사회적 가치 일자리 확장"〉,《연합뉴스》, 2022년 2월 23일.

조건희·이진희, 〈[단독] 암 이긴 직장인 "퇴직 압박 받거나 승진에서 불이익"〉,《동아일보》, 2019년 6월 3일.

조한진희, 〈아픈 몸 노동권과 돌봄〉,《2021 생태문화축제》, 2021년 5월 30일.

함선유, 〈왜 돌봄직의 임금은 낮을까?〉,《저출산고령사회위원회》, 2021년 6월 10일.

황경민·김상진, 〈인지증(치매)과 함께 살기 그리고 노동 경험〉,《아픈 몸 노동권 포럼》, 2022년 12월 20일.

관계로서의 돌봄—자기돌봄과 서로돌봄의 관계 / 신승철

가브리엘 타르드,『모방의 법칙 - 사회는 모방이며 모방은 일종의 몽유 상태다』, 이상률 역, 문예출판사, 2012.

더 케어 컬렉티브, 『돌봄 선언 - 상호의존의 정치학』, 정소영 역, 니케북스, 2021.

마르셀 프루스트, 『잃어버린 시간을 찾아서 1~6 세트』, 김희영 역, 민음사, 2016.

미셸 푸코, 『성의 역사3 - 자기에의 배려』, 이규원 역, 나남, 2004.

베네딕투스 데 스피노자, 『에티카』, 강영계 역, 서광사, 2007.

캐슬린 린치, 『정동적 평등 - 누가 돌봄을 수행하는가』, 강순원 역, 출판한울아카데미, 2016.

펠릭스 가타리, 『분자혁명』, 윤수종 역, 푸른숲, 1998.

------『미시정치』, 윤수종 역, 도서출판b, 2004.

------『정신분석과 횡단성』, 윤수종 역, 울력, 2004.

힐러리 코텀, 『래디컬 헬프 - 돌봄과 복지제도의 근본적 전환』, 박경현 · 이태인 역, 착한책가게, 2020.

세대로서의 돌봄—영 케어러의 돌봄과 통계적 접근 / 조명아

보건복지부 보도자료, "가족을 돌보는 청년, 국가가 함께 돌보겠습니다", 2022.02.14.

박상규, 〈"쌀 사먹게 2만 원만…" 22살 청년 간병인의 비극적 살인〉, 《프레시안》, 2021.11.03.

박준상, 〈[미디어 핫 토픽] '영 케어러'는 모두 효자 · 효녀일까〉, 《영남일보》, 2022.05.06.

신진욱, 『그런 세대는 없다』, 개마고원, 2022.

우치다 타츠루 지음, 박솔바로 옮김, 『곤란한 결혼』, 민들레, 2017.

임운택, 〈청년담론의 과잉을 경계하며…청년 세대의 개별화 경향을 직시하자〉, 《대학지성 오피니언》, 2020.1.05.

조명아, 「남성 돌봄자의 노부모 돌봄과정과 돌봄의식: 싱글 아들을 중심으로」, 충남대학교 석사학위 논문, 2020.

통계청, 「인구동향조사」, 2021.

통계청, 「인구추계피라미드」, 2022.

통계청, 「장래가구추계」, 2022.

통계청, 「2021년 혼인 이혼 통계」, 2022.

후지모리 가즈히코 지음, 김수홍 옮김, 『1인가구 사회』, 나남, 2018.

北山 沙和子, "家庭内役割を担う子どもたちの現状と課題―ヤングケアラー
　　実態調査から―", 兵庫教育大学修士論文, 2011.

三富 紀敬, "イギリスのコミュニテイケアと介護者――介護者支援の国際的
　　展開", ミネルヴァ書房, 2008.

澁谷 智子, "家族ケアを行なう子どもの研究――イギリスのヤングケアラー・
　　プロジェクトを事例として", 第84回日本社会学会大会報告要旨集 17,
　　2011.

澁谷 智子, "ヤングケアラーに対する医療福祉専門職の認識――東京都医
　　療社会事業協会会員へのアンケート調査の分析から", 社会福祉学
　　54(4), 2014.

澁谷 智子, "ヤングケアラー―介護を担う子ども・若者の現実". 中公新書,
　　2017.

斎藤 真緒, "「子ども・若者ケアラー」支援のための予備的考察", 立命館産業社
　　会論集, 2019.

青木 由美恵, "ケアを担う子ども(ヤングケアラー)・若者ケアラー", 認知症
　　ケア研究誌, 2018.

젠더로서의 돌봄―젠더 불평등과 교차성 돌봄에서의 쟁점들 / 조명아

김양지영, 「남성의 돌봄 실천과 성별분업 해체 가능성: 아버지의 자녀양육 경
　　험 비교를 중심으로」, 『여성학논집』 제33집1호, 2016.

김영란, 「젠더화된 사랑-낭만적 사랑·모성애-와과 보살핌 노동」, 『사회복지
　　정책』 18권, 2004.

김주현, 「한국여성 노인의 가족 돌봄과 생활만족도」, 『한국인구학』 제39집2
　　호, 2016.

낸시 폴브레 지음, 김자영 옮김, 『보이지 않는 가슴』, 또하나의문화, 2007.

보건복지부, 「2011년도 노인실태조사」, 한국보건사회연구원, 2012.

보건복지부, 「2014년도 노인실태조사」, 한국보건사회연구원, 2015.

보건복지부, 「2017년도 노인실태조사」, 한국보건사회연구원, 2018.

보건복지부, 「2020년도 노인실태조사」, 한국보건사회연구원, 2021.

안숙영, 「젠더와 돌봄: 남성의 돌봄 참여를 중심으로」, 『한국여성학』, 제33집2
호, 2017.

안숙영, 「돌봄노동의 여성화에 대한 비판적 고찰」, 『한국여성학』 제34집2호,
2018.

야마무라 토모키 지음, 이소담 옮김, 『나 홀로 부모를 떠안다』, 코난북스, 2015.

조명아, 「남성 돌봄자의 노부모 돌봄과정과 돌봄의식: 싱글 아들을 중심으로」,
충남대학교 석사학위 논문, 2020.

지은숙, 「비혼여성의 딸노릇과 비혼됨(singlehood)의 변화: 일본의 부모를 돌
보는 딸들의 사례를 중심으로」, 『한국문화인류학』 제50집2호, 2017.

캐슬린 린치 외 지음, 강순원 옮김, 『정동적 평등-누가 돌봄을 수행하는가』, 한
울아카데미, 2016.

패트리샤 힐 콜린스·시르마 빌게 지음, 이선진 옮김, 『상호교차성』, 부산대학
교출판문화원, 2020.

三具 淳子, "30代, 40代のシングル介護者の現状", 家計経済研究 113, 2017.

結城 康博·村田くみ, "介護破産: 働きながら介護を続ける方法". KADOKA
WA, 2017.

大和 礼子, "生涯ケアラーの誕生—再構築された世代関係/再構築されないジ
ェンダー関係", 学文社, 2008.

가치로서의 돌봄—자본주의 가치 법칙으로부터 돌봄 해방시키기 / 김미정

김미정, 「인간의 조건, 존재의 재구성」, 『뉴래디컬리뷰』, 도서출판b, 2021 가
을.

마리아로사 달라 꼬스타, 이영주·김현지 옮김, 『페미니즘의 투쟁』, 갈무리,
2020.

박서양, 「공정과 인정, 그리고 감정-이미상 소설을 중심으로」, 『웹진 문장』, 2021.7. / https://webzine.munjang.or.kr/

박서양, 「비평연재실험」, 『웹진 비유』, 2021.10. / http://www.sfac.or.kr/literature/#/index_main.asp

실비아 페데리치, 황성원 옮김, 『혁명의 영점』, 갈무리, 2013.

이미상, 「여자가 지하철 할 때」, 『웹진 문장』, 2020.9. / https://webzine.munjang.or.kr/

제이슨 W. 무어, 김효진 옮김, 『생명의 그물 속 자본주의』, 갈무리, 2020.

주디스 버틀러, 아테나 아타나시오우, 김응산 옮김, 『박탈 : 정치적인 것에 있어서의 수행성에 관한 대화』, 자음과모음, 2016.

캐서린 린치 외, 김순원 옮김, 『정동적 평등 : 누가 돌봄을 수행하는가』, 한울, 2016.

황정아, 「가치로서의 돌봄」, 『개념과 소통』제28호, 한림대학교 한림과학원, 2021.

지역과 돌봄—지역과 돌봄 생활 / 이무열

이무열, 『지역의 발명』, 착한책가게, 2022.

신승철, 『정동의 재발견』, 모시는사람들, 2022.

더 케어 컬렉티브 지음, 정소영 옮김, 『돌봄 선언』, 니케북스, 2021.

커먼즈와 돌봄—생태 위기와 돌봄의 조건 / 권범철

권범철, 「집-가족을 공통화하기」, 『문화/과학』 106호, 2021.

김관욱, 『사람입니다, 고객님: 콜센터의 인류학』, 창비, 2022.

김종철, 「핵이라는괴물을 어떻게 할 것인가」, 『근대문명에서 생태문명으로』, 녹색평론사, 2019.

더 케어 컬렉티브 지음, 정소영 옮김, 『돌봄 선언』, 니케북스, 2021.

데보라 코웬 지음, 권범철 옮김, 『로지스틱스-전지구적 물류의 치명적 폭력과 죽음의 삶』, 갈무리, 2017.

데이비드 그레이버 지음, 김병화 옮김, 『불쉿 잡: 왜 무의미한일자리가 계속 유지되는가?』, 민음사, 2021.

마크 피셔 지음, 박진철 옮김, 『자본주의 리얼리즘: 대안은 없는가』, 리시올, 2018.

미셸 푸코 지음, 오생근 옮김, 『감시와 처벌』, 나남, 2020.

오창은, 「'원자력의 광기'를 넘는 '깊은 민주주의'의 희망으로: 녹색생태사상가 김종철 선생의 1주기를 맞이하며」, 『문화/과학』 106호, 2021.

주윤정, 「경이와 돌봄의 정동: 천성산과 제주의 여성 지킴이들」, 『젠더와 문화』 제13권 2호, 2020.

후지이 다케시, 「폐를 끼치며살기」, 『무명의 말들』, 포도밭출판사, 2018.

「"군사주의에 저항하는 여성의 힘 기록하고 싶어"」, 『위클리서울』, 2016.10.11, https://www.weeklyseoul.net/news/articleView.html?idxno=34820

「"기후변화 또다른 해결사는 주4일 근무"」, 『한겨레』, 2021.12.28, https://www.hani.co.kr/arti/science/science_general/997224.html

Cleaver, Harry, *Rupturing the Dialectic: The Struggle against Work, Money, and Financialization*, Chico, CA: AK Press, 2017.

Federici, Silvia, "Introduction," in *Re-enchanting the World: Feminism and the Politics of the Commons*, Oakland, CA: PM Press, 2019.

Shukaitis, Stevphen, "Learning Not to Labor," *Rethinking Marxism*, vol. 26, no. 2, 2014.

Sullivan, Sian, "Reading 'Earth Incorporated' through Caliban and the Witch," in Camille Barbagallo, Nicholas Beuret and David Harvie, eds., *Commoning: with George Caffentzis and Silvia Federici*, London: Pluto Press, 2019.

Tronti, Mario, "The Struggle Against Work!" in *Workers and Capital*, trans. David Border, London: Verso, 2019, e-book.

The Wages for Students Students, *Wages for Students*, 1975, http://zerowork.org/WagesForStudents.html.

"Much shorter working weeks needed to tackle climate crisis-study," *Guardian*, 2019.5.22., https://www.theguardian.com/environment/2019/may/22/working-fewer-hours-could-help-tackle-climate-crisis-study.

찾아보기

돌봄의 시간들

등록 1994.7.1 제1-1071
1쇄 발행 2023년 7월 20일
2쇄 발행 2024년 1월 31일

기 획 생태적지혜연구소협동조합
지은이 권범철 김미정 신승철 이무열 이준용 전형민 조기현 조명아
펴낸이 박길수
편집장 소경희
편 집 조영준
관 리 위현정
디자인 이주향
펴낸곳 도서출판 모시는사람들
       03147 서울시 종로구 삼일대로 457(경운동 수운회관) 1207호
전 화 02-735-7173 / 팩스 02-730-7173

인 쇄 피오디북(031-955-8100)
배 본 문화유통북스(031-937-6100)
홈페이지 http://www.mosinsaram.com/

값은 뒤표지에 있습니다.
ISBN 979-11-6629-170-8   03300